档案文献·中

重庆大轰炸档案文献

财产损失
（私物部分）（二）

主 任 委 员：李华强

副主任委员：郑永明　潘　樱

委　　　员：李华强　李旭东　李玳明　郑永明
　　　　　　潘　樱　唐润明　胡　懿

主　　　审：李华强　郑永明

主　　　编：唐润明

副　主　编：胡　懿

编　　　辑：唐润明　胡　懿　罗永华
　　　　　　高　阳　温长松　姚　旭

重庆出版集团　重庆出版社

二、财政局部分

1. 重庆市财政局为1939年员役家宅被炸据情转呈请分别核发恤金给重庆市政府的呈文稿（1939年11月10日）

窃本年八月二十五日案奉钧府秘字第2352号训令开：（略），后开：除分令外，合行抄发原办法，令仰该局即便知照。此令。附抄发《中央公务员、雇员、公役遭受空袭损害暂行救济办法》一份。嗣于十月五日复奉钧府秘字第3121号训令开：（略），为奉行政院令，以公务员、雇员、公役等在《中央公务员、雇员、公役遭受空袭损害暂行救济办法》未公布以前遭受空袭损害者，如无呈准之单行章则，自适用该项办法一案，令仰饬属一体知照。各等因。奉此，仰见层峰体恤下僚无微不至，曷胜钦感。遵经先后转饬知照去讫，全体员役闻命之下莫不感奋鼓舞，尽思竭智尽力以图报称。所幸上叨德荫，虽敌机屡次肆虐，而本局员役尚无若何伤亡，惟是各员役家宅大半随附任所。前数月间空袭频仍，员役家宅不免间被炸毁，节据被灾各员役纷纷呈请援照奉颁暂行救济办法核发抚恤前来，均经饬据查报属实，满目荒凉，情殊可悯，本局未敢壅于上闻，理合据情检附各该员役报告备文呈请钧府俯赐察核，准予分别抚恤，用拯流离而示矜全，无任感激待命之至。

  谨呈
重庆市市长贺
附呈被灾员役原报告21件损失详表51张

          重庆市财政局局长　刁〇〇
          中华民国二十八年十月　日

附：

1) 重庆市财政局员工因敌机轰炸所受损失报告单

职务	姓名	被炸日期及地点	所受损失详情	备注
事务员	鄢资训	5月3日神仙口刁家巷被炸，职住宅适于刁家巷20号房屋全部震坍	自业房屋2间约置①法币1400元，损失用具衣物共置法币695元（详另单），家父荣兴卧病床榻不能走避屋柱压下，竟将左腿压断病伤交集于翌日(4日)逝世	损害详情包括人口死伤及财产损失呈报，财产损失应以法币为计算之单位

谨呈
秘书林
　核转
　　局长刁钧鉴

　　　　　　　　　　　　　　　职鄢资训呈
　　　　　　　　　　　　　　　二十八年十月　日
现在住址：南岸玄坛庙黄家巷35号

损失详单

物品名称	购置年月	购置时价值(元)	备注
木床2间	1933年3月	35	自业房屋2间约置法币1400元未计在内其它零星物品损失数目不详亦未列入
桌子2张	1933年3月	15	
衣柜2个	1934年4月	40	
写字台1张	1934年4月	15	
几凳6个	1934年4月	15	
零星木器		30	
锅2只	1932年3月	4	
灶房用具	不一	30	
衣箱5口	1934年1月 1936年4月	30	
皮衫1件	1936年10月	110	
被盖被面5床	1935年9月 1936年8月	70	
毯子3床	1933年7月	15	

---

① 原档照录。

续表

物品名称	购置年月	购置时价值(元)	备注
棉袍棉裤各1件	1937年9月	35	
毛呢男女夹衫各1件	1937年3月	50	
毛呢单衫1件	1936年10月	21	
布衫3件	1938年2月	18	
磁器用具	1936年10月	80	
绸衫2件	1938年5月	28	
洗脸盆2个	1937年3月	4	
白布帐子2床	1936年12月	50	

2)重庆市财政局员工因敌机轰炸所受损失报告单

职务	姓名	被炸日期及地点	所受损失详情	备注
征收员	辛成周	5月4日小梁子被炸，65号自宅被震坏，继移在小龙坎黄荆桥建房一幢，不幸7月21日敌机夜袭又将房震坍	以上2处震坏房屋不计外计城内城外两处损失用具衣物共置法币444元(详另单)	损害详情包括人口死伤及财产损失呈报，财产损失应以法币为计算之单位
谨呈 秘书林 　核转 局长刁钧鉴				

职辛成周呈

二十八年十月　日

现在住址:现寄住本市三元庙

损失详单

物品名称	购置年月	购置时价值(元)	备注
皮衫1件	1935年9月	140	其它动用家具木器损失数目不详未计在内
棉裤、棉袍	1936年8月	40	
毛呢夹、单衫2件	1936年10月	55	
被面被盖2床	1934年9月	40	
毯子1床	1936年8月	10	

续表

物品名称	购置年月	购置时价值(元)	备注
布衫3件	1937年4月	15	
汗衣3套	1938年5月	20	
皮鞋1双	1938年2月	10	
衣箱2只	1935年5月	12	
磁器用具	1935年3月	100	
洗面盆	1935年4月	2	

3)重庆市财政局员工因敌机轰炸所受损失报告单

职务	姓名	被炸日期及地点	所受损失详情	备注
技佐	江厚祥	1939年5月4日下午6时,家宅于临江门杜家巷34号副〔附〕2号	是日敌机狂炸本市爆弹落住宅左后各一颗,炸毁房屋2间,室内衣服被褥家具等损失奇重,总计值300元之巨,除细小用物不计外总计所受损失值法币294.8元,详细名称价值附呈损失详单1份于后	损害详情包括人口死伤及财产损失呈报,财产损失应以法币为计算之单位

谨呈

技正高

科长任

核转

局长刁钧鉴

职江厚祥呈

二十八年十一月七日

现在住址:大阳沟依仁小学内

损失详单

物品名称	购置年月	购置时价值(元)	备注
大绸面羊毛里女旗袍1件	1936年11月	70	
藏青呢雨纱里中山装1套	1933年1月	18.5	
青灰色纺绸长衫1件	1936年6月	8.5	

续表

物品名称	购置年月	购置时价值(元)	备注
白翻布中山装1套	1938年7月	9	
白府绸衬衫2件	1938年7月	8.4	
黄斜纹童子军上衣连蓝布裙2套	1939年3月	14	
中式白洋布男小衫裤1套 又同色布短裤1条	1935年9月	8.2	
藏青冲哔叽夹中山装1套	1938年10月	12.3	
黑牛皮鞋男1双女1双	1938年7月	9.5	
自做黑翻布女鞋2双	1939年2月	1.6	
黑色女长筒线袜2双白色线袜4双	1938年10月	2.4	
白夏布蚊帐1顶	1934年2月	2	
大绸面白洋布包棉被1件	1935年11月	17	
三友实业社出品独幅白底蓝花斜纹被单1条	1934年9月	4.8	
篮口柳条布包棉褥子1条	1933年11月	6	
十字布绣花枕头(芦花里)2个	1936年3月	3.8	
木架双人条板床1副	1938年11月	5.8	
白翻布行军床1张	1938年7月	5.5	
红漆八仙桌1张	1938年11月	5	
红漆方凳4张	1938年11月	5.2	
美最时洋行出品中号打沉炉1只	1938年10月	17	
白铁洋锅大小号各1只	1938年10月	6.5	
蓝边白磁菜碗8只、全白洋盘大4只小2只、细磁有花饭碗8只、粗饭碗10只、汤匙8只	1938年8月	17.2	
切菜刀1把	1938年8月	1.2	
2号铁锅1口 小号铁锅1口	1938年8月	4.1	
中号水缸1只	1938年8月	3.5	
红漆旧式皮箱1只	1931年11月	6	
棉花2条	1935年10月	7	
红漆木桌1张	1938年11月	3	
长条凳4张	1938年11月	3.2	

续表

物品名称	购置年月	购置时价值(元)	备注
竹菜橱1只	1938年8月	3	
网篮2只	1938年6月	1.6	

4）重庆市财政局员工因敌机轰炸所受损失报告单

职务	姓名	被炸日期及地点	所受损失详情	备注
税警大队长	张亦飞	5月3日午后二时于曹家巷	奉命催征因公炸伤左腿，所着青华达呢制服炸破全身血迹不堪用，当值法币50元现值180元	损害详情包括人口死伤及财产损失呈报，财产损失应以法币为计算之单位

谨呈
兼科长林
　核转
局长刁钧鉴

职张亦飞呈

二十八年十一月七日

现在住址：

损失详单

物品名称	购置年月	购置时价值(元)	备注
青华达呢制服	1939年元月	法币50	现值180元

5）重庆市财政局员工因敌机轰炸所受损失报告单

职务	姓名	被炸日期及地点	所受损失详情	备注
事务员	张朗暄	原住江北城内三倒么门17号，于本年国历5月12日午后6时许敌机空袭江北	因炸弹落在门首将所租房屋打毁，屋内家具衣物等件损失照先后购置，价值计国币192.5元正细数请另附清单	损害详情包括人口死伤及财产损失呈报，财产损失应以法币为计算之单位

续表

>　　谨呈
>技正高
>科长任
>　　核转
>局长刁钧鉴
>
>　　　　　　　　　　　　　　　　　　　　职张朗暄呈
>　　　　　　　　　　　　　　　　　　　二十八年十月二十八日
>　　　　　　　　　　　　　　　　　　　现在住址：江北新街57号

损失详单

物品名称	购置年月	购置时价值(元)	备注
新式厂床1间	1936年8月	18	
十抽书桌1张	1936年8月	12	
四抽木桌1张	1936年8月	9	
罩子1笼	1934年4月	13	麻布2个值10元顶布3元，制于合江
磁面木凳4个	1936年8月	7.2	每个1.8元
大洗衣磁盆1只	1933年12月	7	
朱红磁盆1只	1933年12月	4	
热水瓶1只	1938年8月	6.5	
玻砖衣柜1只	1937年7月	50	
青花磁坛1对	1932年12月	7.8	
罗汉1个	1932年12月	3.4	
帽筒1对	1932年12月	4	
皮箱2口	一为1933年3月 一为1937年6月	计9	
玻璃方镜2只	1936年6月	2.4	
大小细磁碗26个	时间不一	8.6	大碗8个中碗9个饭碗9个
锅1只	1938年6月	1.8	
女毛呢单衫1件	1934年9月	16	此衫因发警报延迟未收房屋倒塌故由木料划滥〔烂〕
女旗袍布衫1件	1938年4月	5.8	同右〈上〉
男中山服上装1件	1938年8月	7	同右〈上〉

6) 重庆市财政局员工因敌机轰炸所受损失报告单

职务	姓名	被炸日期及地点	所受损失详情	备注
事务员	张德邻	5月25日本市曹家巷12号	该房中弹全部倒坍计炸毁皮箱3口，内贮衣物各项值法币290.8元，详另单	损害详情包括人口死伤及财产损失呈报，财产损失应以法币为计算之单位

谨呈

秘书林

　核转

局长刁钧鉴

职张德邻呈

二十八年十一月五日

现在住址：本局寄宿舍

损失详单

物品名称	购置年月	购置时价值（元）	备注
生洋布被盖包单1床	1936年9月	3.2	
驼绒袍1件	1938年11月	27.5	
蓝布长衫2件	1937年2月 1938年4月	7.8	
皮袍1件	1937年2月	78	
杭绸长衫1件	1937年4月	17.5	
川绸长衫1件	1938年5月	13.5	
白市布汗衣2套	1938年5月	9.5	
川绸汗衣2套	1938年5月	28	
棉裤1条	1938年11月	9	
哔叽夹裤1条	1937年9月	8.5	
毛呢长衫1件	1937年3月	18.5	
三益厂卧毯1床	1938年11月	4.5	
棉袜1双	1938年11月	0.9	
哔叽长衫1件	1937年10月	15.4	
白麻布帐子1床	1937年5月	17	
素毛葛马褂1件	1937年12月	14.5	
皮箱3口	1936年3月 1937年1月	17.5	

7) 重庆市财政局员工因敌机轰炸所受损失报告单

职务	姓名	被炸日期及地点	所受损失详情	备注
事务员	姚伯年	5月12日午后7时许在廖家台河坝	是日职奉令在江北一带服务,敌机来袭在江北等处盲目投弹,职于仓促间伏卧于廖家台河坝以致右腿炸伤并将所着哔叽青色制服一套炸滥〔烂〕,系1938年10月份制计洋52元正	损害详情包括人口死伤及财产损失呈报,财产损失应以法币为计算之单位

谨呈
秘书林
　　核转
局长刁钧鉴

职姚伯年呈
二十八年十一月六日
现在住址:本局

8) 重庆市财政局员工因敌机轰炸所受损失报告单

职务	姓名	被炸日期及地点	所受损失详情	备注
事务员	朱方鹄	5月25日仓坝子市政府寄宿舍	因炸弹落在寄宿舍将房屋全部炸坏,损失衣被各物计值国币171.2元,细数请详后附清单	损害详情包括人口死伤及财产损失呈报,财产损失应以法币为计算之单位

谨呈
秘书林
　　核转
局长刁钧鉴

职朱方鹄呈
二十八年十月二十九日
现在住址:车务管理所

损失详单

物品名称	购置年月	购置时价值(元)	备注
樟棉被盖1床	1936年8月	22	

续表

物品名称	购置年月	购置时价值(元)	备注
棉花被盖1床	1936年10月	7	
豹皮1床	1938年11月	14	
毛毯1床	1938年12月	18.6	
棉毯1床	1938年3月	6.6	
油绸1床	1932年5月	7	
布衫1件	1939年2月	24	
汗衣4套	1939年2月	20	
夹衫1件	1937年3月	8	
夹汗衣1件	1938年8月	5	
皮鞋1双	1938年1月	6	
皮鞋1双	1939年2月	14	
工字牌袜子半打	1939年2月	6	
硬币	1932年所存	13	

9)重庆市财政局员工因敌机轰炸所受损失报告单

职务	姓名	被炸日期及地点	所受损失详情	备注
人事股主任	张德焴	5月25日本市曹家巷12号	仓促闻警家眷避入防空洞,殆警报解除始知全部房屋中弹炸毁家具什物荡然无存约损失值法币1100余元,物品名称另详损失表	损害详情包括人口死伤及财产损失呈报,财产损失应以法币为计算之单位

谨呈

秘书林

核转

局长刁钧鉴

职张德焴呈

二十八年十月二十八日

现在住址:□□□

损失详单

物品名称	购置年月	购置时价值(元)	备注
黑皮鞋1双	1935年1月	5.6	

续表

物品名称	购置年月	购置时价值(元)	备注
灰布中山服1套	1935年1月	5	
灰哈叽□□1套	1935年1月	20	
人字呢大衣1件	1935年3月	30	
白市布衬衫2件	1935年3月	3	
华达呢中山服1套	1935年3月	30	
派呢斯西服1套	1940年1月	60	
□蓝绒西服1套	1936年1月	70	
纳衬衣3件	1936年6月	28	
白哔叽西服1套	1936年7月	28	
纹皮鞋1双		10	
真毛呢大衣1件	1936年10月	50	
袜子4双	1935年2月	2	
呢帽1顶	1935年2月	7	
□□帽1顶	1935年2月	4	
蓝布衫2件	1936年3月	5	
毛葛夹衫1件	1936年3月	20	
线□驼绒衫1件	1936年3月	32	
白市布汗衣	1936年2月	8	
皮箱1只	1936年2月	18	
箱内法币	1939年5月	200	
黄色哔叽中山服2套	1936年10月	60	
夹雨衣1套	1936年3月	87	
绣花女旗袍1件	1935年1月	30	
白纳女旗袍1件	1935年1月	40	
□纱女旗袍1件	1935年1月	15	
毛葛女旗袍1件	1935年1月	□□	
白市布女中衣裤2套	1935年1月	8	
□皮女孩旗袍1件	1935年1月	180	
青绸女旗袍1件	1935年1月	40	
印度纳女旗袍1件	1935年2月	20	
新生绸女旗袍1件	1935年2月	16	
素毛葛女旗袍1件	1935年2月	□□	

10) 重庆市财政局员工因敌机轰炸所受损失报告单

职务	姓名	被炸日期及地点	所受损失详情	备注
房捐组组长	韩少泉	1939年5月12日午后7时40分许住江北新街第2号附1号	共计982.7元，详单列后①	损害详情包括人口死伤及财产损失呈报，财产损失应以法币为计算之单位
谨呈 代科长林 　核转 局长刁钧鉴 　　　　　　　　　　　　职韩少泉呈 　　　　　　　　　　　　二十八年十一月七日 　　　　　　　　　　现在住址：江北四楞碑街14号			

11) 重庆市财政局员工因敌机轰炸所受损失报告单

职务	姓名	被炸日期及地点	所受损失详情	备注
事务员	冯溥泉	1939年5月12日午后7时40分许住江北上横街长康里22号	共计939.4元，详单列后②	损害详情包括人口死伤及财产损失呈报，财产损失应以法币为计算之单位
谨呈 兼代科长林 　核转 局长刁钧鉴 　　　　　　　　　　　　职冯溥泉呈 　　　　　　　　　　　　二十八年十一月六日 　　　　　　　　　　现在住址：重庆市财政局			

---

①② 原档缺。

12)重庆市财政局员工因敌机轰炸所受损失报告单

职务	姓名	被炸日期及地点	所受损失详情	备注
事务员	张作书	1939年5月4日6时下都邮街童家院内29号附13号高公馆寄住	是日敌机滥肆轰炸及投多量烧夷弹将渝市鸡街都邮街柴家巷等地燃烧尤甚,街面断绝交通无法可救,所受损失另列详单151.2元①	损害详情包括人口死伤及财产损失呈报,财产损失应以法币为计算之单位

谨呈
兼代科长林
　　核转
局长刁钧鉴

职张作书呈

二十八年　月　日

现在住址:上南区路200号

损失详单

物品名称	购置年月	购置时价值(元)	备注
平床1间	1934年2月	9	
丝棉〔绵〕棉絮1床	1934年8月	13	
白布内桶	1934年8月	3	
白布包单毛丝纶被面	1934年8月	6.2	
蓝布垫被加絮	1935年10月	8	
皮衣箱头号2口	1936年3月	6.8	
箱内冲毛棉袍1件	1937年9月	14	
蓝白线毯1床	1937年8月	7	
白布印花单1床	1937年7月	3.6	
皮鞋1双	1937年12月	5.4	
冲毛葛马褂素色1件	1937年8月	6.2	
白铜水烟袋	1937年3月	3.5	
小五抽柜1架	1937年3月	5.5	

---

① 原档缺。

续表

物品名称	购置年月	购置时价值（元）	备注
冲府绸汗衣小衣2套	1938年4月	11.6	
白花布汗衣上下1套	1938年7月	3.8	
丝棉〔绵〕青紧身1件	1938年11月	8.7	
线汗衣1件	1938年11月	4.5	
毛线小帽1顶	1938年10月	1.5	
细各纱线袜3双	1938年10月	2.7	
毛织贡鞋1双	1938年12月	2.9	
裕华深蓝布衫2件	1938年12月	15	
京灰布衫1件	1938年12月	7.8	
草席1床	1938年11月	1.5	

13) 重庆市财政局员工因敌机轰炸所受损失报告单

职务	姓名	被炸日期及地点	所受损失详情	备注
征收员	门庆仁	1939年5月12日午后6时江北新街第2号附1号	所受损失另缮呈详单四纸核转[1]	损害详情包括人口死伤及财产损失呈报，财产损失应以法币为计算之单位
谨呈 代科长林 　核转 局长刁钧鉴				职门庆仁呈 二十八年十一月七日 现在住址：江北四楞碑街第14号

---

[1] 原档缺。

14) 重庆市财政局员工因敌机轰炸所受损失报告单

职务	姓名	被炸日期及地点	所受损失详情	备注
征收员	张志雅	5月12日江北上横街	因敌机5月12日轰炸江北公园并新城,职坐家公园近背前后均落炸弹数十枚以致墙垣倒塌屋宇震坏所有动用家具完全损坏,共损失洋303.3元	损害详情包括人口死伤及财产损失呈报,财产损失应以法币为计算之单位

谨呈
　代科长林
　　核转
　　　局长刁钧鉴

　　　　　　　　　　　　　　　职张志雅呈
　　　　　　　　　　　　　　二十八年十一月七日
　　　　　　　　　　　　　　现在住址:江北头塘乡间

15) 重庆市财政局员工因敌机轰炸所受损失报告单

职务	姓名	被炸日期及地点	所受损失详情	备注
事务员	钱常青	下都邮街26号,时间5月4日午后5点50分	窃职因奉派营业税局办理积谷捐公务毕回家,夫妇正食夜餐,突敌机来袭屋顶中燃烧弹1枚,登时火光黑烟四漫,夫妇仓皇匍匐冒烟逃脱几乎生命危险,刚出门丈许夫妇欲返身拼命取物街心中一炸弹夫妇睡卧人行道失去知觉,后经邻人唤醒得庆再生,积蓄衣物一扫而空惨遭爆炸痛不堪言,所有损失另存详单[①]备查,恳请钧座垂怜受灾之酷转请从优抚恤不胜沾感之至	损害详情包括人口死伤及财产损失呈报,财产损失应以法币为计算之单位

谨呈
　代科长林
　　核转
　　　局长刁钧鉴

　　　　　　　　　　　　　　　职钱常青呈
　　　　　　　　　　　　　　二十八年十一月七日
　　　　　　　　　　　　　　现在住址:段牌坊18号

---

① 原档缺。

16)重庆市财政局员工因敌机轰炸所受损失报告单

职务	姓名	被炸日期及地点	所受损失详情	备注
工友	郑鑫臣	因5月4日敌机狂炸渝市二府衙不幸已〔以〕致将工友住居之各物损失一空	损失各物件计值洋87.8元,详另附表	损害详情包括人口死伤及财产损失呈报,财产损失应以法币为计算之单位

谨呈

 事务主任邹

  请转

 科长何

  核转

 局长刁钧鉴

         职郑鑫臣呈

         二十八年十一月六日

         现在住址:醋房院25号

损失详单

物品名称	购置年月	购置时价值(元)	备注
旧楠木嵌玻砖床1间 旧嵌玻砖主柜1个	1936年5月份	共75	
旧嵌玻砖洗脸架1个 旧写字台1个	1936年5月份	共30	
桌子1张 凳凳8个	1936年5月份	共8	
碗碟杯大中小全	1936年5月份	共12	
锅及缸等灶上用具全	1936年5月份	共7	
洗面盆毛巾牙刷等用品	1936年5月份	共8	
湖棉被盖全套	1936年5月份	27	
哈叽夹衫裤男女全套	1936年9月份	共27	
井底绸湖棉袄裤男女各全套	1938年10月份	共48	
单短制服2套	1938年10月份	共13	
蓝洋布单衫男女各2件	1939年1月份	共23	
汗中衣男女各2套	1939年1月份	共24	
小儿穿用之衣物及前后置备零星用品		约几十	未列入合计数内

17）重庆市财政局员工因敌机轰炸所受损失报告单

职务	姓名	被炸日期及地点	所受损失详情	备注
事务员	周文祥	1939年7月24日午后7时许大批敌机袭渝在刘家台正街一带投掷爆炸弹及烧夷弹竟将正街房屋烧尽，职住正街第131号全部被毁，损失奇重惨痛极矣	敌机在刘家台正街投弹极多全街烧尽，职家全部烧尽仅携儿女及妻亦怀孕儿月，合家出避防空洞内幸免，家内衣服器具全部损失共值法币578.7正（衣服器具另附呈详表）	损害详情包括人口死伤及财产损失呈报，财产损失应以法币为计算之单位

谨呈
主任徐
　核转
　局长刁钧鉴

　　　　　　　　　　　　　　　职周文祥呈
　　　　　　　　　　　　　二十八年七月二十五日
　　　　　　　　　　　　现在住址：□□□

损失详单

物品名称	购置年月	购置时价值(元)	备注
草绿色华达呢中山服1套	1933年	27	
青色呢大衣1件	1933年	29	
棉被盖2床	1933年	共90	
行军床1床	1933年	5	
线花毯1床	1933年	4	
印花布毯1床	1933年	3.2	
青毛哔叽驼绒男长夹袍1件	1934年	22.5	
青灰毛华达呢男夹裤1条	1934年	9.5	
瓦灰毛哔叽驼绒女旗袍1件	1934年	15	
深灰大绸丝棉男长袍1件	1934年	18	
青花毛华达呢男单长衫1件	1934年	12	
蓝灰花厂葛丝棉女旗袍1件	1934年	9.6	
灰花毛哔叽女单旗袍1件	1934年	10.5	
青灰冲花毛葛女夹裤1条	1934年	5	

续表

物品名称	购置年月	购置时价值(元)	备注
青花冲毛葛男夹裤1条	1934年	5	
白大绸男长衫1件	1934年	9.5	
白大绸女旗袍1件	1934年	7.6	
青大绸女中式短衣裤1套	1934年	8.4	
白大绸男汗衣裤1套	1934年	7.7	
丝绵被1床	1934年	18.5	
白麻布罩子1笼	1934年	6.5	
漆皮衣箱2口	1934年	6.6	
斜灰色花景云葛白滩羊皮女旗袍1件	1935年	32	
灰哈叽中山服2套	1935年	12	
青素厂绸黑羔皮男长袍1件	1936年	78	
灰条花毛直贡呢女单旗袍1件	1936年	14.5	
青毛直贡呢男马褂1件	1936年	12	
毛毯1件	1936年	3.8	
白市布厂床罩子1笼	1936年	16.5	
漆镜厂床1间	1936年	24.5	
漆方桌1张	1936年	6.2	
漆方凳8个	1936年	5.6	
漆西式衣柜1个	1936年	18	
漆写字台1张	1936年	9	
白玉大小碗盘碟杯调羹全席	1936年	9.5	
厨房家具全席	1936年	7.5	
柳条麻纱女单旗袍1件	1937年	3.5	
海昌蓝布男长衫2件	1938年	9.8	
海昌蓝布女单长衣1件	1939年	5.5	
女小孩花冲哔叽棉袄1件	1938年	5.2	
男小孩青冲直贡呢棉袄1件	1938年	4.5	
男女小孩布单夹裤共6套	1938年、1939年	12	
各种书籍	10余部,连年购置	共值30元正	

18）重庆市财政局员工因敌机轰炸所受损失报告单

职务	姓名	被炸日期及地点	所受损失详情	备注
征收员	何敦实	1939年7月5日夜临江横街20号	该号被敌机夜袭炸毁计损失衣物家具另表粘附于后共计303元正	损害详情包括人口死伤及财产损失呈报，财产损失应以法币为计算之单位

谨呈
科长
　　核转
局长刁钧鉴

　　　　　　　　　　　　　职何敦实呈
　　　　　　　　　　　　二十八年十一月一日
　　　　　　现在住址：临江横街新门牌19号附4号

损失详单

物品名称	购置年月	购置时价值（元）	备注
缎面棉被2件	1937年4月	150	
棉枕2件	1936年3月	100	
秋被1件	1937年5月	55	
茶壶1件	1936年6月	46	
茶杯6个	1936年6月	80	
镜子1个	1936年7月	50	
眼镜1付	1937年4月	85	
脸盆1个	1936年6月	30	
痰盂1个	1936年6月	16	
青皮靴1双	1937年2月	14	
黄皮靴1双	1938年5月	15	
白布汗衫4件	1937年4月	18	
领带5条	1934年10月、1936年2月、1937年7月	21	
皮箱2只	1935年7月	12	
绒袜2双	1937年11月	4	
青色袜3双	1936年7月、1939年4月	7	
木柜1个	1936年6月	5	
书桌1个	1936年6月	8	

续表

物品名称	购置年月	购置时价值(元)	备注
木床1件	1936年6月	70	
青呢礼服1身	1932年10月	45	
土耳其式呢帽1件	1935年10月	10	
黑呢帽1件	1937年11月	4	
大绸长衫1件	1937年5月	12	
麻布裤褂2身	1937年5月	23	
麻布长衫2件	1937年6月	18	
青缎马褂1件	1932年10月	24	
蓝缎长袍1件	1932年10月	28	
蓝布长衫1件	1938年9月	4	

19)重庆市财政局员工因敌机轰炸所受损失报告单

职务	姓名	被炸日期及地点	所受损失详情	备注
科员	董嘉翔	本年5月4日下午5时许本市鸡街19号	是日敌机滥投燃烧弹,职左右邻均中弹起火,因遭波及将所有什物尽行焚毁计损失法币984元(详另单①)	损害详情包括人口死伤及财产损失呈报,财产损失应以法币为计算之单位

谨呈
兼代科长林
　核转
局长刁钧鉴

职董嘉翔呈

二十八年十一月七日

现在住址:□□□

(0064—8—324)

---

① 原档缺。

2. 重庆市财政局职员何国富为报1940年6月12日空袭损失私物报告表给上级的呈(1940年6月20日)

重庆市政府财政局员役空袭损失私物报告表

物品名称	品质	数量	损失程度	原价(元)	购置年月	备考
制服	灰布	1套	全毁	22	去岁10月份	
汗小衣	阴丹	1套	全毁	25	本年3月份	
上装	白哈叽	1件	全毁	15	去年6月份	
汗衣	蓝布	1件	全毁	8	去年11月份	
长衫	阴丹布	1件	全毁	25	本年1月份	
黑皮鞋		1双	全毁	20	本年3月份	
皮带	黑色	1根	全毁	3	去年9月份	
毛巾	白花	1根	全毁	1.5	本年4月份	
被灾日期	6月12日	被灾地点	下南区马路警察所	房屋被炸或震塌	炸塌	原支薪俸数目	26元	有无同居眷属	警察派出所[①]

右〈上〉开物品确系因空袭被毁,谨呈

组长

 主任

  科长

   转呈

    局长刁

填报人:职务　税警

姓名　何国富

二十九年六月二十日

(0064—8—287)

3. 重庆市财政局职员陈家樑为报1940年6月12日空袭损失私物报告表给上级的呈(1940年7月13日)

敬呈者:职自本年三月二十七日到局任新四区房捐征收员,住菜园坝第5

[①] 原档照录。

警察派出所,殊于六月十二日突被敌机轰炸,将所有衣物等件悉遭炸毁。早经呈报在案,惟职在局服务时日有限,对各项手续不明,故空袭损失表未行填报,后饬另补造呈局,嗣又因填列错误故延至今日兹再补具损失表2份伏乞鉴核。

  谨呈

组长

 主任

  核转

科长

 局长

          第四区房捐征收员　陈家樑

          七月十三日

附：

重庆市政府财政局征收员役空袭损失私物报告表

物品名称	品质	数量	损失程度	原价(元)	购置年月	备考
衬衣	白府绸	1件	全毁	18	本年6月份	
短裤	青府绸	1件	全毁	7	同前	
中式小汗衣	白市布	1套	全毁	35	本年4月份	
中山服	灰布	1套	全毁	22	去岁5月份	
西式下装	黄哈叽	1条	全毁	16	本年1月份	
中山服	山峡布	1套	全毁	32	本年3月份	
长衫子	毛蓝布	1件	全毁	23	本年12月份	
洗脸盆	磁料	1口	全毁	5	去岁8月份	
雨伞	油纸	1把	全毁	2.5	本年4月份	
皮鞋	黑色	1双	全毁	25	本年1月份	
布鞋	青帆布	1双	全毁	3	本年6月份	
皮箱	白皮	1口	全毁	7	去岁7月份	
袜子	棉割纱	3双	全毁	5	本年3月份	
皮带	黄色	1根	全毁	3	本年6月份	

续表

被灾日期	6月12日	被灾地点	下南区马路警察所	房屋被炸或震塌	炸塌	原支薪俸数目	55元	有无同居眷属	警察派出所[①]

　　右〈上〉开物品确系因空袭被毁,谨呈

组长

主任

科长

　　转呈

局长刁

　　　　　　　　　　　　　　　　　填报人:职务　□□□
　　　　　　　　　　　　　　　　　　　　姓名　陈家梁
　　　　　　　　　　　　　　　　　二十九年六月二十日

(0064—8—287)

4. 重庆市财政局职员郭超为报1940年6月16日空袭损失私物报告表给上级的呈(1940年8月2日)

　　六月十六日敌机袭渝,致将职国府路189号住宅全部震塌,所有家具悉付灰烬。窃职因桑梓沦陷流亡来渝,生活已感艰窘,兹复罹此意外,更属困难。近闻本局同人中之被灾者均将损失情形报请市府酌予救济,职事同一体,故特造具损失报告表签请钧座转恳俯予给恤实沾德便。

　　谨呈

科长

　　转呈

局长刁

附呈报告表2份

　　　　　　　　　　　　　　　　　　　　职　郭超
　　　　　　　　　　　　　　　　　　　　八月二日

---

①原档照录。

附：

重庆市政府财政局员役空袭损失私物报告表

物品名称	品质	数量	损失程度	原价（元）	购置年月	备考
木凳	木料	4张	全部震毁	12	1939年11月	
西式木床	木料	1张	全部震毁	10	1940年1月	
竹床	竹制	2张	全部震毁	12	1939年10月	
新式电炉	五金	1座	全部震毁	25	1938年10月	汉口购置
方桌	木料	2张	全部震毁	12	1939年2月	
碗柜	竹质	1张	全部震毁	4.2	1939年2月	
条桌	竹质	2张	全部震毁	10	1939年2月	
书架	竹质	1座	全部震毁	5	1939年2月	
铁锅	五金	1只	全部震毁	3	1939年2月	
饭碗	瓷器	1付	全部震毁	10	1938年7月	汉口购置
汤瓢	瓷器	1付	全部震毁	3	1938年7月	汉口购置
筷子	乌木	1付	全部震毁	3.6	1938年7月	汉口购置
面盆	搪瓷	1口	全部震毁	10.5	1938年8月	汉口购置
口盂	搪瓷	1只	全部震毁	1.5	1938年8月	
牙刷		2把	全部震毁	2.4	1940年3月	
衬衣	府绸	2件	全部震毁	23.2	1940年3月	
牙膏		1盒	全部震毁	1.8	1940年3月	
水缸	土质		全部震毁	2.5	1939年6月	
煤炭	燃料		全部震毁	5.2	1940年5月	
食米	炊料		全部震毁	28	1940年5月	
灰呢中山服	毛呢	1套	全部炸毁	75	1939年7月	
被毯	棉布	1件	全部炸毁	18	1939年7月	
棉被		1件	全部炸毁	12	1938年6月	汉口购置
绣花枕头		1套	全部炸毁	8	1938年6月	汉口购置
西服裤子	毛呢	1件	全部炸毁	20	1939年3月	汉口购置
被灾日期	1940年6月16日	被灾地点	国府路189	房屋被炸或震塌	震塌	原支薪俸数目	60元	有无同居眷属	有

续表

右〈上〉开物品确系因空袭被毁，谨呈 局长刁 　　转呈 市长吴 　　　　　　　　　　　　　填报人：职务　事务员 　　　　　　　　　　　　　　　　　姓名　郭超 　　　　　　　　　　　　　　　　　年　月　日

（0064—8—287）

5. 重庆市财政局为报1940年6月24日该局第三宿舍被炸情形给重庆市市长的签呈稿（1940年6月26日）

敬签呈者：本月二十四日下午敌机滥炸市区，不幸回水沟1号本局第三宿舍落弹数枚，一部房屋中弹全毁，一部被震倒坍，公物及职员私物损失不赀，幸员工事前隐蔽，当无伤害。除公私损失另案详细列报外，理合先将第三宿舍被炸情形备文报请鉴核备查。

谨呈
市长吴

全衔局长刁

（0064—8—287）

6. 重庆市财政局为报1940年6月24日该局第三职员宿舍被炸转请准予核发救济费给重庆市政府的呈文稿（1940年7月6日）

窃查本年六月二十四日敌机狂炸市区，回水沟18号本局第三职员寄宿舍不幸中弹炸毁，业将被灾情形呈报鉴核在案。住舍各员役衣物行李损失不赀，节据该住舍各员役分别填具损失报告表，呈请援照奉颁《中央公务员雇员公役遭受空袭损害暂行救济办法》核发救济费以示体恤，等情，请示前来。均经伤查不虚，理合造具被灾员役姓名清册并检附原报告表备文呈请钧府伏乞俯念各该员役损失甚巨，准如所请用示体恤而资救济。所有本局第三宿舍被炸据情转恳救济各缘由,是否有当,静候鉴核指令祗遵。

  谨呈

重庆市政府

附呈被灾各员役姓名清册1份损失报告表16份

          重庆市财政局长刁〇〇

附：

1)重庆市政府回水沟第三职员寄宿舍遭受空袭损失员工姓名清册

职别	姓名	备考
技士	印涤生	
办事员	张晴风	
调查员	蔡培基	
	朱承祚	
	张志先	
	袁钊	
	王文亨	
	寇席珍	
	赵轶群	
	李廷富	
事务员	韩学志	
实习员	马智凝	
事务员	张利宾	
	张连柯	
	赖德厚	
工友	丁竹青	

2)重庆市政府财政局员役空袭损失私物报告表

物品名称	品质	数量	损失程度	原价(元)	购置年月	备考
制服	哔叽[叽]	1套	炸破数洞	113	1939年10月	
热水瓶	大号金属	1个	炸破	25	1939年11月	
面盆		1个	压破	14	1939年6月	

续表

物品名称	品质	数量	损失程度	原价(元)	购置年月	备考
行军床	木布	1张	压破	16	1940年5月	
皮鞋	皮	1双	不见	25	1940年3月	
短裤	布	1件	不见	3	1940年4月	
毛巾	纱	2条	不见	2	1940年4月	每条1元
方木凳	木	1张	压坏	2	1940年5月	
牙刷	骨	1个	不见	3	1940年5月	
茶杯	玻璃	2个	压破	3	1940年5月	每个1.5元
被灾日期	1940年6月24日	被灾地点	回水沟18号	房屋被炸或震塌	被炸	原支薪俸数目	180元	有无同居眷属	

右〈上〉开物品确系因空袭被毁,谨呈

科长

局长

　转呈

市长吴

填报人:职务　技士

姓名　印涤生

二十九年六月二十五日

3)重庆市政府财政局员役空袭损失私物报告表

物品名称	品质	数量	损失程度	原价(元)	购置年月	备考
六法全书	精装	1册	全毁	4.8	1940年5月	
公文程序大全	平装	1函	全毁	3.2	1938年3月	
面盆	洋瓷	1个	炸坏	10	1940年5月	
漱口盂	洋瓷	1个	炸坏	2	1940年5月	
牙刷		1把	全毁	1.5	1940年5月	
牙膏		1瓶	全毁	1.8	1940年5月	
面巾		1张	全毁	1.8	1940年5月	
浴巾		1根	全毁	1.3	1940年5月	

续表

物品名称	品质	数量	损失程度	原价(元)	购置年月	备考
短裤	棉质	1条	全毁	2	1940年6月	
袜子	棉质	1双	全毁	2	1940年6月	
衬衫	白府绸	2件	全毁	14	1939年4月	
毛线衣	毛质	1件	全毁	15	1938年8月	
藏青洋服	毛质	1套	全毁	65	1938年8月	
华达呢学生服	毛质	1套	全毁	46	1938年4月	
麻纱背心		2件	全毁	7.2	1940年4月	
皮鞋		1双	炸坏	20	1940年4月	
油布		1床	炸坏	3	1938年6月	
香皂		1个	全毁	2.2	1940年5月	
雨伞		1把	全毁	1.5	1940年5月	
床		1架	炸坏	4		
被灾日期	1940年6月24日	被灾地点	回水沟	房屋被炸或震塌	炸毁	原支薪俸数目	75元	有无同居眷属

右〈上〉开物品确系因空袭被毁,谨呈

科长

局长

　　转呈

市长吴

　　　　　　　　　　　　　　　　　填报人:职务　办事员

　　　　　　　　　　　　　　　　　　　　姓名　张晴风

　　　　　　　　　　　　　　　　　二十九年六月二十六日

4)重庆市政府财政局员役空袭损失私物报告表

物品名称	品质	数量	损失程度	原价(元)	购置年月	备考
帐子	棉	1	全毁	20	1940年5月	
中山服	棉	1	全毁	18	1940年1月	1件上装三峡布
印花毯子	棉	1	全毁	6.5	1938年9月	
新生活面盆	棉	1	全毁	4	1939年3月	

续表

物品名称	品质	数量	损失程度	原价（元）	购置年月	备考
茶杯	玻璃	1	全毁	1.2	1940年4月	
盥口盂	瓷	1	全毁	2	1940年1月	
牙刷		1	全毁	1.5	1940年5月	
面巾	棉	1	全毁	1.5	1940年5月	
利华药皂		1	全毁	1.3	1940年3月	
力士鞋	胶	1	全毁	9	1940年1月	
藤包	藤	1	全毁	3.7	1937年9月	
抄本	纸	1	全毁	3.8	1940年1月	日记簿
被灾日期	1940年6月24日	被灾地点	回水沟18号	房屋被炸或震塌	被炸	原支薪俸数目	实收54元	有无同居眷属	无

右〈上〉开物品确系因空袭被毁，谨呈

局长刁

　　转呈

市长吴

填报人：职务　调查员

　　　　姓名　蔡培基

二十九年六月二十六日

5）重庆市政府财政局员役空袭损失私物报告表

物品名称	品质	数量	损失程度	原价（元）	购置年月	备考
被盖	锦缎	1床	全毁	24	1938年9月	
毯子	洋线	1床	全毁	8	1938年9月	
油布	棉	1床	全毁	5	1939年1月	
夹衫	丝	1件	全毁	32	1939年8月	
夹裤	线	1条	全毁	13	1939年8月	
长衫	棉	2件	全毁	25	1939年8月	
汗小衣	白市布	2套	全毁	21	1939年8月	
毛线小衣		1件	全毁	12	1938年10月	
呢帽		1顶	全毁	14	1938年2月	

续表

物品名称	品质	数量	损失程度	原价（元）	购置年月	备考
党服	夹丝呢	1套	全毁	30	1940年5月	
衬衫	虎〔府〕绸	1件	全毁	12	1940年5月	
短裤	布	1条	全毁	2	1939年10月	
皮鞋		1双	全毁	20	1940年2月	
胶鞋		1双	全毁	8	1940年5月	
袜子	麻纱	2双	全毁	5.2	1940年4月	
线汗衣	麻纱	1件	全毁	7.3	1940年6月	
盥面具		1套	全毁	12	1939年5月	小盆1个 漱口盅1个 牙刷1把
凉床		1架	全毁	4	1940年5月	
藤包		1个	全毁	2	1938年10月	
被灾日期	1940年6月24日	被灾地点	回水沟18号	房屋被炸或震塌	被炸	原支薪俸数目	65元	有无同居眷属	无

右〈上〉开物品确系因空袭被毁，谨呈

科长

局长

　转呈

市长吴

填报人：职务　调查员

姓名　朱承祚

二十九年六月二十七日

6) 重庆市政府财政局员役空袭损失私物报告表

物品名称	品质	数量	损失程度	原价（元）	购置年月	备考
茶壶	瓷	1个	炸毁	4	1940年2月	此物门倒压毁
瓷盆	瓷	1个	炸毁	12	1939年12月	此物被炸失踪

续表

物品名称	品质	数量	损失程度	原价（元）	购置年月	备考
玻璃杯		2个	全毁	2	1940年3月	此物系门石飞炸
面巾		1条	全毁	1.8	1940年2月	此物系炸飞
中山服	棉	1套	全毁	36	1940年3月	以下衣物系交洗衣妇损失
线袜		2双	全毁	4.6	1939年12月	
衬衣	府绸	1件	全毁	10	1940年5月	
摇裤	市布	1条	全毁	6	1939年11月	
被灾日期	1940年6月24日	被灾地点	回水沟18号	房屋被炸或震塌	被炸	原支薪俸数目	62元	有无同居眷属	无

右〈上〉开物品确系因空袭被毁，谨呈

  局长刁

    转呈

市长吴

      填报人：职务 调查员

         姓名 张志先

      二十九年六月二十七日

7) 重庆市政府财政局员役空袭损失私物报告表

物品名称	品质	数量	损失程度	原价（元）	购置年月	备考
毯子	棉	1床	全部粉碎	13	1939年12月	
油布	棉	1床	全部粉碎	15.5	1939年12月	
被盖（包单被面丝棉絮）	棉丝	1床	炸毁约1方尺大之孔2个	45	1939年12月 1935年3月	包单被面1939年共去洋30元丝棉絮1935年3月去洋15元，重5斤每斤去洋3元

续表

物品名称	品质	数量	损失程度	原价（元）	购置年月	备考
毛线衣	毛	上下装1套	全部粉碎	19.25		
毛线项巾	毛	1根	全部损失	5.5	1938年9月	
手套	毛	1双	全损	1.25	1938年9月	
牙绒衣	毛	1件	全损	7	1936年10月	
织工呢操鞋	毛	1双	全损	7.5	1940年3月	
三峡呢中山服	棉	1套	全损	13.6	1939年2月	
三峡呢棉马裤	棉	1条	全损	8	1939年2月	
白哈叽绣花枕	棉	2个	全损	5.5	1940年1月	
面盆	磁	1个	全损	5.6	1939年12月	
裤带	皮	1根	全损	2.4	1940年4月	
手提囊	棉	1个	全损	1.2	1940年4月	
漱口盂	磁	1个	全损	0.8	1939年12月	
雷池		2筒	粉碎	1	1940年5月	
短裤	棉	1条	全失	3	1940年4月	
牙刷	骨、毛	1把	全失	0.35	1940年4月	
靴膏		1盒	全失	3	1940年6月	
香皂		1个	全失	0.8	1940年6月	
青线袜	棉	1双	全失	1.6	1940年3月	
面巾	棉	1根	全失	1.6	1940年5月	
床(凉板)	竹床	1架	全失	4	1940年4月	
被灾日期	1940年6月24日	被灾地点	回水沟第18号	房屋被炸或震塌	一部炸毁一部震塌	原支薪俸数目	55元	有无同居眷属	无

右(上)开物品确系因空袭被毁,谨呈

局长刁

　　转呈

市长吴

填报人：职务　调查员

姓名　袁钊

二十九年六月二十六日

8) 重庆市政府财政局员役空袭损失私物报告表

物品名称	品质	数量	损失程度	原价（元）	购置年月	备考
洗口杯	瑞典磁	1个	全毁	10	1940年4月	
牙刷		1把	全毁	2	1940年6月19日	
面盆	洋磁	1个	全毁	16	1940年3月	
衬衫	花府绸	1件	全毁	17	1940年4月	
白甘油		半磅	全毁	9	1940年1月	
洛酸汞		1瓶	全毁	1	1940年2月	
毛贡呢鞋	毛料	1双	全毁	12	1940年3月	未穿
纹皮鞋		1双	全毁	40	1940年1月	由成都家里寄来
香皂		1个	全毁	2	1940年5月	
被灾日期	1940年6月24日	被灾地点	回水沟18号	房屋被炸或震塌	被炸	原支薪俸数目	54元	有无同居眷属	无

右〈上〉开物品确系因空袭被毁，谨呈
局长刁
　　转呈
市长吴

填报人：职务　调查员
　　　　姓名　王文亨
二十九年六月二十六日

9) 重庆市政府财政局员役空袭损失私物报告表

物品名称	品质	数量	损失程度	原价（元）	购置年月	备考
衬衣	丝质	1件	全毁	30	1939年6月	
红色线毯	棉线	1床	全毁	24	1939年10月	
皮鞋	皮质	1双	全毁	20	1940年5月	
袜子	棉线	2双	全毁	5	1940年3月	
鸭绒汗衣	毛质	1件	全毁	38	1938年11月	
三峡布党服	棉质	1套	全毁	27	1939年12月	

续表

物品名称	品质	数量	损失程度	原价（元）	购置年月	备考
面盆	瓷质	1个	全毁	11	1939年4月	
短裤	棉质	2条	全毁	7	1939年7月	
牙膏 牙刷		1盒 1把	全毁	2.2	1940年5月	
胶鞋	胶质 棉质	1双	全毁	9	1938年5月	
呢帽	毛质	1顶	全毁	18	1938年11月	
长衣	棉质	1件	全毁	16	1939年12月	
白哈叽下衣	棉质	2条	全毁	19	1939年8月	
青色党服	毛质	1套	全毁	68	1938年6月	
夹衣	丝质	1件	全毁	35	1939年9月	
丝袜	丝质	2双	全毁	10	1940年4月	
毛织工鞋	毛质	1双	全毁	9.5	1940年3月	
平板床	竹质 木质	1架	全毁	4	1940年5月	
油布	油质 棉质	1床	全毁	9	1939年3月	
被灾日期	1940年6月24日	被灾地点	回水沟18号	房屋被炸或震塌	炸毁	原支薪俸数目	60元	有无同居眷属	

右〈上〉开物品确系因空袭被毁,谨呈

局长

　　转呈

市长吴

　　　　　　　　　　　　填报人：职务　调查员

　　　　　　　　　　　　　　　　姓名　寇席珍

　　　　　　　　　　　　二十九年六月二十六日

10）重庆市政府财政局员役空袭损失私物报告表

物品名称	品质	数量	损失程度	原价（元）	购置年月	备考
竹床	竹制	1架	全毁	8	1940年5月	

续表

物品名称	品质	数量	损失程度	原价（元）	购置年月	备考
被单	白洋布	1床	全毁	15	1939年3月	
棉絮	湖棉	1床	全毁	20	1939年3月	
被面	锦缎	1床	全毁	8	1939年3月	
油布	布质	1床	全毁	5	1938年10月	
绒毯	布质	1床	全毁	20	1939年9月	
枕头	布质	1床	全毁	6	1940年5月	
毛毯	毛质	1床	全毁	10	1940年5月	
袜子	丝质	2双	全毁	6	1939年4月	
党服	毛质	2套	全毁	180	1937年11月 1938年4月	毛哔叽的置于1937年11月，黄呢质的置于1938年4月
哈叽短裤	布质	2条	全毁	10	1937年6月	
衬衫	丝质	2件	全毁	35	1940年5月	
皮鞋	皮质	1双	全毁	25	1940年4月	
箱子	白药皮	1口	全毁	6	1936年7月	
洋锁		1把	全毁	1	1939年2月	
葛巾	布质	2张	全毁	4	1940年3月	
面盆	洋瓷	1个	全毁	7	1939年2月	
漱口盂	洋瓷	1只	全毁	1.5	1936年8月	
茶盅	玻璃	1只	全毁	1	1940年6月	
牙刷		1把	全毁	1	1940年5月	
被灾日期	1940年6月24日	被灾地点	回水沟第三宿舍	房屋被炸或震塌	炸毁	原支薪俸数目 65元	有无同居眷属	无

右〈上〉开物品确系因空袭被毁，谨呈

局长

　　转呈

市长吴

　　　　　　　　　　　　填报人：职务　调查员

　　　　　　　　　　　　　　　　姓名　赵轶群

　　　　　　　　　　　　二十九年六月二十五日

11) 重庆市政府财政局员役空袭损失私物报告表

物品名称	品质	数量	损失程度	原价（元）	购置年月	备考
竹床		1架	全部粉碎	3.6	1940年4月	
油布		1张	全部粉碎	9.5	1939年2月	
花毯子		1张	已坏	15	1939年7月	
枕头		1个	粉碎	8.6	1939年6月	内芦花3斤
灰色法兰绒西服	毛	1套	粉碎无踪	160	1939年8月	
甲马厚哔叽西服下装	毛	1条	粉碎无踪	70	1939年3月	
元青花毛葛领带	毛	1根	粉碎无踪	6.5	1940年1月	
白毛哔叽领带	毛	1根	粉碎无踪	5.5	1939年5月	
花毛葛领带	毛	1根	粉碎无踪	7.5	1940年3月	
灰色呢帽	呢	1顶	粉碎无踪	24	1939年8月	
树胶票夹		1个	粉碎无踪	8	1940年4月	
克罗克眼镜		1付	粉碎无踪	12	1936年3月	
新民牌钢笔		1支	粉碎无踪	10.5	1939年9月	
青呢皮鞋		1双	粉碎无踪	32	1939年8月	
如意牌电筒		1只	炸坏	5.8	1940年3月	
袖扣		1付	失踪	1.5	1940年4月	
印花斜纹布毯		1床	全部炸碎	22.5	1939年11月	
香皂胶盒		1个	失踪	2	1939年10月	
麻纱长袜		1双	失踪	2.8	1940年4月	
麻纱套袜		1双	失踪	22	1940年5月	
药皂		1个	失踪	1.2	1940年5月	
力士香皂		1个	失踪	1.5	1940年5月	
鸭绒背心		1件	失踪	12	1939年8月	
皮箱		1只	炸坏	6.5	1939年8月	
白府绸衬衫		1件	全部粉碎	14.5	1940年5月	
白哈叽衬衫		1件	全部粉碎	13.5	1940年1月	
白瓷面盆		1个	炸坏	16	1940年4月	
深蓝毛哔叽西服装		1件	炸碎无踪	95	1940年4月	西服背心在内

续表

物品名称	品质	数量	损失程度	原价（元）	购置年月	备考
牙刷		1把	炸碎无踪	1.5	1940年4月	
牙粉		1筒	炸碎无踪	1.6	1940年4月	
洗面帕		1张	炸碎无踪	1.5	1940年4月	
皮拖鞋		1双	炸碎无踪	6	1940年4月	
镜子		1把	炸碎无踪	6	1940年4月	
黑靴膏		1盒	炸碎无踪	1.6	1940年4月	
被灾日期	1940年6月24日	被灾地点	回水沟18号	房屋被炸或震塌	被炸	原支薪俸数目 65元	有无同居眷属	无

右〈上〉开物品确系因空袭被毁，谨呈

局长

　转呈

市长吴

填报人：职务　调查员

姓名　李廷富

二十九年六月二十六日

12）重庆市政府财政局员役空袭损失私物报告表

物品名称	品质	数量	损失程度	原价(元)	购置年月	备考
皮箱		1口	炸烂	11.5	1940年正月	
眼镜		1架	全毁	16	1940年3月	
毯子		1床	炸烂	13.5	1939年3月	
竹床		1架	炸烂	4	1940年3月	
水晶石私章		1颗	炸烂	12	1938年11月	尚未刊字
麻纱汗衣		1件	炸毁无踪	5.5	1940年6月	
丝袜		1双	炸毁无踪	6.5	1940年5月	
套袜		1双	炸毁无踪	2.5	1940年6月	
德国磁杯		1个	炸烂	7	1940年2月	
哈叽短裤		1条	炸毁无踪	9	1940年6月	

续表

物品名称	品质	数量	损失程度	原价(元)	购置年月	备考
皇后面巾		1条	炸毁无踪	2.5	1940年5月	
牙刷		1把	炸毁无踪	1.5	1940年6月	
牙粉		1筒	炸毁无踪	3.5	1940年6月	
香皂		1个	炸毁无踪	1.6	1940年6月	
被灾日期	1940年6月24日	被灾地点	回水沟18号	房屋被炸或震塌	被炸	原支薪俸数目	65元	有无同居眷属	无

右〈上〉开物品确系因空袭被毁，谨呈

局长

　　转呈

市长吴

填报人：职务　调查员

　　　　姓名　韩学志

二十九年六月二十六日

13) 重庆市政府财政局员役空袭损失私物报告表

物品名称	品质	数量	损失程度	原价(元)	购置年月	备考
礼帽	呢	1顶	不见	9	1939年10月	
中山服	棉	1套	扯毁	28	1939年10月	
竹箱	竹	1只	压毁	2	1939年10月	
衬衣	棉	2件	扯毁	16	1940年5月	
面盆	搪瓷	1个	压毁	5	1940年5月	
胶底鞋	棉	1双	扯毁	9	1940年5月	
毛巾	棉	1条	不见	1.2	1940年5月	
被灾日期	1940年6月24日	被灾地点	回水沟第三宿舍	房屋被炸或震塌	被炸	原支薪俸数目	50元	有无同居眷属	无

续表

右〈上〉开物品确系因空袭被毁,谨呈	
组长韩	
主任田	
科长杨	
局长刁	
转呈	
市长吴	
	填报人:职务　实习员
	姓名　马智凝
二十九年六月二十七日	

14)重庆市政府财政局员役空袭损失私物报告表

物品名称	品质	数量	损失程度	原价（元）	购置年月	备考
行军床	木	1架	全部炸毁	14	1940年5月	
毯子		1床	全部粉碎	18	1940年12月	
油布		1床	全部粉碎	7	1939年11月	
簸席		1床	全部粉碎	5	1940年5月	
枕头	丝	1个	粉碎	8.4	1939年12月	
面巾		1张	粉碎	1.8	1940年5月	
磁盆		1个	炸坏	10.5	1939年11月	
皮箱		1口	失踪	8.5	1939年5月	
青呢中山服	呢	1套	失踪	78	1938年9月	
白府绸衬衫		1件	失踪	16	1940年3月	
黄毛哈叽短裤		1条	失踪	12.5	1940年2月	
灰中山呢服	牛毛	1套	失踪	32	1939年9月	
鸭绒背心	毛	1件	失踪	17	1938年9月	
鸭绒线睡帽	毛	1顶	失踪	1.8	1939年8月	
运动背心	棉	1件	失踪	4.5	1940年5月	
短套袜		1双	失踪	2.2	1940年5月	
牙刷		1把	被炸粉碎	1.3	1940年3月	
白玉牙膏		1筒	被炸粉碎	2.2	1940年6月	

续表

物品名称	品质	数量	损失程度	原价（元）	购置年月	备考
织贡呢操鞋		1双	失踪	6.8	1940年3月	
香皂		1只	失踪	1	1940年4月	
棕榄香皂		1只	失踪	1.8	1940年5月	
被灾日期	1940年6月24日	被灾地点	回水沟18号宿舍	房屋被炸或震塌	被炸	原支薪俸数目	55元	有无同居眷属

右〈上〉开物品确系因空袭被毁,谨呈

　局长刁

　　转呈

市长吴

　　　　　　　　　　　　　填报人：职务　事务员

　　　　　　　　　　　　　　　　　姓名　张利宾

　　　　　　　　　　　　　　　　　年　月　日

15) 重庆市政府财政局员役空袭损失私物报告表

物品名称	品质	数量	损失程度	原价（元）	购置年月	备考
新时代公文程序	平装	1函	全毁	2	1938年3月	
考试问答	精装	2册	全毁	6	1938年3月	
麻纱汗衫	麻质	1件	全毁	9	1940年5月	
白市布衬衣	布质	1件	全毁	14	1940年5月	
白哈叽短裤	布质	1条	全毁	4	1940年4月	
蓝布长衫	布质	1件	全毁	16	1939年11月	
虾蓝哔叽西式下装	毛质	1条	全毁	46	1939年11月	
绛色丝袜	丝质	1双	全毁	5	1939年8月	
贡呢平鞋	毛质	1双	全毁	9	1940年4月	
面巾	棉质	1根	全毁	2	1940年4月	
浴巾	棉质	1张	全毁	1.5	1940年4月	
牙刷		1把	全毁	1.5	1940年4月	
漱口盂	磁质	1个	全毁	2	1940年4月	
力士牌香皂		1只	全毁	1.5	1940年6月	

续表

物品名称	品质	数量	损失程度	原价（元）	购置年月	备考
靴膏		1盒	全毁	1.8	1940年6月	
毛线汗衣	毛质	1件	全毁	15	1938年9月	
驼绒汗衣	丝质毛质	1件	全毁	62	1939年10月	
青绸长衣	丝质	1件	全毁	20	1939年5月	
竹床		1具	全毁	4.2	1940年6月	
被灾日期	1940年6月24日	被灾地点	回水沟本局第三宿舍	房屋被炸或震塌	炸毁	原支薪俸数目	55元	有无同居眷属	无

右〈上〉开物品确系因空袭被毁，谨呈

局长

　　转呈

市长吴

　　　　　　　　　　　　　填报人：职务　事务员

　　　　　　　　　　　　　　　　　姓名　张连柯

　　　　　　　　　　　　　　　　二十九年六月　日

16）重庆市政府财政局员役空袭损失私物报告表

物品名称	品质	数量	损失程度	原价（元）	购置年月	备考
夹衫	布面大绸里	1件	全毁	38	1940年3月	
夹裤	绸面绸里	1条	全毁	24.8	1940年3月	
绒汗衣	绒质	1件	全毁	7.5	1939年9月	
单裤	大绸	1条	全毁	20	1940年4月	
便鞋	直贡呢	1双	全毁无踪	8	1940年5月	
面巾	线质	2条	全毁	3.6	1940年5月	
面盆	洋磁	1个	部分毁坏	8	1939年6月	
漱口盂	洋磁	1个	全毁	2	1938年6月	

续表

被灾日期	1940年6月24日	被灾地点	回水沟18号	房屋被炸或震塌	被炸	原支薪俸数目	70元	有无同居眷属	无

右〈上〉开物品确系因空袭被毁,谨呈

局长刁

　　转呈

市长吴

　　　　　　　　　　　　　　填报人:职务　事务员

　　　　　　　　　　　　　　　　姓名　赖德厚

　　　　　　　　　　　　　　二十九年六月二十五日

17) 重庆市政府财政局员役空袭损失私物报告表

物品名称	品质	数量	损失程度	原价(元)	购置年月	备考
皮鞋	皮	1双	全毁	16	1940年1月25日	
衬衫	白市布	1件	全毁	8	1940年1月	
□服	灰布	1套	全毁	15	1940年3月	

被灾日期	1940年6月24日	被灾地点	回水沟18号三宿舍	房屋被炸或震塌	被炸	原支薪俸数目	16元	有无同居眷属	

右〈上〉开物品确系因空袭被毁,谨呈

主任邱

科长向

局长刁

　　转呈

市长吴

　　　　　　　　　　　　　　填报人:职务　工友

　　　　　　　　　　　　　　　　姓名　丁竹青

　　　　　　　　　　　　　　二十九年六月二十六日

(0064—8—287)

7. 重庆市财政局为报1940年6月该局第二职员宿舍被炸情形给重庆市政府的呈文稿(1940年6月27日)

窃本局附近第二职员宿舍于本年十六日被敌机投弹炸毁,各职员衣物行李完全损失。节据各该员等分别填具损失报告表呈请援照奉颁《中央公务员雇员公役遭受空袭损害暂行救济办法》核发救济费以示体恤,等情。请示前来。经饬拟查复所报各情尚属实在,理合检附原报告表备文呈请钧府伏乞俯念各该员役损失甚巨,准如所请用示体恤,实沾德便。所有本局附近第二职员宿舍被炸据请转请援照奉颁救济办法核发救济费各缘由,是否有当,静候指令。

谨呈

重庆市政府

附各职员役被炸损失姓名册1份报告表50份

重庆市财政局长刁〇〇

附:

1)重庆市财政局职员第二宿舍遭受空袭损失员役姓名单

职别	姓名	备考
主任科员	邹鸿宾	
科员	贡植成	
事务员	傅震寰	
征收员	邹迪成	
调查员	林乃森	
事务员	张锡武	
调查员	苑善符[①]	
事务员	王贤陶	
调查员	刘宽	
事务员	傅世璜	
	胡耳其	本表已检送市政府[②]
征收员	周石璞	

[①] 原档缺。

[②] 故本档缺。

续表

职别	姓名	备考
视察员	柳敬临	
稽核员	张应卿	
视察员	杨惕知	
事务员	李治本	
	张蕴涛	
	陆寅	
	鲁儒生	
	傅东	
	张也鲁	
	谢学成	
	雷行天	
	赖先慎	
	颜超	
稽核员	刘举皋	
	黄章	
	冉鸿举	
	王湘	
办事员	夏碬勋	
	林子干	
事务员	陈怀琨	
	蒋泽多	
技佐	徐沣林	
事务员	喻明显	
	汪明初[①]	
	鄢实田	
公差	卢启富	
茶房	陈庆元	
工友	蒋云武	
	杨春廷	
	李远芝	

---

① 后附表格落款及印章均为"汪民初",应为此处笔误。

续表

职别	姓名	备考
	杨运成	
	杨运相	
	张墨池	
	向志高	
	杨树成	
	叶邦培	
	刘绍虞	
	王志云	

2) 重庆市政府财政局员役空袭损失私物报告表

物品名称	品质	数量	损失程度	原价（元）	购置年月	备考
青中山服	华达呢	1套	全毁	80	1939年3月	
箱子	皮	1口	全毁	10	1939年5月	
白色西服	帆布	1套	全毁	40	1939年8月	
灰学生服	咔叽	1套	全毁	15	1940年1月	
汗衫	线	全套	全毁	16	1940年3月	
袜	麻纱	2双	全毁	4	1940年3月	
鞋	皮	1双	全毁	23	1940年5月	
被灾日期	1940年6月12日	被灾地点	陕西路102号财政局第二宿舍	房屋被炸或震塌	被炸	原支薪俸数目	140元	有无同居眷属	无

右〈上〉开物品确系因空袭被毁，谨呈
局长刁
　　转呈
市长吴

　　　　　　　　　填报人：职务　事务股主任科员
　　　　　　　　　　　　　姓名　邹鸿宾
　　　　　　　　　二十九年六月十七日

3)重庆市政府财政局员役空袭损失私物报告表

物品名称	品质	数量	损失程度	原价（元）	购置年月	备考
裤裤	市布	1套	全毁	12	1939年6月	
洋袜	双线	2双	全毁	3.6	1940年1月	
鞋子	布面布底	1双	全毁	5	1940年4月	
搪瓷面盆		1个	全毁	6	1939年4月	
木脚盆		1个	全毁	1	1939年6月	
搪瓷茶缸		1个	全毁	1.8	1939年6月	
毛巾		1条	全毁	1.5	1940年4月	
洗脸巾		1条	全毁	1.5	1940年5月	
竹凉席		1条	全毁	1.8	1939年6月	
竹凉枕席		1条	全毁	0.4	1939年6月	
小钟		1座	全毁	5	1940年1月	
竹箱		1只	全毁	2.6	1939年5月	
肥皂	好	1块	全毁	1	1940年5月	
漱口缸		1个	全毁	1.2	1939年5月	
肥皂盒	铜	1个	全毁	1.8	1939年5月	
牙刷		1把	全毁	0.7	1940年5月	
被灾日期	1940年6月16日	被灾地点	陕西路102号	房屋被炸或震塌	完全被炸	原支薪俸数目	90元	有无同居眷属	无

　　右〈上〉开物品确系因空袭被毁,谨呈
科长何
局长刁
　　转呈
市长吴

　　　　　　　　　　　　　　填报人：职务　科员
　　　　　　　　　　　　　　　　姓名　贡植成
　　　　　　　　　　　　　　廿九年六月十六日

4）重庆市政府财政局员役空袭损失私物报告表

物品名称	品质	数量	损失程度	原价（元）	购置年月	备考
方形墨海	白铜	1个	全毁	1	1937年6月	窃职身任空袭服务副领队一闻警报即驰赴街面服务又不能携带一物以致全数化为乌有
毛线衣	毛	1套	全毁	21.5	1938年10月	
棉絮	棉	1床	全毁	7	1938年9月	
袜子	鸭绒	1双	全毁	7	1938年9月	
黄皮箱	厂皮	1口	全毁	30	1939年5月	
长方形西洋镜	玻璃	1面	全毁	5	1939年5月	
广锁	黄铜	1把	全毁	2.5	1939年5月	
白市布毯	棉	2床	全毁	23	1939年5月	
火车牌挂表		1个	全毁	12	1939年7月	
棕毯	棉	1床	全毁	6	1939年7月	
灰色中山服	棉	1套	全毁	16	1939年8月	
桶绒汗衣	棉	1套	全毁	11	1939年10月	
黄色□□□中山服	棉	1套	全毁	22	1939年10月	
灰色呢帽	呢	1顶	全毁	14	1939年11月	
手套	鸭绒	1双	全毁	5.4	1939年11月	
背心	毛线	1件	全毁	11	1939年11月	
皮裤带	麂皮	1根	全毁	8	1939年12月	
油绸垫单	绸	1床	全毁	18	1940年3月	
红花毛毯	毛	1床	全毁	8	1940年3月	
钳子	钢	1把	全毁	15	1940年2月	
面巾	棉	1根	全毁	1.5	1940年4月	
梳子	牛角	1把	全毁	2	1940年4月	
米灰色毛人字呢大衣	毛呢	1件	全毁	240	1940年4月	
平鞋	帆布	1双	全毁	3.8	1940年4月	

续表

物品名称	品质	数量	损失程度	原价（元）	购置年月	备考
皮鞋油	油	1盒	全毁	1.5	1940年5月	
特大号漱口盂	双面搪瓷	1个	全毁	20	1940年3月	
衬衣	白市布	1件	全毁	10	1940年5月	
白缎绣花被盖		1床	全毁	113	1940年3月	
牙刷		1把	全毁	1	1940年4月	
素瓷面盆		1个	全毁	16	1940年4月	
手提小皮箱	厂皮	1口	全毁	18	1940年3月	
短裤	白布	2条	全毁	4	1940年4月	
袜子	棉	2双	全毁	4	1940年5月	
万应膏		1盒	全毁	1.2	1940年6月	
黑人牙膏		1盒	全毁	2	1940年6月	
绸衬衣	白绸	2件	全毁	36	1940年6月	
裤带	白帆布	1根	全毁	5	1940年6月	
袜套	丝	1双	全毁	6	1940年6月	
短裤	白帆布	1条	全毁	8	1940年6月	
杂志书籍		30余本	全毁	约计25	1938年 1939年 1940年	上〈左〉书系陆续购置
四川省第15区联立中校毕业证书		1件	全毁			
达县县立民众教育馆聘书		1件	全毁			
小毛手巾	棉	2根	全毁	0.8	1940年4月	
被灾日期	1940年6月16日	被灾地点	陕西路102号财政局职员第二宿舍	房屋被炸或震塌	全部炸毁	原支薪俸数目	54元	有无同居眷属	无

续表

右〈上〉开物品确系因空袭被毁,谨呈

秘书林

局长刁

　　转呈

市长吴

　　　　　　　　　　　　　　　　填报人:职务　事务员

　　　　　　　　　　　　　　　　　　　姓名　傅震寰

　　　　　　　　　　　　　　　　二十九年六月　日

5)重庆市政府财政局员役空袭损失私物报告表

物品名称	品质	数量	损失程度	原价(元)	购置年月	备考
被盖	花直贡呢被心白洋布灰色单	2床	全毁	50	1940年4月	
卧单	白色斜纹印花	1床	全毁	15	1940年3月	
枕头	白洋布绣花	1个	全毁	4	1940年3月	
呢帽	青呢	1顶	全毁	9	1939年12月	
西式下装	青毛哔叽	1条	全损	75	1939年11月	
中山服	草绿咔叽	1套	全损	26	1940年5月	
西式下装	青咔叽	1条	全损	9	1939年10月	
衬衫	青辅〔府〕绸白咔叽	各1件	全损	15	1940年3月	
面巾	白色红花毛巾	2张	全损	3.2	1940年5月	
面盆	白洋磁	1个	全损	7	1939年8月	
漱口盂	金花白磁	1个	全损	2.5	1940年1月	
茶盅	白磁	1个	全损	1	1940年5月	
牙刷	牛骨柄	1个	全损	1.4	1940年5月	
书箱	竹料	1挑	全损	9	1939年10月	
藤包	藤梗	1个	全损	1.5	1939年4月	
草席	蒲草	1床	全损	0.8	1939年12月	
诗学大全	参考书	1簿	全损	5.5	1939年7月	
操鞋	帆布	1双	全损	2	1940年2月	

续表

| 被灾日期 | 1940年6月16日 | 被灾地点 | 财政局第二宿舍 | 房屋被炸或震塌 | 房屋完全炸毁 | 原支薪俸数目 | 55元 | 有无同居眷属 | 无 |

右〈上〉开物品确系因空袭被毁,谨呈

科长

　局长

　　转呈

市长吴

填报人:职务　车捐征收员
姓名　邹迪成
二十九年六月二十二日

6) 重庆市政府财政局员役空袭损失私物报告表

物品名称	品质	数量	损失程度	原价（元）	购置年月	备考
黄制服	毛呢	1套	全炸毁	48	1931年10月	
棉被	川绸	1床	全炸毁	24	1939年2月	
被单	白市布	1个	全炸毁	7	1939年5月	
帆布床单	帆布	1个	全炸毁	3	1938年11月	
棉制服	布质	1套	全炸毁	14	1937年11月	
搪瓷脸盆	搪瓷	1个	全炸毁	8	1939年6月	
牙缸	搪瓷	1个	全炸毁	1.4	1940年4月	
草凉席	草	1个	全炸毁	1.2	1940年5月	
胶鞋	帆布	1双	全炸毁	7	1940年4月	
牙刷		1把	全炸毁	1	1939年10月	
被制服	布质	1套	全炸毁	12	1938年10月	
礼帽	呢质	1顶	全炸毁	8	1938年10月	
被灾日期	1940年6月16日	被灾地点	陕西路102号	房屋被炸或震塌	被炸	原支薪俸数目	55元	有无同居眷属	无

续表

右〈上〉开物品确系因空袭被毁,谨呈

科长

局长

  转呈

市长吴

         填报人:职务 调查员

           姓名 林乃森

二十九年六月二十四日

7)重庆市政府财政局员役空袭损失私物报告表

物品名称	品质	数量	损失程度	原价(元)	购置年月	备考
被褥	布毛棉	1床	被炸破不能使用	25	1937年7月	
毛毯	毛	1床	炸失	5	1937年7月	
红印花毯子	布	1床	炸失	7	1937年7月	
蚊帐	纱	1笼	炸失	11	1939年8月	
毛哗叽中山服	毛	1套	炸失	70	1939年9月	
绉纹呢中山服	布	1套	炸失	25	1939年11月	
真贡呢布鞋	毛	1双	炸失	8	1939年12月	
绿印花毯子	布	1床	炸失	12	1940年1月	
面盆	磁	1个	炸失	10	1940年1月	
皮箱	皮	1双	炸失	18	1940年1月	
衬衫	布	2件	炸失	14	1940年2月	
被灾日期	1940年6月16日	被灾地点	陕西路102号	房屋被炸或震塌	炸毁	原支薪俸数目	55元	有无同居眷属	无

右〈上〉开物品确系因空袭被毁,谨呈

科长

局长

  转呈

市长吴

         填报人:职务 调查员

           姓名 张锡武

二十九年六月二十五日

8) 重庆市政府财政局员役空袭损失私物报告表

物品名称	品质	数量	损失程度	原价（元）	购置年月	备考
黑胶鞋	胶棉	1双	炸失	6	1939年12月	
黑大绸汗衣	丝	1件	炸失	5	1939年5月	
人字呢上装	棉	1件	炸失	8	1938年12月	
白布衬衣	棉	1件	炸失	7	1940年1月	
面巾	棉	2张	炸失	1.7	1939年9月	
草黄制服	棉	1套	炸失	12	1939年11月	
长袖背心	棉	1件	炸失	2.7	1939年6月	
摇裤	棉	1条	炸失	2.5	1940年6月	
牙刷		1把	炸失	1.5	1940年3月	
套袜	纱	1双	炸失	2	1940年6月	
布鞋	棉	1双	炸失	2.4	1940年2月	
被灾日期	1940年6月16日	被灾地点	陕西路102号财局二宿舍	房屋被炸或震塌	被炸	原支薪俸数目	55元	有无同居眷属

右（上）开物品确系因空袭被毁，谨呈

科长

局长

　转呈

市长吴

　　　　　　　　　　　　　　　填报人：职务　事务员
　　　　　　　　　　　　　　　　　　　姓名　王贤陶
　　　　　　　　　　　　　　　　　　　二十九年六月　日

9) 重庆市政府财政局员役空袭损失私物报告表

物品名称	品质	数量	损失程度	原价（元）	购置年月	备考
面盆	瓷	1	炸破	14.2	1940年3月	
印花包单	丝	1	破烂不堪用	23.5	1940年1月	
织布呢鞋	毛	1双	破烂	9.5	1940年5月	
漱口盂	瓷	1	炸失	2.8	1940年5月	
中山呢制服	棉	1套	破烂不堪用	20	1940年2月	

续表

物品名称	品质	数量	损失程度	原价（元）	购置年月	备考
丝袜	丝	1双	破烂	3.5	1940年4月	
县政资料汇编	平装	1	残破	3	1940年4月	
总裁言论集	平装	1	残破	2.8	1940年1月	
被灾日期	1940年6月16日	被灾地点	陕西路102号	房屋被炸或震塌	炸塌	原支薪俸数目	55元	有无同居眷属	无

右〈上〉开物品确系因空袭被毁,谨呈

科长杨

局长

　　转呈

市长吴

　　　　　　　　　填报人：职务　调查员

　　　　　　　　　姓名　刘宽(代呈)

　　　　　　　　　二十九年六月廿五日

10) 重庆市政府财政局员役空袭损失私物报告表

物品名称	品质	数量	损失程度	原价(元)	购置年月	备考
总裁言论		全部	被炸	12.4	1939年12月	
高级商业簿记教科书		1册	被炸	10.5	1940年6月	
音乐入门		1本	被炸	1.3	1940年4月	
其它书籍杂志10余本				5	本年度陆续购买	
袜子	棉织	1双	被炸	2	1940年5月	
青操鞋	帆布	1双	被炸	2.5	1940年5月	
黑人牙膏		1管		2	1940年5月	
面巾	棉织	1张		1.8	1940年5月	
背心	棉织	1件		3.5	1940年3月	
雨伞	纸	1把		2.5	1940年5月	
树胶皂盒	胶	1个		1.5	1940年2月	

续表

物品名称	品质	数量	损失程度	原价(元)	购置年月	备考
阿墨林药水		1瓶		2	1940年6月	
力士香皂		1块		1.5	1940年4月	
剪刀	铁	1把		0.7	1940年2月	
茶壶	瓷器	1个	被炸	2.5	1939年9月	
被灾日期	1940年6月16日	被灾地点	陕西路102号财政局第二宿舍	房屋被炸或震塌	被炸	原支薪俸数目	70元	有无同居眷属	无

右〈上〉开物品确系因空袭被毁,谨呈

科长

局长

　转呈

市长吴

　　　　　　　　　　　　　填报人:职务　事务员

　　　　　　　　　　　　　　　　姓名　傅世璜

　　　　　　　　　　　　　　二十九年六月二十五日

11)重庆市政府财政局员役空袭损失私物报告表

物品名称	品质	数量	损失程度	原价(元)	购置年月	备考
印花毯子	哈叽	1床	炸毁	14	1939年9月	
席子	蒲草	1床	炸毁	1.6	1940年5月	
面巾	棉织	2张	炸毁	3	1940年5月	
牙膏	嫦娥牌	1盒	炸毁	1.5	1940年6月	
牙刷	毛	1把	炸毁	1.2	1940年4月	
扇子	杭州折扇	1把	炸毁	1.2	1940年5月	
睡帽	毛	1顶	炸毁	2.2	1939年7月	
梳子	胶	1把	炸毁	1.2	1939年5月	
拓宋苏东坡碑		1本	炸毁	8.6	1938年上季	商务印书馆出版
迟疑不决		1本	炸毁	1.6	1940年3月	生活书店出版
礼帽	呢子	1顶	炸毁	8.5	1939年9月	小吕宋

续表

| 被灾日期 | 1940年6月16日 | 被灾地点 | 陕西路102号财政局第二宿舍 | 房屋被炸或震塌 | 被炸 | 原支薪俸数目 | 55元 | 有无同居眷属 | 无 |

右〈上〉开物品确系因空袭被毁，谨呈

科长

局长

   转呈

市长吴

填报人：职务　征收员

姓名　周石璞

二十九年六月二十五日

12)重庆市政府财政局员役空袭损失私物报告表

物品名称	品质	数量	损失程度	原价（元）	购置年月	备考
皮鞋	皮	1双	无存	10	1939年9月	行李衣服大部在泥堆中翻出其余衣服及零用物品被炸
贵州油绸	绸	1床	无存	5	1938年11月	
汗衣	白布	1件	无存	9	1940年1月	
中衣	白布	1条	无存	8	1940年1月	
工字线袜		1双	无存	2.5	1940年1月	
漱口盂	洋磁	1支	无存	1.8	1939年3月	
皮带	皮	1根	无存	1.2	1939年3月	
牙刷	牛骨	1把	无存	1	1940年4月	
牙粉		1瓶	无存	0.8	1940年4月	
面巾		1张	无存	2	1940年3月	
火车挂表		1架	无存	5	1939年	
操鞋	帆布	1双	无存	5	1940年4月	

续表

| 被灾日期 | 1940年6月16日 | 被灾地点 | 陕西路102号 | 房屋被炸或震塌 | 被炸 | 原支薪俸数目 | 额支100元 | 有无同居眷属 | 无 |

右〈上〉开物品确系因空袭被毁,谨呈

科长

局长

   转呈

市长吴

填报人:职务　视察员
姓名　柳敬临
二十九年六月二十五日

13)重庆市政府财政局员役空袭损失私物报告表

物品名称	品质	数量	损失程度	原价(元)	购置年月	备考
被盖	电印葛面子丝棉〔绵〕洋布包心白市布衬单	全1床	炸烂	46	1939年10月	
羊毡	羊绒	1床	炸失	32	1940年2月	
大号油绸	丝织油胶	1床	炸失	9	1940年1月	
洋枕	缎面芦花心锦新布桶桶	全1个	炸失	6.5	1940年1月	
草席		1条	炸失	1.6	1940年1月	
二号瓷口钟	好瓷器	1个	炸烂	4	1939年9月	
绒紧身	厚羊绒	上下套	炸失	19	1939年10月	
灰中山服	咔叽	上下全套	炸失	20	1939年10月	
衬衫	洋布洋绒	各1件	炸失	16	1940年5月	
内短裤	洋布	2条	炸烂	6	1940年5月	
翻黄皮鞋	钢条夹底	1双	炸失	25	1940年3月	

续表

物品名称	品质	数量	损失程度	原价（元）	购置年月	备考
高等簿记	厚纸	全部	炸失	5	1940年2月	
公文大辞典	厚纸	全部两厚册	炸失	12	1940年3月	
男鞋	青毛织贡呢	1双	炸失	11	1940年4月	
男操鞋	青帆布夹皮底	1双	炸失	7.5	1940年4月	
男袜	麻纱	2双	炸失	6	1940年5月	
背心	麻纱	1件	炸失	3.5	1940年5月	
袜子	青洋纱	2双	炸失	3.5	1940年5月	
西式短下装	冲派呢丝	1条	炸失	8.5	1940年5月	
8寸碗	波〔玻〕砖	1架	炸烂	4	1940年9月	
大藤包	广藤	1个	炸烂	6.6	1939年9月	
长布衫	孔雀牌洋布	1件	炸烂	26	1940年2月	
大号线毯	线织	1根	炸烂	15.5	1940年2月	
毛巾		1根	炸烂	2	1940年5月	
牙膏		1瓶	炸烂	1.5	1940年6月	
牙刷		1把	炸烂	1	1940年5月	
长绸衫	华达绸	1件	炸烂	30	1939年8月	
博士帽	细呢	1顶	炸烂	15	1939年10月	
睡帽	鸭绒	1顶	炸烂	7	1939年10月	
被灾日期	1940年6月16日	被灾地点	陕西路102号本局第二宿舍	房屋被炸或震塌	全院炸为焦土	原支薪俸数目	54元	有无同居眷属	

右〈上〉开物品确系因空袭被毁,谨呈

科长

  局长

    转呈

市长吴

填报人:职务　二科稽核员

姓名　张应卿

二十九年六月二十日

14) 重庆市政府财政局员役空袭损失私物报告表

物品名称	品质	数量	损失程度	原价（元）	购置年月	备考
礼帽	呢	1顶	炸毁	8	1938年11月	
茶壶	泥	1把	炸毁	0.5	1940年2月	
毛巾	线	1张	炸毁	1.5	1940年4月	
牙刷		1把	炸毁	1	1940年5月	
洋袜	线	1双	炸毁	2	1940年4月	
衬衫	蓝府绸	1件	炸毁	12	1940年4月	
短裤	白竹布	1件	炸毁	3	1939年5月	
单鞋	毛线呢	1双	炸毁	7	1940年1月	
被灾日期	1940年6月16日	被灾地点	二宿舍	房屋被炸或震塌	全部被炸	原支薪俸数目	60元	有无同居眷属	无

右〈上〉开物品确系因空袭被毁，谨呈

科长

局长

　　转呈

市长吴

填报人：职务　视察员

姓名　杨惕知

二十九年六月二十四日

15) 重庆市政府财政局员役空袭损失私物报告表

物品名称	品质	数量	损失程度	原价（元）	购置年月	备考
棉衣上装	棉	1件		8	1937年11月	
麻呢制服		1套		21	1938年6月	
手表		1个		18	1937年	
毛线汗衣		1件		25	1939年10月	
西式短裤		2条		13	1939年6月 1940年5月	
白毯子		1床		9	1939年6月	
绒下装		1条		9.5	1939年12月	

续表

物品名称	品质	数量	损失程度	原价（元）	购置年月	备考
衬衣		2件		23	1940年3月 1940年5月	
力士鞋		1双		8.5	1940年4月	
布鞋		1双		3.5	1940年3月	
内短裤		2条		3.4	1939年7月 1940年2月	
背心		2件		3.2	1939年5月 1939年7月	
袜子		3双		4.8	1939年7月 1940年2月	
藤包		1个		5.5	1939年6月	
毛线帽		1顶		1.8	1938年10月	
镜子		1面		3.5	1940年6月	
面巾		1块		1.5	1940年5月	
皮鞋油		1盒		1.8	1940年2月	
电筒		1根		2.4	1939年8月	
梳子		1把		1.8	1939年8月 1940年1月①	
牙粉		1筒		1.5	1939年9月	
牙膏		1盒		2	1940年6月	
皮带		1根		1.5	1937年	
东周列国志		4本		1.7	1938年	
洋锁		1个		0.8	1939年12月	
牙刷		2把		1.6	1940年1月 1940年4月	
被灾日期	6月16日午后	被灾地点	陕西路102号财政局二宿舍	房屋被炸或震塌	被炸	原支薪俸数目	55元	有无同居眷属

右〈上〉开物品确系因空袭被毁，谨呈
科长
　局长
　　转呈
市长吴

填报人：职务　事务员
　　　　姓名　李治本
二十九年六月　日

---

① 一把梳子，两个购置年月，原档照录。

16）重庆市政府财政局员役空袭损失私物报告表

物品名称	品质	数量	损失程度	原价（元）	购置年月	备考
被盖	锦缎	1床	粉碎	46	1939年3月	
毯子	印花布	1床	粉碎	15	1940年3月	
油布	油洸士布	1床	粉碎	8	1939年9月	
半毛呢中山服	棉毛	1套	破烂	27	1938年6月	
青西式下装	天津布	1条	破烂	10	1939年8月	
衬衣	棉	2件	破烂	23	1940年5月	
草绿色短裤	棉	2件	破烂	13	1940年4月	
面巾	棉	1张	破烂	1	1940年5月	
蓝布长衫	棉	2件	破烂	19	1939年9月	
枕头	棉	1付	破烂	5	1938年3月	
黑色眼镜	水晶石	1付	破烂	12	1937年7月	
青色毛贡鞋	毛织	1双	破烂	11	1940年5月	
青色袜子	棉	2双	破烂	5	1940年5月	
白洋布包帕	棉	1张	破烂	5	1940年1月	
牙刷	牛骨	1把	破烂	1	1940年5月	
洋线衣裤	棉	1套	破烂	10	1938年3月	
呢博士帽	毛		破烂	12	1938年11月	
被灾日期	1940年6月16日	被灾地点	陕西路102号财局职员第二宿舍	房屋被炸或震塌	被炸	原支薪俸数目	55元	有无同居眷属	无

右〈上〉开物品确系因空袭被毁，谨呈

主任
科长
局长
　转呈
市长吴

　　　　　　　　　　　　　　填报人：职务　事务员
　　　　　　　　　　　　　　　　　　姓名　张蕴涛
　　　　　　　　　　　　　　二十九年六月　日

17) 重庆市政府财政局员役空袭损失私物报告表

物品名称	品质	数量	损失程度	原价（元）	购置年月	备考
被盖	布里绸面	1床	炸烂	40	1939年6月	
印花毯子	布	1条	炸烂	20	1939年6月	
枕头	府绸	1对	炸毁	8	1939年4月	
人字呢制服	线布	1套	炸毁	36	1940年6月	
短裤	线布	2条	炸烂	14	1940年5月	
线袜		2双	炸毁	6	1940年6月	
制服	线布	1套	炸烂	20	1940年3月	
皮鞋	牛皮	1双	炸毁	20	1940年5月	
衬衫	布	2件	炸毁	20	1940年5月	
被灾日期	1940年6月16日	被灾地点	陕西路本局第二宿舍	房屋被炸或震塌	被炸	原支薪俸数目	55元	有无同居眷属	无

右（上）开物品确系因空袭被毁，谨呈

主任
科长
局长
　转呈
市长吴

　　　　　　　　　　　　　　　填报人：职务　事务员
　　　　　　　　　　　　　　　　　　　姓名　陆寅
　　　　　　　　　　　　　　　二十九年六月十七日

18) 重庆市政府财政局员役空袭损失私物报告表

物品名称	品质	数量	损失程度	原价(元)	购置年月	备考
衬衫	标准布	1件	无存	9.5	1940年6月	
短裤	哈叽	1条	无存	7	1940年6月	
背心	毛绒	1件	无存	7	1939年10月	
制服	麻呢	1套	已不堪着	18.5	1939年9月	

续表

物品名称	品质	数量	损失程度	原价(元)	购置年月	备考
内衣	卫生绒	1套	无存	16	1939年10月	
暑背心	白麻纱	1件	无存	3.5	1940年5月	
面巾	印花	1张	无存	2	1940年2月	
漱口盂	搪瓷	1个	无存	3.5	1940年2月	
牙刷	牛骨	1把	无存	1	1940年2月	
发梳	牛角	1把	无存	1.5	1940年2月	
内裤	白布	1条	无存	4.5	1939年12月	
被灾日期	1940年6月16日	被灾地点	陕西街102号	房屋被炸或震塌	房屋被炸	原支薪俸数目	55元	有无同居眷属	无

右〈上〉开物品确系因空袭被毁，谨呈

组长

主任

科长

局长

　转呈

市长吴

填报人：职务　事务员

姓名　鲁儒生

二十九年六月二十四日

19) 重庆市政府财政局员役空袭损失私物报告表

物品名称	品质	数量	损失程度	原价(元)	购置年月	备考
包箱	牛皮	1只	毁	12	1938年8月	
卫生绒衫	棉	2件	毁	12	1939年10月	
绒裤	棉	1条	毁	5	1939年10月	
藏青哔叽学生装	毛	1套	毁	30	1939年3月	
汗衫	麻纱	1件	毁	6.5	1940年5月	
汗背心	麻纱	1件	毁	3	1940年6月	
中山装	棉	1套	毁	12	1939年8月	咔叽
皮鞋	牛皮	1双	毁	18	1940年1月	

续表

物品名称	品质	数量	损失程度	原价（元）	购置年月	备考
帆布鞋	棉	1双	毁	5	1940年2月	
皮底拖鞋	棉皮	1双	毁	2.8	1940年5月	
袜子	棉线	2双	毁	3.8	1940年3月	
面盆	白铜	1个	损碎	8	1939年8月	
毛巾	棉	1条	毁	1.6	1940年6月	
牙刷	毛	1支	毁	0.6	1940年5月	
茶杯	珐琅	1只	毁	1.2	1940年2月	尚有书籍杂物未列在内
被灾日期	1940年6月16日	被灾地点	陕西路102号	房屋被炸或震塌	房屋被炸	原支薪俸数目	55元	有无同居眷属

右〈上〉开物品确系因空袭被毁,谨呈

局长
　　转呈
市长吴

填报人：职务　事务员

姓名　傅东

二十九年六月十八日

20) 重庆市政府财政局员役空袭损失私物报告表

物品名称	品质	数量	损失程度	原价（元）	购置年月	备考
线毯	线	1	全被毁灭	13	1939年1月	
被盖	锦缎与布棉	1	全被毁灭	19	1938年12月	
府绸衬衫	府绸	2	全被毁灭	30	1940年4月	
短下装	黄咔叽	2	全被炸毁	16	1940年5月	
长衫子	灰绸	1	全被炸毁	8	1937年6月	
长衫子	蓝洋布	1	炸成数块	4.8	1938年5月	

续表

物品名称	品质	数量	损失程度	原价（元）	购置年月	备考
长衫子	毛哔叽	1	炸六七小眼	13.2	1937年7月	
洗脸帕	线	1	全被炸毁	2.5	1940年2月	
牙刷	猪毛牛骨	1	全被炸毁	2.1	1939年11月	
漱口盂	洋磁	1	全被炸毁	3.5	1939年10月	
中山服	青毛哔叽	1套	全被炸毁	125	1940年3月	
中山服	布	2套	全被炸毁	42	1939年12月	
洗脸盆	洋磁	1	洋磁炸坏不堪使用	8	1939年9月	
鞋子	毛哔叽	1	全被炸毁	5	1939年7月	
袜子	麻纱	2	全被炸毁	5.5	1940年4月	
被灾日期	1940年6月16日	被灾地点	陕西街102号财政局第二宿舍	房屋被炸或震塌	弹落中堂屋被炸毁	原支薪俸数目 55元	有无同居眷属	无

右〈上〉开物品确系因空袭被毁,谨呈

科长

局长

　转呈

市长吴

　　　　　　　　　　　　　　　填报人：职务　事务员

　　　　　　　　　　　　　　　　　　姓名　张也鲁

　　　　　　　　　　　　　　　二十九年六月　日

21）重庆市政府财政局员役空袭损失私物报告表

物品名称	品质	数量	损失程度	原价（元）	购置年月	备考
面盆	洋磁	1个	被炸无余	9	1939年8月	
澡巾	棉	1张	被炸无余	1.2	1940年4月	

续表

物品名称	品质	数量	损失程度	原价（元）	购置年月	备考
漱口盂	瓷	1个	被炸无余	3.5	1940年1月	
牙膏	黑人	1盒	被炸无余	1.4	1940年4月	
肥皂	吉星	2块	被炸无余	1.6	1940年5月	
紧身	青布	1件	被炸无余	11	1939年11月	
衬衫	府绸	2件	被炸无余	2.4	1940年5月	
制服	裕华布	1套	被炸无余	14	1939年11月	
蚊帐	白夏布	1床	被炸无余	11	1939年7月	
青袜	麻纱	2双	被炸无余	5	1940年3月	
藤箱	藤	1只	被炸无余	6	1938年12月	
被盖	布棉	1床	被炸无余	24	1939年10月	
被灾日期	1940年6月16日	被灾地点	财政局第二宿舍	房屋被炸或震塌	被炸	原支薪俸数目	55元	有无同居眷属	

　　右〈上〉开物品确系因空袭被毁,谨呈
科长
局长
　转呈
市长吴

填报人:职务　事务员
　　　　姓名　谢学成
　　　　二十九年六月　日

22)重庆市政府财政局员役空袭损失私物报告表

物品名称	品质	数量	损失程度	原价（元）	购置年月	备考
瓷盆	上等瓷	1	炸烂	10	1939年8月	私务损失除挖出一部分稍受毁伤不计外共被炸失或炸烂18件
大漱口盂	敷瓷	1	炸毁无踪	3	1939年8月	

续表

物品名称	品质	数量	损失程度	原价（元）	购置年月	备考
牙刷	骨	1	炸失	1.5	1940年5月	
印花包单	棉	1	炸失	10	1938年7月	
印花被面	纱	1	炸失	15	1938年7月	
洋锁	铁	1	炸失	1	1940年5月	
康克帽	白棉	1	不堪用	12	1939年4月	
黄色皮鞋	革	2双	炸失	12	1938年8月	
黑色皮鞋	革	1双	掘出1只	17	1938年8月	
背带	丝	1	炸烂不堪用	12	1938年8月	
纽箱	钢丝	1	炸烂不堪用	24	1938年9月	
特制网篮	藤	1	炸烂不堪用	10	1938年9月	
各科表解丛书	平装	1	炸失	4	1940年4月	
清代四星使续书	平装	1	炸失	1	1939年8月	
孙文学说	平装	1	炸毁	1	1939年7月	
世界新图	精装	1	炸毁	6	1939年5月	
红皮字典	精装	1	炸失	3	1940年5月	
雪耻呢制服	丝棉〔绵〕合织	1	炸失	15	1939年5月	
被灾日期	1940年6月16日	被灾地点	陕西路102号	房屋被炸或震塌	炸塌	原支薪俸数目	55元	有无同居眷属	无

右〈上〉开物品确系因空袭被毁，谨呈

组长
主任
科长
局长
　转呈
市长吴

填报人：职务　事务员
　　　　姓名　雷行天
二十九年六月二十四日

23)重庆市政府财政局员役空袭损失私物报告表

物品名称	品质	数量	损失程度	原价（元）	购置年月	备考
绒裤	棉	1件	被炸无迹	12	1939年10月	
线袜	棉	2双	被炸无迹	4.3	1940年4月	
操鞋	织贡呢	2双	被炸无迹	5.5	1940年2月	
面盆	洋磁	1个	被炸无迹	12	1940年1月	
茶杯	玻璃	1个	被炸无迹	1.2	1940年2月	
面巾	棉	1张	被炸无迹	1.6	1939年11月	
澡巾	棉	1张	被炸无迹	1.9	1939年11月	
自来水笔	新明牌	1只	被炸无迹	8	1939年11月	借用
杂物			被炸无迹	20	先后购置	漱口杯牙刷香皂牙膏鞋油书籍等物，20元为估计数
被灾日期	1940年6月16日	被灾地点	陕西路102号财政局第二宿舍	房屋被炸或震塌	被炸	原支薪俸数目 55元	有无同居眷属	无

右〈上〉开物品确系因空袭被毁，谨呈

科长

  局长

    转呈

  市长吴

                        填报人：职务　事务员

                              姓名　赖先慎

                              二十九年六月　日

24)重庆市政府财政局员役空袭损失私物报告表

物品名称	品质	数量	损失程度	原价（元）	购置年月	备考
皮鞋	革	1双	尽	12	1939年8月	
雨伞	油纸	1把	尽	1.2	1940年3月	
洗面帕	棉	1张	尽	0.6	1940年4月	
牙刷	骨	1把	尽	0.7	1940年4月	

续表

物品名称	品质	数量	损失程度	原价(元)	购置年月	备考
草帽	草	1顶	尽	0.8	1940年5月	
洋袜	棉	2双	尽	4.2	1940年5月	
龙骨木瓜酒		1瓶	尽	1.5	1940年6月	
私章	木	1颗	尽	0.5	1939年5月	
枕头	棉	1个	尽	2.5	1939年5月	
被灾日期	6月16日	被灾地点	陕西路102号	房屋被炸或震塌	炸	原支薪俸数目	54元	有无同居眷属	无

右〈上〉开物品确系因空袭被毁,谨呈

科长

局长

　　转呈

市长吴

填报人:职务　调查员

姓名　颜超

二十九年六月二十六日

25)重庆市政府财政局员役空袭损失私物报告表

物品名称	品质	数量	损失程度	原价（元）	购置年月	备考
瓷盆	洋瓷	1	炸毁	12	1940年3月	
织贡绒鞋	毛绒	1	炸毁	9.5	1940年5月	
袜子	半麻	2	炸毁	4	1940年6月	
席子	青篾	1	炸毁	3.2	1940年5月	
口盂	洋瓷	1	炸毁	2.5	1940年2月	
府绸衬衫		1	炸毁	12	1940年6月	
衬衣	麻布	1	炸毁	6.5	1940年5月	
摇裤	咔叽	1	炸毁	3	1939年3月	
短裤	咔叽	1	炸毁	7	1940年4月	
长衫	安安布	1	炸毁	15.5	1939年12月	
面巾		1	炸毁	1.6	1940年5月	
牙刷		1	炸毁	1	1940年5月	

续表

物品名称	品质	数量	损失程度	原价（元）	购置年月	备考
官场现形记	洋装	1部	炸毁	2.8	1939年9月	
被灾日期	6月16日	被灾地点	二宿舍	房屋被炸或震塌	全部被炸	原支薪俸数目	55元	有无同居眷属	无

右〈上〉开物品确系因空袭被毁，谨呈

科长

局长

　　转呈

市长吴

填报人：职务　稽核员

姓名　刘举皋

二十九年六月二十四日

26）重庆市政府财政局员役空袭损失私物报告表

物品名称	品质	数量	损失程度	原价（元）	购置年月	备考
长衫	蓝布	1	未掘出	12	1939年5月	
面盆	洋瓷	1	破坏	8	1939年10月	
制服	芝麻呢	1	未掘出	24	1940年5月	
漱口盅	瑞瓷	1	破坏	2	1939年9月	
袜子	麻纱	1	未掘出	3.5	1940年4月	
茶壶	景瓷	1	碎坏	5	1940年2月	
被灾日期	6月16日	被灾地点	陕西路102号宿舍	房屋被炸或震塌	被炸	原支薪俸数目	55元	有无同居眷属	无

右〈上〉开物品确系因空袭被毁，谨呈

科长

局长

　　转呈

市长吴

填报人：职务　稽核员

姓名　黄章

二十九年六月十七日

27）重庆市政府财政局员役空袭损失私物报告表

物品名称	品质	数量	损失程度	原价(元)	购置年月	备考
被褥	棉	1床	炸失	6	1939年9月	除找获少数残缺外余俱炸失计为上〈左〉列各物
线毯	棉	1张		7.5	1939年7月	
皮鞋	厂皮	1双		18	1939年12月	
胶鞋	帆布	1双		5.5	1940年2月	
面巾		1张		1.5	1940年4月	
帽鞋刷		全套		3.2	1939年6月	
中山服	棉	全套		18.5	1939年10月	
灰绸汗衣	川绸	全套		19.2	1940年4月	
眼镜	石	1副		12	1939年5月	
公文皮包		1个		14	1939年1月	
书籍	中西装均有			20	时间不一	中山全集公文程序六法全书民刑法等约计为上数
被灾日期	6月16日	被灾地点	市财局二宿舍	房屋被炸或震塌	炸塌	原支薪俸数目	55元	有无同居眷属	无

右〈上〉开物品确系因空袭被毁，谨呈
科长
局长
　转呈
市长吴

填报人：职务　稽核员
姓名　冉鸿举
二十九年六月十七日

28)重庆市政府财政局员役空袭损失私物报告表

物品名称	品质	数量	损失程度	原价（元）	购置年月	备考
白被单	布	2床	全炸毁	18	1939年9月	
棉絮	棉	2床	全炸毁	12	1939年9月	
油布	布	1床	全炸毁	8	1940年5月	
线毯	线	1床	全炸毁	15	1940年5月	
枕头	布	1个	全炸毁	4	1939年11月	
呢帽	呢	1顶	全炸毁	18	1940年2月	
长衫	布	1件	全炸毁	15.5	1939年10月	
中山服	布	1套	全炸毁	25	1940年5月	
中山服	哈叽	1套	全炸毁	16	1939年9月	
背心	棉	1件	全炸毁	5	1940年6月	
线袜	线	3双	全炸毁	6	1940年6月	
皮鞋	皮	1双	全炸毁	24	1940年6月	
摇裤	布	2条	全炸毁	6	1940年6月	
衬衣	布	2件	全炸毁	18	1940年6月	
面巾	线	2张	全炸毁	3.2	1940年6月	
磁盅	磁	1个	全炸毁	3	1940年6月	
牙刷	毛	1把	全炸毁	1	1940年6月	
牙膏		1瓶	全炸毁	1.8	1940年6月	
镜子		1面	全炸毁	2.8	1940年6月	
旅行带〔袋〕	布	2个	全炸毁	4	1940年6月	
手棍	本〔木〕	1根	全炸毁	1.8	1940年6月	
英语课本		1部	全炸毁	4.5	1940年6月	
英语留声机		1本	全炸毁	1.5	1940年6月	
英语会话		1本	全炸毁	1.8	1940年6月	
英文文法		1部	全炸毁	2.8	1939年9月	
算术		1本	全炸毁	1.5	1940年5月	
学生字典		1本	全炸毁	2.9	1940年5月	
英汉辞典		1本	全炸毁	7.2	1939年9月	
被灾日期	6月16日	被灾地点	二宿舍	房屋被炸或震塌	被炸	原支薪俸数目	55元	有无同居眷属	

续表

右〈上〉开物品确系因空袭被毁,谨呈 科长 　局长 　　　转呈 市长吴 　　　　　　　　　　　　填报人:职务　稽核员 　　　　　　　　　　　　　　　　姓名　王湘 　　　　　　　　　　　二十九年六月二十四日

29）重庆市政府财政局员役空袭损失私物报告表

物品名称	品质	数量	损失程度	原价（元）	购置年月	备考
被盖	锦缎	1	完全损毁	14	1937年	锦缎3元 洋布2元 棉花9元
卧单	白洋布	1	完全损毁	7	1938年	三友实业社出品
洋毯	毛	1	完全损毁	6.5	1937年	
枕头	白布	2	完全损毁	2	1938年	
人字呢大衣	人字呢	1	完全损毁	40	1937年	
中山服	青哔叽	1	完全损毁	48	1938年	
中山服	布	1	完全损毁	12	1939年	
三圈牌衬衫	布	2	完全损毁	10	1938年	购存现用
麻纱背心	麻纱	2	完全损毁	4	1939年	
短裤	布	2	完全损毁	3	1939年	
袜子	线	2	完全损毁	5	1940年	
洗脸盆	洋磁	1	完全损毁	6	1938年	
茶盅	洋磁	1	完全损毁	0.5	1937年	
黑人牌牙膏	上品	1	完全损毁	1.5	1940年	购存未用
帐子	麻布	1	完全损毁	16	1939年	
箱子	皮	1	完全损毁	5	1938年	
手提箱子	皮	1	完全损毁	10	1939年	

续表

物品名称	品质	数量	损失程度	原价（元）	购置年月	备考
革鞋	皮	1	完全损毁	25	1939年	
单鞋	毛哩呢	1	完全损毁	10	1940年	
油绸	绸	1	完全损毁	5	1939年	
呢帽	呢	1	完全损毁	14	1939年	
被灾日期	1940年6月16日	被灾地点	陕西街财政局二宿舍	房屋被炸或震塌	所居第五寝室正中弹头	原支薪俸数目	70元	有无同居眷属	无

　　右〈上〉开物品确系因空袭被毁，谨呈

科长杨

局长

　　转呈

市长吴

填报人：职务　办事员

姓名　夏虾勋

二十九年六月二十五日

30）重庆市政府财政局员役空袭损失私物报告表

物品名称	品质	数量	损失程度	原价（元）	购置年月	备考
中式长衫	布	1	破烂	12	1939年6月	
中式夹衫	毛呢	1	破烂	35	1938年10月	
中式中衣	布	2	破烂	7	1939年9月	
中式汗衣	棉	1	破烂	6	1939年9月	
统绒中衣	棉	1	破烂	7	1939年10月	
袜子	麻纱	1	破坏	3.5	1940年5月	
袜子	鸭绒	1	破坏	3	1938年	
洗面盆	磁	1	破	7	1939年8月	
茶壶	瓷	1	碎	4	1940年1月	
漱口盅	瑞磁	1	破烂	3	1939年2月	
茶杯	瓷	1	碎	1.6	1940年1月	
肥皂盒	胶	1	破	1	1939年	
洗面毛巾		1	失	2	1940年5月	

续表

被灾日期	1940年6月16日	被灾地点	陕西路本局二宿舍	房屋被炸或震塌	被炸	原支薪俸数目	55元	有无同居眷属	无

右〈上〉开物品确系因空袭被毁,谨呈

主任

科长

局长

  转呈

市长吴

填报人:职务 办事员
姓名 林子干
二十九年六月十七日

31)重庆市政府财政局员役空袭损失私物报告表

物品名称	品质	数量	损失程度	原价(元)	购置年月	备考
被盖	白洋布棉絮	1床	炸毁	50	1938年	
油绸	绸	1件	全部炸毁	10	1940年4月	
中山服	芝麻呢	全套	全部炸毁	22	1939年8月	
党服	咔叽	1套	全部炸毁	28	1940年1月	
棉紧身	充派呢司	1套	全部炸毁	21	1939年11月	
西式短裤	咔叽	1件	全部炸毁	7	1940年6月	
内裤	阴丹布	2件	全部炸毁	4.2	1940年6月	
操鞋	直贡呢	1双	全部炸毁	10	1940年4月	
操鞋	帆布	1双	全部炸毁	2.8	1940年5月	
大号茶钟	瓷	1个	全部炸毁	2.8	1940年4月	
衬衫	丁府绸	2件	全部炸毁	24	1940年3月	
袜子	充麻纱	2双	全部炸毁	6	1940年5月	
面巾	棉纱	1张	全部炸毁	1.2	1940年3月	
灯草席	灯草	1床	全部炸毁	2	1939年9月	
被灾日期	1940年6月16日	被灾地点	陕西路102号	房屋被炸或震塌	全部炸毁	原支薪俸数目	55元	有无同居眷属	无

续表

右〈上〉开物品确系因空袭被毁,谨呈

组长

主任

科长

局长

　　转呈

市长吴

　　　　　　　　　　　　填报人:职务　第二科车捐组组长

　　　　　　　　　　　　　　　　姓名　陈怀琨

　　　　　　　　　　　　二十九年六月十七日

32）重庆市政府财政局员役空袭损失私物报告表

物品名称	品质	数量	损失程度	原价（元）	购置年月	备考
被盖	棉絮锦面	1床	被炸全毁	36	1939年10月	
线毯	棉	1床	被炸全毁	18	1940年1月	
篾席		1床	被炸全毁	3	1940年4月	
枕头		1个	被炸全毁	3	1940年1月	
铜面盆		1个	被炸全毁	8	1940年1月	
口盅	瓷	1个	被炸全毁	1	1940年2月	
面巾		1张	被炸全毁	2.5	1940年5月	
麻色制服	棉	1套	被炸全毁	22	1939年8月	
黄线呢制服	棉	1套	被炸全毁	35	1939年9月	
蓝布长衫	棉	1件	被炸全毁	15	1940年3月	
白衬衫	棉	1件	被炸全毁	12	1940年5月	
青短裤	棉	1条	被炸全毁	3	1939年4月	
新皮鞋	棉	1双	被炸全毁	25	1940年5月	
被灾日期	1940年6月16日	被灾地点	财政局二宿舍陕西路102号	房屋被炸或震塌	全部震塌	原支薪俸数目	55元	有无同居眷属	无

续表

右〈上〉开物品确系因空袭被毁，谨呈 科长 局长 　　转呈 市长吴 　　　　　　　　　　　　　　填报人：职务　二科收发 　　　　　　　　　　　　　　　　　姓名　蒋泽多 　　　　　　　　　　　　　　二十九年六月　日

33) 重庆市政府财政局员役空袭损失私物报告表

物品名称	品质	数量	损失程度	原价（元）	购置年月	备考
手提箱	牛皮	1	炸毁	8	1938年4月	
细席	扑节①	1	炸毁	3.5	1939年6月	
红漆枕	皮	1	炸毁	5	1939年6月	
毯子	毛线	1	炸毁	16	1939年12月	
棉被	丝光布面白布里	1	炸毁	45	1939年10月	
棉被	花洋布面白布里	1	炸毁	36	1939年5月	
汗衫	细纱	2	炸毁	18	1940年5月	每件9元
裤褂	印度绸	1套	炸毁	36	1939年7月	
短裤	川绸	1	炸毁	10.6	1940年3月	
被单	咔叽印花布	1	炸毁	16	1939年11月	
皮鞋	黑文皮	1双	炸毁	26	1940年4月	
洋袜	细纱	1双	炸毁	3	1940年5月	
洋袜	短筒	1双	炸毁	1.4	1940年5月	
卫生衫	洋绒	1	炸毁	13	1939年12月	
表	亨达利工字牌	1	炸毁	24	1939年2月	

① 原档照录。

续表

物品名称	品质	数量	损失程度	原价（元）	购置年月	备考
茶杯	玻璃	1	炸毁	0.9	1940年6月	
围身大毛巾	纱织	1	炸毁	5	1939年7月	
拖鞋	黑皮	1双	炸毁	2.5	1939年6月	
胶底鞋	帆布	1双	炸毁	9	1940年4月	
手电筒		1	炸毁	2	1939年5月	
洗面毛巾		1	炸毁	1.5	1940年4月	
手帕	白纱	1	炸毁	0.8	1940年4月	
卫生裤		1	炸毁	18	1938年11月	
长衫	丹士林	1	炸毁	22	1940年2月	
自来水笔	民生□牌	1	炸毁	10	1940年3月	
蚊帐	麻罗	1	炸毁	20	1939年7月	
旅行袋	帆布	1	炸毁	2.5	1940年5月	
蓝呢帽		1	炸毁	18	1940年2月	
牙刷		1	炸毁	1.5	1940年5月	
牛角梳		1	炸毁	1	1940年5月	
防空建筑概要	书	1	炸毁	2.4	1939年9月	
全年日记簿		1	炸毁	1	1939年12月	
小皮匣		1	炸毁	2.4	1939年6月	
被灾日期	1940年6月16日	被灾地点	陕西路财政局第二宿舍	房屋被炸或震塌	房屋炸毁	原支薪俸数目	140元	有无同居眷属	无

右〈上〉开物品确系因空袭被毁,谨呈

科长任

技正高

局长刁

 转呈

市长吴

        填报人:职务　技佐

          姓名　徐泮林

         二十九年六月十八日

34）重庆市政府财政局员役空袭损失私物报告表

物品名称	品质	数量	损失程度	原价(元)	购置年月	备考
天蓝色条花呢夹衫	毛呢	1件	全毁	165	1940年1月	
被盖		1床	全毁	42	1939年6月	
棉絮		1床	全毁	3.2	1939年5月	
白市布卧单	白市布	1床	全毁	22.5	1939年10月	
白皮箱	皮箱	1口	全毁	15.5	1940年4月	
灰布制服	制服	2套	全毁	32	1939年9月	
雪耻毛呢下装	雪耻呢	1条	全毁	35	1939年1月	
鸭绒内衣	绒	1件	全毁	15	1939年12月	
桶绒上下衣	绒	1套	全毁	10	1939年11月	
夏布长衫	麻	1件	全毁	15.2	1939年5月	
麻纱袜子	麻	2双	全毁	6	1940年5月	
力士鞋		1双	全毁	6.5	1940年3月	
枕头	府绸	1只	全毁	3	1939年6月	
麻布衬衫	麻	1件	全毁	2	1939年6月	
睡帽	布	1顶	全毁	0.6	1940年5月	
面巾	棉	1张	全毁	1.5	1940年3月	
布鞋	布	1双	全毁	3	1940年5月	
内裤	布	1双①	全毁	3	1940年5月	
木架	木	1只	全毁	0.6	1940年5月	
名片	布纹	1盒	全毁	7	1940年1月	
礼帽	呢	1只	全毁	14	1939年10月	
经济学		1本				借用
银行传记		1本				借用
川东师范毕业证		1件				
四川綦江县□□科员委状		1件				
四川义务教育师资班□标志		1件				
重庆市私立□□小学聘书		1件				
被灾日期	1940年6月16日	被灾地点	陕西路102号	房屋被炸或震塌	全部炸毁	原支薪俸数目	55元	有无同居眷属	无

① 原档照录。

续表

```
        右〈上〉开物品确系因空袭被毁,谨呈
秘书林
局长刁
        转呈
市长吴
                                填报人:职务  事务员
                                      姓名  喻明显
                                二十九年六月   日
```

35)重庆市政府财政局员役空袭损失私物报告表

物品名称	品质	数量	损失程度	原价(元)	购置年月	备考
呢帽	兔子呢	1顶	炸(无存)烂	42	1938年8月	
棉絮		1床	炸(无存)烂	4.5	1939年10月	
毯子	印花布	1床	无存	24	1939年10月	
枕头	芦花	1对	无存	14	1939年10月	
蓝洋布衫		1件	炸(无存)烂	15	1940年1月	
汗褂小衣	白市布	1套	炸(无存)烂	22	1940年4月	
手巾	麻纱	1张	炸(无存)烂	3	1940年5月	
袜子	普通	2双	炸(无存)烂	3	1939年11月	
皮鞋	普通	1双	炸(无存)烂	22	1939年3月	
面盆		1只	已不能用	8	1939年4月	
面巾		1张	无存	1.5	1940年4月	
牙刷牙膏	普通	各1支	无存	3	1940年4月	
绸汗小衣	白大绸	1套	无存	60	1940年5月	
被灾日期	1940年6月16日	被灾地点	陕西路102号	房屋被炸或震塌	被炸	原支薪俸数目	55元	有无同居眷属	无

续表

右〈上〉开物品确系因空袭被毁,谨呈

科长

局长

　　转呈

市长吴

填报人:职务　事务员

姓名　汪民初

二十九年六月十六日

36)重庆市政府财政局员役空袭损失私物报告表

物品名称	品质	数量	损失程度	原价（元）	购置年月	备考
被盖	棉	1	全被炸毁	28.6	1939年7月	
毯子	线	1	全被炸毁	5	1933年	
枕头	芦花	1	全被炸毁	6.2	1939年7月	
蓝布衫	棉	2	全被炸毁	19.9	1934年 1939年	
布汗衣裤	棉	1套	全被炸毁	3.5	1937年	
华丝纱长衫	丝	1	全被炸毁	23	1936年	
绸汗衣裤	丝	1套	全被炸毁	46	1940年5月	
鸡皮绸汗衣	丝	1	全被炸毁	3	1935年	
汗衫	麻	1	全被炸毁	10.5	1940年6月	
毛呢长衫	毛	1	全被炸毁			先父所有购置年月同价值不知,估为30元
牙刷		1	全被炸毁	1	1940年3月	
牙膏		1	全被炸毁	1.7	1940年3月	
面巾	棉	1	全被炸毁	3	1940年5月	
平鞋	毛	1双	全被炸毁	10.5	1940年1月	
胶鞋		1双	全被炸毁	8.5	1940年3月	
被灾日期	1940年6月16日	被灾地点	陕西街102号本局第二宿舍	房屋被炸或震塌	屋中中弹	原支薪俸数目 55元	有无同居眷属

续表

　　右〈上〉开物品确系因空袭被毁,谨呈
科长杨
局长刁
　　转呈
市长吴

　　　　　　　　　　　　　填报人:职务　事务员
　　　　　　　　　　　　　　　　　姓名　鄢实田
　　　　　　　　　　　　　　　　　年　月　日

37)重庆市政府财政局员役空袭损失私物报告表

物品名称	品质	数量	损失程度	原价(元)	购置年月	备考
被盖	棉	1	全被炸毁	20	1939年9月	
灰布中山服	棉	1套	全被炸毁	18	1940年1月	
洗脸盆	洋磁	1	全被炸毁	3	1938年5月	
布背心	棉	1	全被炸毁	5	1939年10月	
汗衣	线	1	全被炸毁	6	1939年9月	
帆布胶鞋		1双	全被炸毁	5	1939年10月	
洗脸帕		1	全被炸毁	1	1939年8月	
席子	竹		全被炸毁	3	1940年4月	
被灾日期	1940年6月16日	被灾地点	陕西街102号本局第二宿舍	房屋被炸或震塌	房中中弹	原支薪俸数目	18元	有无同居眷属	

　　右〈上〉开物品确系因空袭被毁,谨呈
科长杨
局长刁
　　转呈
市长吴

　　　　　　　　　　　　　填报人:职务　公差
　　　　　　　　　　　　　　　　　姓名　卢启富
　　　　　　　　　　　　　　　　　年　月　日

38）重庆市政府财政局员役空袭损失私物报告表

物品名称	品质	数量	损失程度	原价（元）	购置年月	备考
灰制服	棉	1套	炸毁无遗	16	1940年4月	
黄制服	哈叽	1套	炸失	26	1940年2月	
被单	棉	1	炸毁尽净	20	1939年10月	
被面	棉	1	炸毁无遗	15	1939年10月	
棉絮	棉	1	炸毁不堪用	7	1939年10月	
皮鞋	草	1双	炸失	16	1939年2月	
灯草席	草	1	炸烂不堪用	3	1940年3月	
被灾日期	1940年6月16日	被灾地点	陕西街102号	房屋被炸或震塌	炸塌	原支薪俸数目	18元	有无同居眷属	无

右〈上〉开物品确系因空袭被毁，谨呈
局长
　转呈
市长吴

　　　　　　　　　填报人：职务　茶房
　　　　　　　　　　　　　姓名　陈庆元
　　　　　　　　　二十九年六月二十四日

39）重庆市政府财政局员役空袭损失私物报告表

物品名称	品质	数量	损失程度	原价（元）	购置年月	备考
被盖面子	锦缎	1床	全被炸毁	10	1939年12月	
棉花絮	四川棉花	5斤	全被炸毁	7	1940年1月	
包单	白布	1丈5尺	全被炸毁	12	1939年10月	
工人裤	蓝布	1条	全被炸毁	8	1940年2月	
黄斜纹制服	斜纹	1套	全被炸毁	6	1940年3月	
白汗衣	白布	1件	全被炸毁	6	1940年5月	
黄短裤	斜纹	1条	全被炸毁	5	1940年5月	
衬衫	标准布	1件	全被炸毁	9	1940年4月	

续表

被灾日期	1940年6月16日	被灾地点	陕西街102号财政局二宿舍	房屋被炸或震塌	被炸毁	原支薪俸数目	18元	有无同居眷属	
右〈上〉开物品确系因空袭被毁,谨呈 主任 科长 局长 　转呈 市长吴 　　　　　　　　　　　　　　　　填报人:职务　监印室工友 　　　　　　　　　　　　　　　　　　　姓名　蒋云武 　　　　　　　　　　　　　　　　　　二十九年六月十六日										

40)重庆市政府财政局员役空袭损失私物报告表

物品名称	品质	数量	损失程度	原价（元）	购置年月	备考
芝麻呢制服	棉线	1套	毁坏	24	1940年2月	
蓝布衫裤	棉	1套	毁	16	1939年12月	
被单	棉	1套	毁	4.5	1940年3月	

被灾日期	1940年6月16日	被灾地点	陕西街102号财政局二宿舍	房屋被炸或震塌	房屋被炸	原支薪俸数目	17元	有无同居眷属	
右〈上〉开物品确系因空袭被毁,谨呈 局长 　转呈 市长吴 　　　　　　　　　　　　　　　　填报人:职务　工役 　　　　　　　　　　　　　　　　　　　姓名　杨春廷 　　　　　　　　　　　　　　　　　　二十九年六月十八日										

41）重庆市政府财政局员役空袭损失私物报告表

物品名称	品质	数量	损失程度	原价（元）	购置年月	备考
蓝哈叽制服1套	哈叽	1套	全毁	22	1940年2月	
小衣	白布	1套	全毁	14.5	1939年10月	
夹裤	灰哈叽	1条	全毁	12	1939年9月	
短衣	青布棉	1件	全毁	18	1939年9月	
包袱单	白布	1张	全毁	3	1940年1月	
衬衫	标准布	1件	全毁	10.5	1940年3月	
被灾日期	1940年6月16日	被灾地点	陕西街102号财政局二宿舍	房屋被炸或震塌	震塌	原支薪俸数目	17元	有无同居眷属	

右〈上〉开物品确系因空袭被毁，谨呈

局长刁

   转呈

市长吴

填报人：职务　工役

姓名　李远芝

二十九年六月十七日

42）重庆市政府财政局员役空袭损失私物报告表

物品名称	品质	数量	损失程度	原价（元）	购置年月	备考
长衫	棉布	1件		12	1939年10月	
绸身子	棉衣	1件		9	1939年11月	
汗衣	棉布	1件		8	1939年6月	
长下装	棉布	1件		4	1939年10月	
面巾	洋	1根		1	1940年4月	
袜子	洋线	1双		2	1940年1月	
制服上装	哔叽	1件		7	1940年1月	
被灾日期	1940年6月16日	被灾地点	陕西街102号财政局二宿舍	房屋被炸或震塌	房屋炸尽	原支薪俸数目	18元	有无同居眷属	

续表

右〈上〉开物品确系因空袭被毁,谨呈
科长
局长
转呈
市长吴
填报人:职务　工役
姓名　杨运成
二十九年六月十六日

43) 重庆市政府财政局员役空袭损失私物报告表

物品名称	品质	数量	损失程度	原价(元)	购置年月	备考
长衫	棉布	1件		9	1939年9月	
绸身	棉衣	1件		7	1939年10月	
便下装	棉布	1条		5	1939年11月	
夹裤	哗叽	1条		8	1939年11月	
面巾	洋线	1根		1	1940年2月	
制服上装	哗叽	1件		8	1940年3月	
鞋子		1双		4	1940年1月	
袜子		1双		1.5	1940年2月	
被灾日期	1940年6月16日	被灾地点	陕西街102号财政局二宿舍	房屋被炸或震塌	房屋炸尽	原支薪俸数目	18元	有无同居眷属	

右〈上〉开物品确系因空袭被毁,谨呈
科长
局长
转呈
市长吴
填报人:职务　工役
姓名　杨运相
二十九年六月十六日

44) 重庆市政府财政局员役空袭损失私物报告表

物品名称	品质	数量	损失程度	原价（元）	购置年月	备考
长衫	蓝布	1件	炸毁	15	1939年10月	
操鞋	帆布布底	1双	炸毁	3	1940年3月	
袜子	青纱	1双	炸毁	2	1940年5月	
汗小衣	白衣布	1套	炸毁	10	1940年5月	
被灾日期	1940年6月16日	被灾地点	陕西路102号本局二宿舍	房屋被炸或震塌	全部炸成焦土	原支薪俸数目	16元	有无同居眷属	无

右（上）开物品确系因空袭被毁，谨呈

科长

局长

　　转呈

市长吴

填报人：职务　公差

　　　　姓名　张墨池

二十九年六月二十日

45) 重庆市政府财政局员役空袭损失私物报告表

物品名称	品质	数量	损失程度	原价(元)	购置年月	备考
被盖	布	1床	全毁	10	1938年9月	
棉絮	棉	1床	全毁	10	1938年9月	
长衫	布	1件	全毁	10	1939年5月	
下装	布	1件	全毁	5	1939年8月	
汗衣	布	1件	全毁	6	1940年1月	
汗下装	布	1件	全毁	5	1940年1月	
面巾	布	1条	全毁	1	1940年3月	
鞋子	布	1双	全毁	5	1940年1月	
袜子	布	1双	全毁	2	1940年1月	
被灾日期	1940年6月16日	被灾地点	陕西路102号	房屋被炸或震塌	被炸	原支薪俸数目	16元	有无同居眷属	无

续表

右〈上〉开物品确系因空袭被毁,谨呈 局长刁 　　转呈 市长吴	
	填报人:职务　工友 　　　　姓名　向志高 　　　　二十九年六月十七日

46) 重庆市政府财政局员役空袭损失私物报告表

物品名称	品质	数量	损失程度	原价(元)	购置年月	备考
蓝布长衫	棉	1件	毁	15	1940年3月	
蓝布衫裤	棉	1套	毁	15	1940年3月	
布被	棉	1条	毁坏	20	1939年2月	
被灾日期	1940年6月16日	被灾地点	陕西路102号	房屋被炸或震塌	房屋被炸	原支薪俸数目	20元	有无同居眷属	

右〈上〉开物品确系因空袭被毁,谨呈
局长
　　转呈
市长吴

　　　　　　　　　填报人:职务　厨司[①]
　　　　　　　　　　　　姓名　杨树成
　　　　　　　　　　　　二十九年六月十八日

47) 重庆市政府财政局员役空袭损失私物报告表

物品名称	品质	数量	损失程度	原价(元)	购置年月	备考
被盖	棉	1床	毁坏	30	1939年10月	
黄哔叽上装	棉	1件	毁	12	1939年7月	
灰哈叽下装	棉	1条	毁	8	1939年7月	
白哈叽中山装	棉	1套	毁	22	1939年5月	

---

① 原档照录。

续表

物品名称	品质	数量	损失程度	原价（元）	购置年月	备考
花府绸衬裤	棉	1套	毁	20	1939年5月	
蓝布长衫	棉	1件	毁	12	1939年10月	
哔叽衬衫	棉	1件	毁	23	1939年10月	
市布衬裤	棉	1套	毁	12	1940年5月	
绒线背心	毛	1件	毁	18	1939年11月	
三峡呢夹裤	棉	1条	毁	9	1938年10月	
白胶鞋	胶	1双	毁	10	1940年6月	
旅行袋	棉	1个	毁	2	1940年5月	
芝麻呢中山服	棉	1套	毁	24	1940年4月	
黑布上装	棉线	1件	毁	10	1939年12月	驼呢里子
灰色制服	棉	1套	毁			公物
呢大衣	呢	1件	毁			公物
被灾日期	1940年6月16日	被灾地点	陕西路102号	房屋被炸或震塌	房屋被炸	原支薪俸数目	16元	有无同居眷属	

右〈上〉开物品确系因空袭被毁，谨呈

局长
　　转呈
市长吴

　　　　　　　　　　　　　填报人：职务　公役
　　　　　　　　　　　　　　　　　姓名　叶邦培
　　　　　　　　　　　　　　二十九年六月十八日

48）重庆市政府财政局员役空袭损失私物报告表

物品名称	品质	数量	损失程度	原价（元）	购置年月	备考
长衫	洋布	1件	被炸全毁	17	1940年1月	
布操鞋	帆布	1件	被炸全毁	3.5	1940年5月	
汗小衣	白洋布	1套	被炸全毁	12	1940年4月	
袜子	青纱	2双	被炸全毁	4	1940年5月	

续表

| 被灾日期 | 1940年6月16日 | 被灾地点 | 陕西路102号本局宿舍 | 房屋被炸或震塌 | 全宿舍炸成焦土 | 原支薪俸数目 | 16元 | 有无同居眷属 | |

右〈上〉开物品确系因空袭被毁,谨呈

主任
科长
局长
　转呈
市长吴

填报人:职务　公差

姓名　刘绍虞

二十九年六月二十日

49)重庆市政府财政局员役空袭损失私物报告表

物品名称	品质	数量	损失程度	原价(元)	购置年月	备考
灰制服	布	1套	全毁	20	1939年10月	
上装	布	1件	全毁	15	1940年5月	

| 被灾日期 | 1940年6月16日 | 被灾地点 | 陕西路102号 | 被炸 | 被炸 | 原支薪俸数目 | 16元 | 有无同居眷属 | 无 |

右〈上〉开物品确系因空袭被毁,谨呈

科长
局长
　转呈
市长吴

填报人:职务　工友

姓名　王志云

二十九年六月十七日

(0064—8—287)

8. 重庆市财政局为1940年6月该局各警察住宅被炸转请准予核发救济费给重庆市政府的呈(1940年7月3日)

窃查本年六月十六日本局第二职员寄宿舍被敌机投弹炸毁,公私损失情形业经分别据实报请鉴核并恳照章救济以示体恤在案。惟查六月份敌机连日空袭,不仅本局宿舍被毁,即各警察住宅亦多蒙不测之灾,或则房屋中弹家产荡然,或则遭受波及悉成灰烬,情形虽不一致,灾害大约相同,节据被难各警察先后填具损失报告表呈恳转请援照奉颁《中央公务员、雇员、公役遭受空袭损害暂行救济办法》核发救济费,等情,请示前来。经饬据查复陈情尚属不虚,理合造具被灾各警察姓名清册并检同原报名表备文呈请钧府伏祈俯念各该警察损失甚巨,准如所请,用示体恤而资救济。所有本局警察上月遭受空袭损害据情转恳救济各缘由,是否有当,静候鉴核指令祗遵。

谨呈

重庆市政府

附呈被灾各警察姓名清册1份损失报告表　份

重庆市财政局长刁〇〇
二十九年七月　日

附:

1)重庆市财政局空袭损失警察姓名清册

职别	姓名	备考
组长	韩少泉	
征收员	门庆仁	
	阳永康	
	陈安邦	
	何鸿烈	
收发	刁能仁	
事务员	朱方鹄	
征收员	张志雅	
组长	马时蕴	
办事员	冯溥泉	
	陈燧良	

续表

职别	姓名	备考
估计专员	丁相灵	
测绘员	底效实	
	杨正谊	
税警	李增福	
	丁玉清	
事务员	鄢实〔资〕训	
征收员	李孝伯	
事务员	杨白科	
调查员	蓝志遐	
估计专员	丁相灵①	
主任	杨省三	
	杨省三②	
办事员	张良能	

2）重庆市政府财政局员役空袭损失私物报告表

物品名称	品质	数量	损失程度	原价（元）	购置年月	备考
铜床		1张	炸毁	250	1939年6月以后陆续添置	
电灯材料		4盏	全炸	60	同	
玻璃柜	玻砖	1个	炸毁	50	同	
写字台	西式	1张	炸坏	30	同	
木床		3张	炸坏	60	同	
桌子		3张	炸坏	50	同	
被盖	锦缎	3床	炸毁	70	同	
棉絮毯子		各1床	炸毁	40	同	
座钟		1个	炸毁	30	同	
大衣	人字呢	1件	炸毁	150	同	
中山服	华达呢	1套	炸毁	140	同	

① 该表有两个"估计专员丁相灵"，后附表格为不同时间被炸损失表。
② 后附损失表该员呈报两次不同受灾时间之表格。

续表

物品名称	品质	数量	损失程度	原价（元）	购置年月	备考
男皮衫		1件	炸毁	220	同	
皮鞋	纹皮	1双	炸毁	36	同	
女皮衫		1件	炸毁	60	同	
女皮鞋	纹皮	1双	炸毁	30	同	
衬衫		2件	炸毁	35	同	
灶房碗盏等件			炸毁	150	同	
被灾日期	1940年6月12日	被灾地点	江北四楞碑31号	房屋被炸或震塌	被炸	原支薪俸数目	130元	有无同居眷属	有

右〈上〉开物品确系因空袭被毁,谨呈

主任

科长

局长

　　转呈

市长吴

　　　　　　　　　　　　　　　　填报人：职务　房捐组组长

　　　　　　　　　　　　　　　　　　　　姓名　韩少泉

　　　　　　　　　　　　　　　　　　二十九年六月十三日

3) 重庆市政府财政局员役空袭损失私物报告表

物品名称	品质	数量	损失程度	原价(元)	购置年月	备考
玻砖柜		1个	全炸	120	1939年7月以后陆续添置	
厂床		1张	全炸	36	同	
写字台		1张	全炸	30	同	
桌子		3张	全炸	24	同	
洗脸架		1个	全炸	20	同	
衣架		1个	全炸	10	同	
凳子		8个	全炸	12	同	
藤几		2个	全炸	16	同	
被盖		2床	全炸	70	同	

续表

物品名称	品质	数量	损失程度	原价(元)	购置年月	备考
电灯材料		4盏	全炸	60	同	
棉絮		1床	全炸	16	同	
毯子		1床	全炸	24	同	
华达呢中山装		1套	全炸	130	同	
中山呢大衣		1件	全炸	120	同	
芝麻呢中山服		2套	全炸	40	同	
衬衫		2件	全炸	30	同	
男皮鞋		2双	全炸	60	同	
女皮鞋		2双	全炸	20	同	
女驼绒袍		1件	全炸	30	同	
布衫		2件	全炸	20	同	
汗衫		2套	全炸	30	同	
电扇		1把	全炸	70	同	
水瓶		1个	全炸	10	同	
磁罗汉		1个	全炸	5	同	
灶房碗盏等件			全炸	120	同	
被灾日期	1940年6月12日	被灾地点	江北四楞碑31号	房屋被炸或震塌		原支薪俸数目	75元	有无同居眷属	

右〈上〉开物品确系因空袭被毁,谨呈

组长
主任
科长
局长
 转呈
市长吴

填报人:职务 征收员
姓名 门庆仁
年 月 日

4）重庆市政府财政局员役空袭损失私物报告表

物品名称	品质	数量	损失程度	原价(元)	购置年月	备考
俄国毛毡	全毛	1床	全损	70	1936年	
本国毛毡	半毛	1床	全损	24	1937年	
皮箱	全皮	3口	全损	15	1932年	
毛呢衫子	全毛	1件	全损	28	1934年	
哔叽夹衫	半毛	1件	全损	16	1931年	
柜子	磨花	2个	全损	12		祖人遗留年未详
春柜	搽漆	2个	全损	10		祖人遗留年未详
茶壶等	锅器铜器	1柜	全损	100		祖人遗留年未详
女皮鞋	厂皮	1双	全损	9	1938年	
男皮鞋	文皮厂皮	3双	全损	64	不一	现存1只
白跑鞋	布	1双	全损	5	1939年	
洋磁痰盂	洋磁	2对	全损	16	1936年1937年	
汉文桌椅	黑漆	全1	全损	42		祖人遗留
厨房动用	木铁器	全付	全损	64	不一	
零星各物	不一	日用	全损	260	不一	
磁坛鼓缸	磁	3对	全损	26		祖人遗留
玻板	玻砖	1块	全损	24	1938年	
皮包	厂皮	1个	全损	8	1937年	
自来水笔	金星	1支	全损	20	1939年	
女皮衫	毛	2件	全损	160	1937年1938年	
女驼绒夹衫	半毛	1件	全损	36	1939年	
女哔叽单衫	毛	1件	全损	20	1939年	
布女衬衣	棉	5套	全损	35	不一	
男直贡呢1套	毛	1套	全损	40	1937年	
男青绒衣	绒	1套	全损	32	1939年	

续表

物品名称	品质	数量	损失程度	原价(元)	购置年月	备考
布中山服	布	4套	全损	60	不一	
男蓝布衫	布	2件	全损	16	1937年	
男湖绸单衫	丝	1件	全损	32	1939年	
6月10日征收捐款	法币	56元	全损	56	1940年7月11日[1]	
私人法币	法币	50元	全损	50	1940年7月11日[2]	
白玉碗盏	白玉	1席	全损	45	1935年	
白市布汗中衣	布	3套	全损	12		
被灾日期	1940年6月11日	被灾地点	江北米亭子14	房屋被炸或震塌	全院被炸	原支薪俸数目	60元	有无同居眷属	有眷属

右〈上〉开物品确系因空袭被毁,谨呈

组长
主任
科长
局长
　　转呈
市长吴

填报人:职务　征收员
　　　　姓名　阳永康
二十九年七月二十四日

5)重庆市政府财政局员役空袭损失私物报告表

物品名称	品质	数量	损失程度	原价(元)	购置年月	备考
房屋	假西式	1间两楼	完全被烧夷弹焚烧	1000	1937年3月	
木器	中式	半堂	完全被烧夷弹焚烧	60	1937年7月	

---

[1] 该表格为1940年6月11日之遭受损失情形,此处疑为笔误。
[2] 该表格为1940年6月11日之遭受损失情形,此处疑为笔误。

续表

物品名称	品质	数量	损失程度	原价(元)	购置年月	备考
皮衫	羊皮	1件	完全被烧夷弹焚烧	30	1937年11月	
蓝长衫	布	3件	焚烧	12	1937年11月	
棉袄	布	1件	焚烧	10	1936年12月	
夹衫	布	2件	焚烧	16	1936年12月	
学生服	灰绸	2套	焚烧	30	同年5月	
汗中衣	布	3套	焚烧	21	1939年11月	
被盖	布包单棉絮	1床	焚烧	22	1938年11月	
帐子	洋布	1笼	焚烧	12	1935年2月	
被灾日期	1940年6月12日	被灾地点	千厮门外蔡家塝第14号	房屋被炸或震塌	房屋全部焚烧	原支薪俸数目	65元	有无同居眷属	有妻陈吴氏

右〈上〉开物品确系因空袭被毁，谨呈

组长韩

　主任田

　　科长杨

　　　局长刁

　　　　转呈

市长吴

填报人：职务　二科征收员

　　　　姓名　陈安邦

二十九年六月十三日

6) 重庆市政府财政局员役空袭损失私物报告表

物品名称	品质	数量	损失程度	原价(元)	购置年月	备考
铁锅	铁	1口	破烂	5.5	1939年9月	
水缸	瓦	1口	全烂	4	1939年9月	
大土碗		8个	全烂	1	1939年9月	
小饭碗		10个	全烂	0.8	1939年9月	
火勾〔钩〕	铁	1把	失掉未寻获	1	1939年9月	
火钳	铁	1把	失未寻获	1	1939年9月	

续表

物品名称	品质	数量	损失程度	原价(元)	购置年月	备考
青花瓷坛	瓷	1个	全烂	8	1937年10月	
帽筒	瓷	1对	全烂	10	1937年10月	
茶壶	瓷	1对	震烂	6	1937年10月	
大木箱子	木	2口	震烂	10	1937年10月	
温水茶瓶		1个	震烂不能用	28	1937年10月	
钟		1架	震烂不能用	30	1937年10月	
冲法兰绒裤	棉	1条	烂不能用	12	1937年10月	
木衣柜	木	1个	木板震烂尚免〔勉〕可用	15	1940年2月	
坛子	瓦	1个	烂不能用	2	1937年10月	
木算盘	木	1架	烂不能用	1.5	1937年10月	
衣架	木	1个	震烂	5	1940年2月	
痰盂	瓦	2个	全烂不能用	1	1940年2月	
女蓝布长衫	棉布	1件	全烂不能用	12	1940年2月	
被灾日期	1940年6月24日	被灾地点	体心堂街3号	房屋被炸或震塌	震滥	原支薪俸数目	60元	有无同居眷属	有

右〈上〉开物品确系因空袭被毁,谨呈

组长

主任

科长

局长

  转呈

市长吴

填报人:职务 征收员

姓名 何鸿烈

二十九年六月二十六日

7)重庆市政府财政局员役空袭损失私物报告表

物品名称	品质	数量	损失程度	原价(元)	购置年月	备考
棉被1床	棉	1	被里被面不可再用被胎尚可用	35	1939年10月	
棉絮1床	棉	1	半边无存	12	1939年10月	

续表

物品名称	品质	数量	损失程度	原价(元)	购置年月	备考
褥单1床	棉	1	半边不见	15	1939年10月	
油布	布	1	半边不见	10	1939年10月	
丝棉〔绵〕袍	丝	1	不见	60	1940年1月	
蓝长衫	布	2	不见	22	1939年7月	
白小褂裤	布	2	不见	20	1939年7月	
皮鞋	纹皮	1双	余1只	22	1939年5月	
哔叽单裤	哔叽	1	不见	10	1937年10月	
帆布床		1	架损犹存布不见	7	1936年2月	
书籍			有破损有不见	约100	时间不一	
呢帽	呢	1	不见	8	1936年3月	
夹(衬绒)衣	丝	1	烂不能用	35	1939年9月	
脚踏车		1	坏不能用	105	1939年10月	
被灾日期	1940年6月10日	被灾地点	燕喜洞33号	房屋被炸或震塌	被炸	原支薪俸数目	55元	有无同居眷属	母兄妹

右〈上〉开物品确系因空袭被毁,谨呈

科长杨

局长刁

  转呈

市长吴

        填报人:职务 二科收发

          姓名 刁能仁

         二十九年六月十一日

8)重庆市政府财政局员役空袭损失私物报告表

物品名称	品质	数量	损失程度	原价(元)	购置年月	备考
黑羔皮衫		1件	上身稍好下身炸毁	76	1935年8月	
蓝衣衫	布	3件	全毁	24	1939年2月	
白汗衣	布	3套	2套半毁1套全毁	30	1939年12月	
统绒衣		1件	全毁	10	1939年10月	
绒鞋		1双	毁去不见	10	1939年10月	
金戒指		1枚	毁去不见	12	1935年10月	

续表

被灾日期	1940年6月10日	被灾地点	南区马路燕喜洞	房屋被炸或震塌	全部炸毁	原支薪俸数目	55元	有无同居眷属	

右〈上〉开物品确系因空袭被毁,谨呈

科长

局长

　　转呈

市长吴

　　　　　　　　　　　　　　　　　　填报人：职务　事务员

　　　　　　　　　　　　　　　　　　　　　　姓名　朱方鹄

二十九年六月十一日

9）重庆市政府财政局员役空袭损失私物报告表

物品名称	品质	数量	损失程度	原价（元）	购置年月	备考
帽筒	白磁	1对	粉碎	5	1939年7月	
中碗	白磁	10个	粉碎	7		
大品碗	白磁	8个	粉碎	7.2		
水瓶	锑	1个	粉碎	30		
茶碗	白磁	10个	粉碎	6		
大鱼缸	蓝花磁	1口	粉碎	36	1931年8月	
朱腰玻砖镜	玻砖	1对	粉碎	30	1939年7月	
痰盂	蓝花磁	1对	粉碎	6		
宁波式床	楠木	1间	粉碎	28		
大小耳锅	铁	2口	粉碎	10		
茶壶	白磁	1对	粉碎	5		
大小缸钵	瓦	3个	粉碎	1.5		
满尺盘	白磁	8个	粉碎	12		
座灯	磁	1盏	粉碎	3		
水缸	瓦	1口	粉碎	4		
被灾日期	1940年6月12日	被灾地点	江北石门坎街40号	房屋被炸或震塌	被震坏	原支薪俸数目	60元	有无同居眷属	有

续表

```
右（上）开物品确系因空袭被毁,谨呈
主任田
科长杨
局长刁
    转呈
市长吴
                            填报人:职务　征收员
                                姓名　张志雅
                            二十九年六月二十四日
```

10) 重庆市政府财政局员役空袭损失私物报告表

物品名称	品质	数量	损失程度	原价（元）	购置年月	备考
黑皮箱	纹皮	1口	全损	24	1935年	所报各物除洗脸盆温水瓶两样在外其余俱在皮箱内
长绸衫	印度绸	1件	全损	50	1940年3月	
白绸汗小衣	大绸	1套	全损	50	1940年3月	
白衬衫	洋府绸	2件	全损	30	1940年2月	
银盒牙骨私章	方形大牙骨	1个	全损	22	1940年1月	
银盒牙骨私章	小牙骨	1个	全损	13	1940年1月	
枕头	白哈叽	1付	全损	12	1940年1月	
硬币			全损	12	1940年2月	
生洋				5		
法币角票				4		
重庆银行797号存折1个				3		
洗脸盆	鼓形洋磁	1个	全损	12		
温水瓶		1个	全损	32		
委任状		5件			1940年1月	
学校证明书		1件			1940年3月	

续表

| 被灾日期 | 1940年6月12日 | 被灾地点 | 江北四楞碑31号 | 房屋被炸或震塌 | 全部被炸 | 原支薪俸数目 | 90元 | 有无同居眷属 | 无 |

右〈上〉开物品确系因空袭被毁,谨呈

主任

科长

局长

　转呈

市长吴

填报人:职务　组长

姓名　马时蕴

二十九年六月十二日

11) 重庆市政府财政局员役空袭损失私物报告表

物品名称	品质	数量	损失程度	原价（元）	购置年月	备考
敞床	楠木	2间	粉碎	40	1939年5月	
写字台	楠木	1张	粉碎	20		
桌子	楠木	2张	粉碎	30		
玻柜	玻砖	1个	粉碎	35	1939年6月	
面架	楠木	1个	粉碎	12	1939年7月	
大皮箱	皮	2口	粉碎	45		
夹衫	驼绒	1件	破烂	30	1939年9月	
袄子	丝棉〔绵〕	1件	破烂	45		
呢帽	呢	1顶	破烂	8	1938年10月	
中山服	青哔叽	1套	破烂	60	1939年10月	
座钟		1个	粉碎	25	1938年10月	
男皮鞋	纹皮	1双	破烂	35	1939年10月	
面盆	磁	2个	破烂	12	1939年8月	
裤子	绒	1条	破烂	5		
电灯材料		4盏	破烂	60	1940年1月	
被盖	丝	2床	破烂	60	1940年2月	

续表

物品名称	品质	数量	损失程度	原价（元）	购置年月	备考
毯子	印花布	1床	破碎	12	1939年9月	
棉絮	棉	1床	破碎	10	1939年11月	
小型钟			破碎	8		
衬衫	市布	2件	破碎	32	1940年5月	
面巾		5张	破碎	6	1939年10月	
长衫	蓝布	2件	破碎	30	1939年11月	
汗小衣	市布	3套	破碎	35		
袜子	细纱	3双	破碎	4		
被灾日期	1940年6月12日	被灾地点	江北四楞碑街31号	房屋被炸或震塌	被炸	原支薪俸数目	75元	有无同居眷属	5月2日暂时回乡

右〈上〉开物品确系因空袭被毁，谨呈

主任田

科长杨

局长刁

　　转呈

市长吴

填报人：职务　办事员

姓名　冯溥泉

二十九年六月二十四日

12）重庆市政府财政局员役空袭损失私物报告表

物品名称	品质	数量	损失程度	原价（元）	购置年月	备考
敞床	木	1间	损坏无用	20	1939年	
黑漆桌	木	1张	损坏无用	12	1938年	
白皮箱	皮	1口	损坏无用	14	1937年	
绸衫子	丝	1件	损烂	22	1939年	

续表

物品名称	品质	数量	损失程度	原价（元）	购置年月	备考
布衫子	布	3件	损烂	20	1937年	
绸汗衣中衣	丝	2套	损烂	24	1938年	
插花瓶	磁	1对	损烂	6	1938年	
磁茶杯1对 玻镜1口 玻杯2个	磁		损烂	共6	不一	
痰盂	磁	1对	损烂	6	1939年	
玻璃挂圖	玻璃	4块	损烂	16	1939年	
电灯盖子	磁	3个	损烂	2.4	1935年	
玻璃窗片	玻	5块	损烂	3	1920年	
大铁锅	铁	1口	损烂	5	1937年	
小铁锅	铁	1口	损烂	4	1938年	
品碗4个 中碗6个 饭碗7个	白玉		损烂	共10	1935年	
调羹7个 碟子4个 酒杯6个	白玉		损烂	3	1935年	
烟囱泥灶		1座	损烂	6	1933年	以上损失均系实在其余稍有损坏均未具报
被灾日期	1940年6月11、12日	被灾地点	江北小市场15号	房屋被炸或震塌	震塌	原支薪俸数目	70元	有无同居眷属	有

右〈上〉开物品确系因空袭被毁，谨呈

科长杨

  局长刁

    转呈

市长吴

              填报人：职务 办事员

                    姓名 陈燧良

          二十九年六月十三日

13) 重庆市政府财政局员役空袭损失私物报告表

物品名称	品质	数量	损失程度	原价(元)	购置年月	备考
丝被及花被褥	缎及棉织	各1	炸碎	42	1938年7月	
毛巾毯白花毯	棉织品	各1	炸碎	25	1938年6月	
水瓶、面盆	磁质	各1	炸碎	31	1940年3月	
蚊帐	纱质	1床	炸碎	16	1938年5月	
袈袍长衫裤褂	绸质	共4件	炸碎	63	1937年 1938年	
女袈袍长衫	绸及布质	共2件	炸碎	45	1939年 1940年	
被灾日期	1940年6月12日上午	被灾地点	民族路103号	房屋被炸或震塌	被炸	原支薪俸数目	200元	有无同居眷属	眷属1人

右〈上〉开物品确系因空袭被毁,谨呈

局长刁

　　转呈

市长吴

　　　　　　　　　　填报人:职务　估计专员

　　　　　　　　　　　　　　姓名　丁相灵

　　　　　　　　　　　　二十九年六月十二日

14) 重庆市政府财政局员役空袭损失私物报告表

物品名称	品质	数量	损失程度	原价(元)	购置年月	备考
锅碗杯碟等项			全毁	35	1938年6月	
皮箱		1口	全毁	32	1939年2月	
木箱		2口	1口全毁另1口须修理	20	1938年8月	
女皮鞋		1双	已打坏	35	1940年4月	
被灾日期	1940年6月12日	被灾地点	江北上横街13号	房屋被炸或震塌	震塌	原支薪俸数目	95元	有无同居眷属	岳父岳母及妻等

续表

右〈上〉开开物品确系因空袭被毁,谨呈 技正高 科长任 局长刁 　　转呈 市长吴 　　　　　　　　填报人:职务　测绘员 　　　　　　　　　　　姓名　底效实 二十九年六月十二日	

15) 重庆市政府财政局员役空袭损失私物报告表

物品名称	品质	数量	损失程度	原价（元）	购置年月	备考
棉袍	春绸面子驼绒里	1件	完全炸毁	50	1939年8月	
单袍	阴丹士林洋布	2件	完全炸毁	30	一为1938年11月 一为1939年8月	
衬衣	白绒子	2套	完全炸毁	25	一为1939年冬季 一为1938年11月	
被盖	锦缎面子 白绒里子 白棉絮	1床	完全炸毁	25	1938年10月	
大皮箱	牛皮	1口	完全炸毁	15		
锅	铁	大小2口	完全炸毁	8		
饭菜碗	磁	2筒	完全炸毁	10		
茶壶	磁	1把	完全炸毁	12		
茶杯	磁 玻璃	5个 8个	完全炸毁	13		
热水瓶	玻璃及铁	1个	完全炸毁	11		
饭盆菜刀	木质 铁质	各1件	完全炸毁	5		
女皮旗袍	西口大毛羊皮	1件	完全炸毁	95		

续表

物品名称	品质	数量	损失程度	原价（元）	购置年月	备考
女皮鞋	西纹皮	1双	完全炸毁	32		
被灾日期	1940年6月12日	被灾地点	江北奎兴阁12号	房屋被炸或震塌	正中炸弹完全炸毁	原支薪俸数目	105元	有无同居眷属	妻1人

右〈上〉开物品确系因空袭被毁，谨呈

科长

局长

　转呈

市长吴

　　　　　　　　　　　　　填报人：职务　测绘员

　　　　　　　　　　　　　　　　姓名　杨正谊

　　　　　　　　　　　　　二十九年六月十三日晚

16）重庆市政府财政局员役空袭损失私物报告表

物品名称	品质	数量	损失程度	原价(元)	购置年月	备考
铁锅	铁	2口	粉碎	12	1939年9月	
菜刀	铁	1把	泥押[1]	2	1938年3月	
水缸	瓦	1口	粉碎	4.2	1939年2月	
衣柜	木	1架	粉碎	8.6	1932年4月	
被盖	棉	2床	破坏十有七八	30.1	1938年3月	
木床	木	2架	粉碎	20.36	1932年9月	
米缸	瓦	1口	粉碎	3.2	1937年10月	
缸钵	瓦	大小7口	粉碎	4.5	1938年11月	
菜坛	瓦	大小6口	粉碎	10.02	1933年1月	
火勾〔钩〕		1把	泥押	1.2	1940年3月	
大小土碗	瓦	28个	粉碎	4.1	1939年5月	
茶壶	磁	2口	粉碎	5	1939年5月	
板箱	木	2口	粉碎	6.8	1934年6月	
柴刀	铁	1把	墙押	1.6	1938年11月	
皮箱	皮	1口	泥押	20.04	1920年8月	

---

[1] 该表格多处出现"押"，应为"压"，疑为笔误。

续表

物品名称	品质	数量	损失程度	原价(元)	购置年月	备考
皮鞋	皮	1双	泥押	16	1939年2月	
水桶	木	1挑	粉碎	4.06	1934年12月	
甑子	木	1口	粉碎	2	1940年7月	
椅子	木	2张	粉碎	4.2	1929年4月	
凉椅	木	1架	粉碎	1.8	1920年9月	
凉床	竹	1架	粉碎	3.8	1936年1月	
白玉大小碗	磁	13个	粉碎	5.6	1932年3月	
铜盆	铜	1口	炸坏	6	1932年12月	
蓝布衫	布	1件	炸碎	10	1938年1月	
白布衬衣	布	3件	炸碎	13.6	1935年1月	
哔叽马褂		1件	炸碎	8.06	1934年3月	
灰布长衫	布	1件	炸碎	2.04	1939年12月	
青布小衣	布	2条	炸碎	12.2	1940年2月	
青布棉袄	布	1件	炸碎	15.3	1937年12月	
水烟杆	铜	1支	炸碎	5.04	1938年8月	
春凳 板凳	木	1张 3根	炸碎	5.2	1932年2月	
洗脸架	木	1架	炸碎	3	1940年5月	
女皮衫	毛质	1件	炸碎	4.05	1931年9月	
锡酒壶	锡	2把	炸碎	4.02	1934年2月	
被灾日期	1940年6月24日	被灾地点	体心堂街4号	房屋被炸或震塌	全部炸	原支薪俸数目	21元	有无同居眷属	有

右〈上〉开物品确系因空袭被毁,谨呈

组长

主任

科长

局长

　转呈

市长吴

　　　　　　　　　　　填报人:职务　五区税警

　　　　　　　　　　　　　姓名　李增福

　　　　　　　　　　　二十九年六月二十六日

17) 重庆市政府财政局员役空袭损失私物报告表

物品名称	品质	数量	损失程度	原价(元)	购置年月	备考
被盖1条	白布包单	1床	炸毁	25	1939年11月	
线毯	线织	1床	炸毁	7	1939年11月	
皮箱	牛皮	1口	炸毁	4	1939年6月	
长衫	灰洋布	1件	炸毁	7	1938年8月	
	蓝洋布	1件		15	1939年10月	
汗衣裤	白市布	1套	炸毁	15	1939年6月	
背心	毛哔叽	1件	炸毁	5	1939年3月	
球鞋	帆布树胶	1双	炸毁	7	1939年10月	
袜子	半丝	2双	炸毁	4	1939年8月	
面巾	线织	1张	炸毁	1	1940年5月	
中山服	灰哈吱〔叽〕	1套	炸毁	7	1938年8月	
被灾日期	1940年6月25日	被灾地点	□□场	房屋被炸或震塌	炸塌	原支薪俸数目	21元	有无同居眷属	无

右〈上〉开物品确系因空袭被毁,谨呈

科长

局长

   转呈

市长吴

                         填报人:职务　税警

                                姓名　丁玉清

                          二十九年六月二十六日

18) 重庆市财政局员工因敌机轰炸所受损失报告单

职务	姓名	被炸日期及地点	所受损失详情	备注
事务员	鄢资训	本年6月16日午后1时半大河顺城街26号	住屋侧面赣江街中一巨弹,将房屋震坏落下巨石破片,将房屋及动用家具碗盏完全打烂,所受损失另详附单	损害详情包括人口死伤及财产损失呈报,财产损失应以法币为计算之单位

续表

```
    谨呈
科长林
        核转
局长刁钧鉴
                                    鄢资训呈
                                    二十九年六月十七日
                                现在住址:仍暂住
```

损失详单

物品名称	购置年月	购置时价值(元)	备注
木床1间	1939年5月	32	
几桌3个	1939年5月	10	
座钟1架	1939年7月	8	
花瓶1对	1939年7月	3	
锅1口	1939年5月	4	
玻镜1个	1939年5月	5	
碗盏用具	1939年5月	15	
零星什物	1939年5月	15	
木柜1个	1939年5月	7	

19) 重庆市政府财政局员役空袭损失私物报告表

物品名称	品质	数量	损失程度	原价(元)	购置年月	备考
织贡呢鞋		1双	全毁	10	1940年5月17日	
黄皮鞋	文皮	1双	全毁	45	1940年5月份	
毛线长裤		1套	全毁	50	1939年	
人字呢大衣		1件	全毁	80	1939年	
中山呢制服		1套	全毁	40	1937年	
皮箱		1口	全毁	15	1936年	
被盖	锦缎	1床	全毁	30	1939年	
花线毯		1床	全毁	15	1939年	

续表

物品名称	品质	数量	损失程度	原价(元)	购置年月	备考
蓝布长衫		1件	全毁	15	1939年	
袜子		3双	全毁	5	1940年	
温水瓶		1个	全毁	25	1940年	
面盆面巾牙刷		各1件	全毁	10	1940年	
被灾日期	1940年6月12日	被灾地点	米花街陈7院第18号	房屋被炸或震塌	房屋全部被炸	原支薪俸数目	60元	有无同居眷属	

右〈上〉开物品确系因空袭被毁,谨呈

组长韩

主任韩

科长杨

局长刁

　　转呈

市长吴

　　　　　　　　　　　　　填报人:职务　征收员

　　　　　　　　　　　　　　　　姓名　李孝伯

　　　　　　　　　　　　　　二十九年七月一日

20)重庆市政府财政局员役空袭损失私物报告表

物品名称	品质	数量	损失程度	原价(元)	购置年月	备考
朱红绣花被面	蜀缎	1床	全炸被埋	18	1929年10月	
锦缎被面		1床	全炸被埋	12	1939年10月	
朱红毛毡		1床	全炸被埋	36	1932年11月	
毛线毯		1床	全炸被埋	3.5	1936年5月	
印花毯子		2床	全炸被埋	32	1939年10月	
湖南棉絮		2床	全炸被埋	11.2	1939年10月	
棉絮		2床	全炸被埋	4	1933年7月	
花布被面		1床	全炸被埋	1.4	1933年7月	
包单		4床	全炸被埋	70	1938年5月	
朱红缎子枕头		1对	全炸被埋	14	1939年10月	
市布枕头		1对	全炸被埋	8.4	1939年10月	
三峡布中山服		3套	全炸被埋	15	1936年2月	

续表

物品名称	品质	数量	损失程度	原价(元)	购置年月	备考
灰布军服		2套	全炸被埋	4	1936年2月	
青哈叽中山服		2床〔套〕	全炸被埋	40	1940年1月	
黄毛哔叽中山服		1套	全炸被埋	50	1938年11月	
灰色毛呢中山服		1套	全炸被埋	56	1939年1月	
大衣		1件	全炸被埋	50	1939年8月	
黄哈叽短裤		1件	全炸被埋	3.5	1936年4月	
花布短内裤		1件	全炸被埋	1.5	1938年5月	
白绸汗衣裤		4件	全炸被埋	36	1936年6月	
蓝布衬衫		1件	全炸被埋	9	1939年3月	
白府绸衬衫		2件	全炸被埋	18	1939年5月	
白麻布蚊帐		1床	全炸被埋	40	1937年4月	
女驼绒夹衫		1件	全炸被埋	34	1939年10月	
女金丝绒夹衫		1件	全炸被埋	62.5	1939年10月	
女毛葛夹衫		1件	全炸被埋	13	1937年3月	
女灰布单衣		1件	全炸被埋	7	1939年10月	
女蓝布单衣		1件	全炸被埋	12	1939年1月	
女花布单衣		1件	全炸被埋	9.8	1939年4月	
女花布汗衣		2件	全炸被埋	14	1939年4月	
女白市布汗衣		2件	全炸被埋	7.5	1939年4月	
女花布短裤		3件	全炸被埋	4.8	1939年4月	
敞床		1架	全炸被埋	24	1939年10月	
椅子		4张	全炸被埋	16	1938年2月	
凳子		8个	全炸被埋	4	1938年2月	
长板凳		2条	全炸被埋	2	1938年2月	
靠桌		2张	全炸被埋	8	1938年8月	
方桌		2张	全炸被埋	9	1938年8月	
写字台		1张	全炸被埋	9	1938年8月	
五抽屉		1个	全炸被埋	15	1938年8月	
铁锅		1口	全炸被埋	3.5	1939年10月	
钢锅		1口	全炸被埋	2.8	1939年10月	
白玉菜碗		1付	全炸被埋	5.6	1939年10月	
白玉饭碗		1付	全炸被埋	3.5	1939年10月	

续表

物品名称	品质	数量	损失程度	原价(元)	购置年月	备考
白玉酒杯		1付	全炸被埋	2.8	1939年10月	
白玉调羹		1付	全炸被埋	2.5	1939年10月	
胶筷		1席	全炸被埋	1.4	1938年1月	
白玉帖子		1付	全炸被埋	2.6	1938年1月	
白玉古子		3个	全炸被埋	18	1938年1月	
藤皮竹箱		6个	全炸被埋	26	1936年4月 1937年2月	
被灾日期	1940年6月26日	被灾地点	保安路77号	房屋被炸或震塌	被炸	原支薪俸数目	65元	有无同居眷属	有

　　右〈上〉开物品确系因空袭被毁,谨呈
科长
　局长
　　转呈
市长吴

　　　　　　　　　　　　　　　填报人:职务　事务员
　　　　　　　　　　　　　　　　　　姓名　杨白科
　　　　　　　　　　　　　　　　二十九年六月二十六日

21) 重庆市政府财政局员役空袭损失私物报告表

物品名称	品质	数量	损失程度	原价(元)	购置年月	备考
锦缎丝棉〔绵〕被盖	丝棉〔绵〕	1床	完全损失	42	1939年8月4日	
毯子	棉	1床	完全损失	13	1939年8月4日	
枕头		1对	完全损失	6.5	1939年8月30日	
青毛呢学生服	毛	1套	完全损失	95	1939年10月6日	
黄哈叽下装	棉	1条	完全损失	8	1939年8月7日	
白虎〔府〕绸衬衫	纱	1件	完全损失	12	1939年6月5日	
标准布衬衫	棉	1件	完全损失	5.5	1939年6月30日	
青经纬绸棉袍	丝	1件	完全损失	93	1939年10月2日	
灰布衫子	棉	1件	完全损失	10.5	1939年10月2日	

续表

物品名称	品质	数量	损失程度	原价（元）	购置年月	备考
蓝布衫子	棉	1件	完全损失	12.5	1939年10月2日	
白市布汗小衣	棉	1套	完全损失	17.5	1939年10月13日	
白布短裤 蓝布短裤	棉	2条	完全损失	3.2	1939年12月10日	
灰呢帽子	呢	1顶	完全损失	12	1939年10月5日	
袜子	棉	2双	完全损失	2.8	1940年4月3日	
黑皮鞋	制革	1双	完全损失	14	1939年12月5日	
洋磁盆	磁	1个	完全损失	6.5	1939年7月5日	
洗脸帕	棉	1根	完全损失	1.5	1940年3月12日	
牙刷		1把	完全损失	1	1940年5月15日	
被灾日期	1940年6月26日	被灾地点	左营街防空部	房屋被炸或震塌	被炸	原支薪俸数目	55元	有无同居眷属	无

右〈上〉开物品确系因空袭被毁，谨呈

科长

局长

　转呈

市长吴

填报人：职务　调查员

姓名　蓝志遐

二十九年六月二十七日

22）重庆市政府财政局员役空袭损失私物报告表

物品名称	品质	数量	损失程度	原价（元）	购置年月	备考
长衫褂裤	绸	5件	炸碎	85	1938年6月	本职于6月12日住民族路103号被炸即迁借坎井街28号友人臧建国家内暂居不幸28日午又遭炸合并呈明

续表

物品名称	品质	数量	损失程度	原价（元）	购置年月	备考
被单褥席	布	3件	炸碎	33	1938年8月 1940年6月	
盆壶碗□	磁	5件	炸碎	29	1940年6月	
被灾日期	1940年6月28日	被灾地点	南纪门坎井街28号	房屋被炸或震塌	后身被炸前面震塌	原支薪俸数目	200元	有无同居眷属	无

右〈上〉开物品确系因空袭被毁，谨呈

科长任

局长刁

    转呈

市长吴

填报人：职务　第三科估计专员

姓名　丁相灵

二十九年六月三十日

23）重庆市政府财政局员役空袭损失私物报告表

物品名称	品质	数量	损失程度	原价（元）	购置年月	备考
棉被	绸棉	1床	炸毁	30	1939年4月	
垫褥	白布	1床	炸毁	12	1939年4月	
卧单	印花布	2床	炸毁	16	1939年9月	
枕头	布面	2个	炸毁	8	1939年4月	
绒毯	毛质	1条	炸毁	30	1937年	
衬衫	府绸	2件	炸毁	14	1939年10月	
漱洗用品		1套	炸毁	20	不一	面盆漱口盂毛巾香皂等
书籍		40余本	炸毁	50	不一	
被灾日期	1940年6月26日	被灾地点	小较场同仁里7号2楼何征平寓	房屋被炸或震塌	被炸倒塌	原支薪俸数目	实支138元	有无同居眷属	无

续表

> 右(上)开物品确系因空袭被毁,谨呈
>
> 科长任
>
> 局长刁
>
> 　　转呈
>
> 市长吴
>
> 　　　　　　　　　填报人:职务　第三科地价股主任
>
> 　　　　　　　　　　　　　姓名　杨省三
>
> 　　　　　　　　　二十九年六月二十八日

24)重庆市政府财政局员役空袭损失私物报告表

物品名称	品质	数量	损失程度	原价(元)	购置年月	备考
西服	黑呢	1套	遗失	65	1937年7月	
女长衫	印度绸	1件	遗失	30	1938年8月	
女长衫	蓝布	1件	遗失	20	1940年2月	
大圆镜	玻砖	1个	破坏	8	1939年12月	
菜碗	细磁	8个	破碎	10	1939年10月	
饭碗	细磁	1桌	破碎	8	1939年10月	
汤匙	细磁	8把	破碎	3	1939年10月	
茶杯	玻璃 细磁	8个	破碎	6	1939年10月	
茶壶	细磁	1把	破碎	4	1939年10月	
茶瓶	玻璃	1个	破坏	24	1940年1月	
时钟	钢铁	1座	破坏	30	1937年4月	
眼镜	克罗克片	1付	破坏	12	1938年5月	
被灾日期	1940年6月16日	被灾地点	字水街大院坝69号3楼	房屋被炸或震塌	炸毁	原支薪俸数目	实支138元	有无同居眷属	有

续表

右〈上〉开物品确系因空袭被毁，谨呈
科长任
局长刁
转呈
市长吴
填报人：职务　第三科地价股主任
姓名　杨省三
二十九年六月二十八日

25）重庆市政府财政局员役空袭损失私物报告表

物品名称	品质	数量	损失程度	原价(元)	购置年月	备考
毛毯	纯羊毛	1条	完全损失	180	1938年11月	
皮箱	牛皮	1只	完全损失	29	1936年	
皮鞋	纹皮	1双	完全损失	58	1940年5月	
卫生裤	绒质	1条	完全损失	22	1939年11月	
袜子	线质	2双	完全被毁	6.4	1940年5月	
线毯	线质	1条	完全被毁	32	1939年1月	
枕头	线质	2个	完全被毁	12	1936年	
羊毛衫	毛质	1件	完全被毁	50	1939年10月	
衬衫	府绸	1件	完全被毁	16	1939年7月	
被灾日期	1940年6月27日	被灾地点	小较场安仁里	房屋被炸或震塌	完全被炸	原支薪俸数目	80元	有无同居眷属	有

右〈上〉开物品确系因空袭被毁，谨呈
科长何
局长刁
转呈
市长吴
填报人：职务　办事员
姓名　张良能
二十九年七月二日

(0064—8—287)

9. 重庆市财政局为报1940年6月该局各员警被炸转请核发救济费给重庆市政府的呈文稿(1940年7月7日)

查六月份敌机连日空袭,本局各该员警住宅或则中弹或则波及,情形虽异损失相同。迭据该被灾各员警先后填具损失报告表呈请转恳援照奉颁《中央公务员雇员公役遭受空袭损害暂行救济办法》核发救济费,等情,请示前来。经饬据查所陈尚属不虚,理合造具被灾各员警姓名清册,检同原报告表备文呈请钧府伏乞俯念该员察等损失甚巨,准如所请,用示体恤而资救济。是否有当,静候鉴核指令祗遵。

谨呈
市长吴
附呈被灾各员警姓名清册1份损失报告表11份

重庆市财政局局长　刁培然

附:

1)重庆市财政局遭受空袭损失员工姓名清册

职别	姓名	备考
主任	李镜吾	
办事员	何有福	
组长	田思	
调查员	张寿康	
征收员	周永年	
税警	谢海泉	
税警	田绍周	
税警	刘汉江	
税警	张树泽	
税警	刘嘉实	
工友	艾荣卿	

2）重庆市政府财政局员役空袭损失私物报告表

物品名称	品质	数量	损失程度	原价（元）	购置年月	备考
茶壶	九江瓷	1	全损失	4	1938年冬	以上所列系全部损坏如瑞典瓷面盆漱口盅等物虽被震坏或压坏尚勉强可用者均未列入。借用友人木器家具亦有损坏
杯盘	西洋瓷	1	全损失	8	1938年冬	
钟	四方玻璃	4	全损失	28	1939年春	
电筒	三节	1	全损失	5.2	1940年夏	
西服	法兰绒	1套	全损失	145	1939年春	
内衣	线织	1	全损失	5.8	1940年夏	
衬衣	绸	1	全损失	20	1940年春	
伞	洋布	1	全损失	5	1939年冬	
皮鞋	纹皮	1	全损失	52	1939年冬	
拖鞋	草	1	全损失	1.4	1940年夏	
背带		1	全损失	9.5	1940年春	
领带		1	全损失	5.6	1940年春	
袜	丝	2	全损失	10.4	1940年春	
被灾日期	1940年6月26日	被灾地点	新生路44号	房屋被炸或震塌	四周中弹门窗顶板均震脱落	原支薪俸数目 180元	有无同居眷属	无

右〈上〉开物品确系因空袭被毁，谨呈
局长
　　转呈
市长吴

　　　　　　　　　　　　填报人：职务　土地登记处主任
　　　　　　　　　　　　　　　　姓名　李镜吾
　　　　　　　　　　　　二十九年七月二日

3) 重庆市政府财政局员役空袭损失私物报告表

物品名称	品质	数量	损失程度	原价(元)	购置年月	备考
被盖	白布单缎	1床	无存	30	1938年12月	
面盆	搪瓷	1个	无存	8	1939年9月	
绒毯	绒	1条	无存	12	1937年10月	
枕头	白布芦花	1对	无存	7	1938年12月	
棉袄	绸面绸里	1件	已不能着	56	1939年10月	
漆木床	木	1架	无存	15	1938年3月	
便鞋	直贡呢	1双	无存	10	1940年4月	
漱口盂	玻璃	1个	无存	1	1939年9月	
面巾	印花	1张	无存	15.5	1940年5月	
牙刷	牛骨	1把	无存	1.8	1940年5月	
被灾日期	1940年6月24日	被灾地点	国府路15号	房屋被炸或震塌	被炸	原支薪俸数目	66元	有无同居眷属	有

右〈上〉开物品确系因空袭被毁,谨呈
科长
  局长
    转呈
市长吴

填报人:职务 办事员
姓名 何有福
二十九年七月三日

4) 重庆市政府财政局员役空袭损失私物报告表

物品名称	品质	数量	损失程度	原价(元)	购置年月	备考
被盖	棉絮洋布	1床	炸破十分之四	70	1939年10月	
床毯	斜纹	1床	炸毁	35	1939年6月	
油布		1张	炸毁	10	1938年	
枕头		1个	炸毁	10	1938年	
漱口盂	西洋磁	1个	炸毁	3	1938年	
睡衣	洋线	1件	炸毁	18	1939年10月	

续表

物品名称	品质	数量	损失程度	原价(元)	购置年月	备考
磁盆		1个	炸毁	14	1939年9月	
衣箱	牛皮	1个	炸毁	9	1939年7月	
夹衫	绸	1件	炸毁	40	1939年10月	
皮鞋		1双	炸毁	20	1939年12月	
短服	毛织	1套	炸毁	80	1938年12月	
竹床		1间	炸毁	8	1939年6月	
被灾日期	1940年6月16日	被灾地点	陕西路102号	房屋被炸或震塌	被炸	原支薪俸数目	110元	有无同居眷属	无

右(上)开物品确系因空袭被毁,谨呈

科长

  局长

    转呈

市长吴

填报人:职务　组长

姓名　田思

二十九年七月三日

5)重庆市政府财政局员役空袭损失私物报告表

物品名称	品质	数量	损失程度	原价(元)	购置年月	备考
被盖	棉布	1床	炸坏	30	1939年9月	
线毯	线织	1床	炸坏	9	1939年10月	
油布	布	1床	炸坏	3	1938年10月	
皮鞋	制革	1双	全损	15	1939年5月	
蓝色长衫	阴丹布	2件	全损	22	1939年4月	
枕头	十字布抽花	1个	全损	1.8	1939年3月	
汗衣裤	绒、布	2套	全损	18	1939年2月	
雨伞	油纸	1把	全损	0.8	1939年1月	
被灾日期	1940年6月27日	被灾地点	李子坝屠场	房屋被炸或震塌	被炸	原支薪俸数目	55元	有无同居眷属	无

续表

右〈上〉开物品确系因空袭被毁,谨呈 科长 局长 　转呈 市长吴 　　　　　　　　　　　　　　　填报人:职务　调查员 　　　　　　　　　　　　　　　　　　姓名　张寿康 　　　　　　　　　　　　　　　二十九年六月　日

6)重庆市政府财政局员役空袭损失私物报告表

物品名称	品质	数量	损失程度	原价(元)	购置年月	备考
被毯	棉线	各1床	炸坏	30	1939年8月	
衬衫	布	1件	完损	8	1939年12月	
制服	布	1套	完损	15	1939年9月	
被灾日期	1940年6月27日	被灾地点	李子坝屠场	房屋被炸或震塌	被炸	原支薪俸数目	55元	有无同居眷属

右〈上〉开物品确系因空袭被毁,谨呈 科长 局长 　转呈 市长吴 　　　　　　　　　　　　　　　填报人:职务　征收员 　　　　　　　　　　　　　　　　　　姓名　周永年 　　　　　　　　　　　　　　　二十九年六月二十九日

7)重庆市政府财政局员役空袭损失私物报告表

物品名称	品质	数量	损失程度	原价(元)	购置年月	备考
被盖	蓝布包单棉絮	1床	烧尽	24	1939年8月	
线毯	线织	1床	烧尽	8	1939年8月	
油布	布	1床	烧尽	5	1939年9月	

续表

物品名称	品质	数量	损失程度	原价(元)	购置年月	备考
皮箱	黄牛皮	1口	烧毁	6	1939年8月	
汗衣裤	蓝布	1套	烧毁	16	1939年7月	
长衫	蓝布	2件	烧毁	24	1939年6月	
面盆	洋磁	1个	烧毁	5	1939年10月	
皮鞋	制革	1双	烧毁	14	1939年7月	
藤包	藤	1个	烧毁	1.5	1939年6月	
毛巾	线织	1张	烧毁	1.2	1940年5月	
篾席	篾	1床	烧毁	2	1939年6月	
棕垫	棕	1床	烧毁	3	1939年11月	
枕头	白市布	2个	烧毁	3	1939年6月	
被灾日期	1940年6月12日	被灾地点	千厮门	房屋被炸或震塌	炸烧	原支薪俸数目	19元	有无同居眷属

右〈上〉开物品确系因空袭被毁,谨呈

科长

局长

　转呈

市长吴

填报人:职务　税警

姓名　刘汉江

二十九年六月　日

8)重庆市政府财政局员役空袭损失私物报告表

物品名称	品质	数量	损失程度	原价(元)	购置年月	备考
凉床	竹、木	1架	打坏	14	1939年4月	
方桌	黑漆木	1张	打坏	14	1937年5月	
板凳	木	2根	打坏	2	1939年7月	
方凳	黑漆杂木	4根	毁损	4	1937年7月	
饭锅	铁	1口	毁损	10	1939年7月	
痰盂	洋磁	1对	毁损	14	1937年6月	
大小瓦盆	土制〔质〕	3个	毁损	3	1940年3月	

续表

物品名称	品质	数量	损失程度	原价（元）	购置年月	备考
大小碗	细磁	15个	毁损	10	1939年9月	
被灾日期	1940年6月12日	被灾地点 江北城内下正街51号	房屋被炸或震塌 房屋被震破坏瓦片毁落	原支薪俸数目 月支54元	有无同居眷属 有

右〈上〉开物品确系因空袭被毁，谨呈

科长

局长

　转呈

市长吴

填报人：职务　征收员

姓名　谢海泉

二十九年六月　日

9）重庆市政府财政局员役空袭损失私物报告表

物品名称	品质	数量	损失程度	原价（元）	购置年月	备考
线毯	线织	1床	炸毁	9	1939年8月	
夹衫	灰布里花绒里	1件	炸毁	30	1939年9月	
衬衫	府绸	1件	炸毁	12	1940年4月	
袜子	线织	1双	炸毁	2	1940年3月	
皮鞋	制革	1双	炸毁	16	1939年7月	
长衫	蓝布	1件	炸毁	14	1939年9月	
汗衣裤	白布	1套	炸毁	14	1940年2月	
博士帽	呢	1顶	炸毁	9	1938年10月	
皮箱	白牛皮	1口	炸毁	6	1939年7月	
锁	铜制	1把	炸毁	1.5	1939年7月	
面盆	洋磁	1个	炸毁	8	1939年8月	
被灾日期	1940年6月16日	被灾地点 国府路31号	房屋被炸或震塌 被炸	原支薪俸数目	19元	有无同居眷属

续表

右〈上〉开物品确系因空袭被毁，谨呈
科长
局长
转呈
市长吴
填报人：职务　税警
姓名　田绍周
二十九年六月　日

10) 重庆市政府财政局员役空袭损失私物报告表

物品名称	品质	数量	损失程度	原价(元)	购置年月	备考
灰布长衫	布	1件	全损	15	1939年6月	
青下装	布	2根	全损	12	1939年10月	
衬衫	布	1件	全损	7	1940年1月	
鞋子		1双	全损	10	1940年4月	
被灾日期	1940年6月27日	被灾地点	李子坝屠场	房屋被炸或震塌	被炸	原支薪俸数目	19元	有无同居眷属	无

右〈上〉开物品确系因空袭被毁，谨呈
科长
局长
转呈
市长吴
填报人：职务　税警
姓名　张树泽
二十九年六月二十九日

11) 重庆市政府财政局员役空袭损失私物报告表

物品名称	品质	数量	损失程度	原价(元)	购置年月	备考
绸长衫		1件	炸坏	20	1939年5月	
皮箱		1口	全损	8	本年4月	
面巾 面盆		各1	全损	11	本年1月	

续表

物品名称	品质	数量	损失程度	原价(元)	购置年月	备考
衬衫	布	1件	全损	9	1939年10月	
短裤	布	2根	全损	8	本年2月	
被灾日期	1940年6月27日	被灾地点	李子坝屠场	房屋被炸或震塌	被炸	原支薪俸数目	19元	有无同居眷属	无

右〈上〉开物品确系因空袭被毁,谨呈

科长
局长
  转呈
市长吴

填报人:职务 税警

姓名 刘嘉实

二十九年六月 日

12)重庆市政府财政局员役空袭损失私物报告表

物品名称	品质	数量	损失程度	原价(元)	购置年月	备考
被盖	棉	1床	毁	30	1938年10月	
帐子	棉	1床	毁	15	1936年3月	
衣服	棉	20件	毁	100	1937年	
被灾日期	1940年6月24日	被灾地点	吴师爷巷9号	房屋被炸或震塌	房屋被炸	原支薪俸数目	18元	有无同居眷属	有

右〈上〉开物品确系因空袭被毁,谨呈

科长
局长
  转呈
市长吴

填报人:职务 公差

姓名 艾荣卿

二十九年六月二十六日

(0064—8—287)

10. 重庆市财政局职员徐治中为报1940年7月8日空袭损失私物报告表给上级的呈（1940年7月9日）

重庆市政府财政局员役空袭损失私物报告表

物品名称	品质	数量	损失程度	原价（元）	购置年月	备考
床	木	1	震毁	10	1936年5月	
条桌	木	1	全毁	4	1936年7月	
衣柜	木	1	震毁	5	1936年4月	
凳子	木	4	全毁	6	1936年2月	
锅	铁	1	全毁	4	1936年8月	
水缸	瓦	1	全毁	3	1936年8月	可装水两担
锅铲	铁	1	全毁	0.5	1936年8月	
水瓢	木	1	全毁	0.4	1936年8月	
被盖	布	1	全毁	10	1936年3月	国货介绍所买用
枕头	十字布	2	全毁	5	1936年3月	国货介绍所买用
毡子	印花布	1	全毁	6	1936年3月	国货介绍所买用
洋磁盆	磁	1	全毁	1.8	1936年	国货介绍所买用
玻缸	玻璃	2	全毁	3	1936年	
花瓶	玻璃	2	全毁	2	1936年	
饭碗	磁	5	全毁	1	1936年	每个2角
土碗	土	10	全毁	0.5	1936年	每个5分
米缸	瓦	1	全毁	1	1935年	
卫生汗衣	线	2	全毁	2	1935年	每件1元
统绒汗衣	绒	1	全毁	15	1939年11月	国货介绍所买用
青呢大衣	呢	1	全毁	45	1936年9月	上海洋服店制
女旗袱	布	1	全毁	9	1935年8月	
女汗衣	布	2	全毁	5	1935年8月	缝工在内
内衣	白布	2	全毁	4.8	1936年10月	
女青布外衣	布	1	全毁	19	1939年10月	
甑子	木	1	全毁	0.4	1935年5月	
黄呢中山服	呢	1	全毁	25	1937年7月	
被灾日期	7月8日	被灾地点	康宁路13号	房屋被炸或震塌	炸毁	原支薪俸数目	55元	有无同居眷属	有

续表

右〈上〉开物品确系因空袭被毁,谨呈 科长 技正 局长 　　转呈 市长吴 　　　　　　　　　　　填报人:职务　财政局第三科书记 　　　　　　　　　　　　　　姓名　徐治中 　　　　　　　　　　　　　　二十九年七月九日

（0064—8—287）

11. 重庆市财政局职员田绍周为报1940年7月16日空袭损失私物报告表给上级的呈(1940年7月17日)

　　窃警前住国府路售票处,于六月十六日被敌机轰炸,损失公私各物业经表报有案。随为便利稽查工作起见,移住大溪沟肉市场,前次未被损失之行军铁床1间、被盖1床均置该处,竟于昨十六日午间复遭轰炸直接中弹,房舍成墟,私物又蒙损失。除公物俱保全,并填具私物报告表外,特报请查核抚恤。

　　谨呈

组长

主任

科长

局长

附表1份

　　　　　　　　　　　　　　　　　　大溪沟税警　田绍周
　　　　　　　　　　　　　　　　　　七月十七日

重庆市政府财政局员役空袭损失私物报告表

物品名称	品质	数量	损失程度	原价(元)	购置年月	备考
行军床	铁条	1间	炸毁	14	1939年2月	
被盖	棉布	1床	炸毁	23	1940年1月	
篾席	竹	1床	炸毁	1.5	1939年7月	
被灾日期	7月16日	被灾地点	大溪沟肉市场	房屋被炸或震塌	炸毁	原支薪俸数目 19元	有无同居眷属

右〈上〉开物品确系因空袭被毁，谨呈

局长

　　转呈

市长吴

　　　　　　　　　　　　　　　填报人：职务　税警

　　　　　　　　　　　　　　　　　　　姓名　田绍周

　　　　　　　　　　　　　　　二十九年七月十七日

(0064—8—287)

12. 重庆市财政局职员戴彭龄为报1940年7月16日空袭损失私物报告表给上级的呈(1940年7月18日)

重庆市政府财政局员役空袭损失私物报告表

物品名称	品质	数量	损失程度	原价(元)	购置年月	备考
女长褂	府绸	1件		12.8	1940年6月	
灰色袜	麻纱	1双		2.4	1940年5月	
床	竹	1张	全毁	3	1939年1月	
热水瓶		1个	全毁	12	1939年10月	
漱口盂	细磁	2个	全毁	2.2	1938年8月	
茶杯	细磁	4个	全毁	2.4	1939年3月	
连盖茶杯	玻璃	2个	全毁	2	1940年2月	
大菜盘	细磁	4个	全毁	4.8	1939年3月	

续表

物品名称	品质	数量	损失程度	原价（元）	购置年月	备考
小菜盘	细磁	4个	全毁	3.2	1939年3月	
饭碗	细磁	6个	全毁	3	1939年3月	
大小菜碗	细磁	8个	全毁	7	1939年3月	大2个2.4元,小6个4.8元合计为上数①
小锅	搪瓷	1个	全毁	5	1939年12月	
大锅	铁	1个	全毁	3	1939年3月	
罐子	细磁	2个	全毁	7.6	1940年12月	
大小茶壶	细磁	2把	全毁	3	1939年3月 1939年6月	
面盆	搪瓷	2个	均炸穿	10	1939年3月	
山米		老斗1斗	均炸散	16	1940年7月	
米坛		1个	全毁	1.5	1939年3月	
小水缸		1个	全毁	2	1939年3月	
镜子		1个	全毁	3.6	1939年5月	
洋胰缸	细磁	2个	全毁	3.6	1939年5月	
小座钟		1架	全毁	16	1939年3月	
被灾日期	7月16日	被灾地点	姚家巷25号	房屋被炸或震塌	震塌	原支薪俸数目	82元	有无同居眷属	有

右〈上〉开物品确系因空袭被毁,谨呈
秘书林
局长刁
　　转呈
市长吴

　　　　　　　　　　　　填报人:职务　科员
　　　　　　　　　　　　姓名　戴彭龄
　　　　　　　　　　　　二十九年七月十八日

(0064—8—287)

---

① 与表格中该项原价不符,原档照录。

13. 重庆市财政局职员熊质武为报1940年7月20日空袭损失私物报告表给上级的呈（1940年7月23日）

重庆市政府财政局员役空袭损失私物报告表

物品名称	品质	数量	损失程度	原价(元)	购置年月	备考
棉绪〔絮〕		1床	全烧	10.5	1937年9月	此绪〔絮〕冬天坝〔垫〕铺之用
卧单	印花布	1条	全烧	8	1937年冬月	
长衫	冲哔叽	1件	全烧	12	1939年冬月	
夹裤	冲哔叽	1件	全烧	9	1939年冬月	
皮带	牛皮	1根	全烧	2	1940年1月	
藤箧	藤扣	1个	全烧	3.5	1939年8月	
短衣	白洋布	1套	全烧	8	1939年8月	
竹席	竹	1床	全烧	3	1939年5月	
长澡帕子	棉	1根	全烧	2	1940年7月	此系9号炸后复购
脸帕	棉	1根	全烧	1.2	1940年7月	
牙刷	牛骨	1把	全烧	1	1940年7月	
口冲〔盅〕	洋磁	1个	全烧			此3件是向友人胡焕奎借用
鞋子	青布	1双	全烧			此3件是向友人胡焕奎借用
衬衣	白洋布	1件	全烧			此3件是向友人胡焕奎借用
被灾日期	7月20日	被灾地点	大阳沟宿舍	房屋被炸或震塌	完烧	原支薪俸数目 22元　有无同居眷属 无

右〈上〉开物品确系因空袭被毁，谨呈
科长
局长刁
　转呈
市长吴

填报人：职务　测工
姓名　熊质武
二十九年七月二十三日

（0064—8—287）

14. 重庆市财政局职员张扇巍为报1940年8月9日空袭损失私物报告表给上级的呈（1940年8月9日）

重庆市政府财政局员役空袭损失私物报告表

物品名称	品质	数量	损失程度	原价(元)	购置年月	备考
线毯	线料	1床	全毁	8	1939年5月	
油绸		1床	全毁	12	1939年3月	
衬衫	市布	1件	全毁	14	1940年6月	
衬衫	漂布	1件	全毁	9	1940年7月	
衣箱	皮	1口	全毁	12	1939年10月	
制服	麻布	1套	全毁	24	1940年3月	
制服	单黄	1套	全毁	18	1939年12月	
皮鞋	黄皮	1双	全毁	26	1940年5月	
帐头	白市布	1个	全毁	6	1938年冬月	
藤包		1个	全毁	2	1939年6月	
洋伞	洋布	1把	全毁	4	1939年3月	
被灾日期	1940年8月9日	被灾地点	海棠溪敦厚街48号	房屋被炸或震塌	炸毁	原支薪俸数目	19元	有无同居眷属	无

右〈上〉开物品确系因空袭被毁,谨呈
科长
局长刁
　转呈
市长吴

　　　　　　　　　　　　　填报人:职务　税警
　　　　　　　　　　　　　　　　姓名　张扇巍
　　　　　　　　　　　　　二十九年八月九日

（0064—8—287）

15. 重庆市财政局职员阮承汉为报1940年8月9日空袭损失私物报告表给上级的呈（1940年8月9日）

重庆市政府财政局员役空袭损失私物报告表

物品名称	品质	数量	损失程度	原价(元)	购置年月	备考
大竹床	竹	1	全毁	8	1940年2月	
枕头	外布内芦花	1	全毁	5	1939年6月	
武装带	皮	1	全毁	5	1937年5月	
手巾	棉	1	全毁	2	1940年7月	
袜子	线	1	全毁	2.5	1940年7月	
军帽	呢	1	全毁	□	□□□	
呢帽	呢	1	全毁	4	1936年3月	
皮鞋	皮	1	全毁	12	1939年7月	

被灾日期	被灾地点	营建会	房屋被炸或震塌	被炸	原支薪俸数目		有无同居眷属	眷属另住
1940年8月9日					86元			

右〈上〉开物品确系因空袭被毁，谨呈

局长

　　转呈

市长吴

　　　　　　　　　　　　填报人：职务　测绘员

　　　　　　　　　　　　　　　　姓名　阮承汉

　　　　　　　　　　　　二十九年八月九日

（0064—8—287）

16. 重庆市财政局职员罗志才为报1940年8月9日空袭损失私物报告表给上级的呈（1940年8月9日）

重庆市政府财政局员役空袭损失私物报告表

物品名称	品质	数量	损失程度	原价(元)	购置年月	备考
包单被盖	白布	1床	全毁	30	1939年11月	

续表

物品名称	品质	数量	损失程度	原价（元）	购置年月	备考
线毯	棉	1床	全毁	16	1939年12月	
蓝布长衫	布	2件	全毁	26	1939年12月	
毛线紧身	毛	1件	全毁	10	1939年12月	
线下装	绒	1条	全毁	5	1939年11月	
中山服	芝麻呢	1套	全毁	20	1940年2月	
面盆	磁	1口	全毁	8	1940年3月	
被灾日期	1940年8月9日	被灾地点	营建会	房屋被炸或震塌	炸坏	原支薪俸数目	23元	有无同居眷属

右〈上〉开物品确系因空袭被毁，谨呈

局长刁

　转呈

市长吴

填报人：职务　测工

姓名　罗志才

二十九年八月九日

（0064—8—287）

17. 重庆市财政局职员汤季尧为报1940年8月9日空袭损失私物报告表给上级的呈（1940年8月9日）

重庆市政府财政局员役空袭损失私物报告表

物品名称	品质	数量	损失程度	原价(元)	购置年月	备考
被盖	白线布	1床	全毁	28.5	1939年3月	
毯子	白线毯	1床	全毁	9	1939年4月	
棉军服	灰哈叽	1套	全毁	14	1938年9月	
单军服	黄色哈叽	1套	全毁	18	1940年3月	
衬衣	白洋布	1件	全毁	7	1940年7月	
毛背心	灰色	1件	全毁	4	1938年8月	
面盆	洋磁	1个	全毁	6	1939年5月	

续表

物品名称	品质	数量	损失程度	原价(元)	购置年月	备考
漱口磁缸	洋磁	1个	全毁	1.5	1940年6月	
胶鞋	墨色	1双	全毁	6	1939年2月	
力士鞋	黄色	1双	全毁	8	1940年5月	
油布	绿色	1条	全毁	3	1939年4月	
席子	草席	1条	全毁	1.5	1940年4月	
毛巾	白色		全毁	1.5	1940年7月	
被灾日期	1940年8月9日	被灾地点	大阳沟营建委员会	房屋被炸或震塌	全毁	原支薪俸数目	25元	有无同居眷属	无

右〈上〉开物品确系因空袭被毁,谨呈

局长刁

　　转呈

市长吴

填报人:职务　测工

姓名　汤季尧

二十九年八月九日

(0064—8—287)

18. 重庆市财政局职员屠元镇为报1940年8月9日空袭损失私物报告表给上级的呈(1940年8月9日)

重庆市政府财政局员役空袭损失私物报告表

物品名称	品质	数量	损失程度	原价(元)	购置年月	备考
被盖	白洋布棉絮	1床	全损	30.4	1940年2月	
毯子	棉毯	1床	全损	8	1939年11月	
衬衣	白市布	1件	全损	7.5	1940年6月	
单绿色上装	哈叽	1件	全损	9	1940年3月	
人字布下装	棉呢	1条	全损	8	1940年3月	
运动腰〔摇〕裤	白市布	2条	全损	24	1940年6月	
面盆	洋磁	1个	全损	6	1939年5月	
漱口盅	洋磁	1个	全损	2	1939年5月	

续表

物品名称	品质	数量	损失程度	原价(元)	购置年月	备考
洗脸帕	洋线	1张	全损	1.6	1940年7月	
帆布胶底鞋	帆布	1双	全损	4.5	1940年3月	
枕头	十字布	1个	全损	3	1940年2月	
草席	灯草	1床	全损	2	1940年6月	
夹衫	线呢	1件	全损	10.2	1939年8月	
长衫	阴丹布	2件	全损	22.6	1940年1月	
被灾日期	1940年8月9日	被灾地点	保安路营建会	房屋被炸或震塌	被炸	原支薪俸数目	21元	有无同居眷属	无

右(上)开物品确系因空袭被毁,谨呈

局长刁

　　转呈

市长吴

填报人:职务　测工

姓名　屠元镇

二十九年八月九日

(0064—8—287)

19. 重庆市财政局职员胡圣潮为报1940年8月9日空袭损失私物报告表给上级的呈(1940年8月9日)

重庆市政府财政局员役空袭损失私物报告表

物品名称	品质	数量	损失程度	原价(元)	购置年月	备考
被盖	白洋布	1床	全毁	24.5	1939年9月	
席子	蒲草	1床	全毁	1.4	1940年5月	
毯子	军毯	1床	全毁	5.5	1939年7月	
棉军服	棉布	1套	全毁	34.6	1939年10月	
卫生衣	洋衫	1件	全毁	6.5	1939年10月	
黄军服	哈叽	1套	全毁	9.6	1939年5月	
棉布褂裤	白布	1套	全毁	8.5	1940年4月	
背心	灰洋布	1件	全毁	4	1940年10月	

续表

物品名称	品质	数量	损失程度	原价(元)	购置年月	备考
面盆	洋磁	1口	全毁	2.5	1939年5月	
口碗	洋磁	1个	全毁	1.2	1940年2月	
毛巾	洋衫	1条	全毁	1.6	1940年7月	
鞋子	青布	1双	全毁	5	1940年7月	
棉大衣	灰布	1件	全毁	20	1939年11月	
夹袍	青布	1件	全毁	11	1938年9月	
长裤	斜纹	1件	全毁	8	1939年11月	
被灾日期	1940年8月9日	被灾地点	大阳沟	房屋被炸或震塌	全毁	原支薪俸数目	25元	有无同居眷属	无

右〈上〉开物品确系因空袭被毁,谨呈

局长
　　转呈
市长吴

填报人:职务　测工
　　　　姓名　胡圣潮
二十九年八月九日

(0064—8—287)

20. 重庆市财政局职员史宝楚为报1940年8月9日空袭损失私物报告表给上级的呈(1940年8月9日)

重庆市政府财政局员役空袭损失私物报告表

物品名称	品质	数量	损失程度	原价(元)	购置年月	备考
棉被	布	1条	全毁	25	1939年3月	
白洋布毯	布	1条	全毁	8	1939年5月	
单绿色单军服	布	1套	全毁	23	1940年6月	
单黄色棉军服	布	1套	全毁	30	1939年9月	
衬衫	白洋布1 草绿布1	2件	全毁	20	1940年5月	
短裤	草绿色 黄斜纹	2件	全毁	16	1940年6月	
力士鞋	布	1双	全毁	9	1940年7月	

续表

物品名称	品质	数量	损失程度	原价(元)	购置年月	备考
面盆	瓷	1个	全毁	8	1939年10月	
席子	草	1条	全毁	6	1939年5月	
油布	布	1条	全毁	6	1939年6月	
漱口盅	瓷	1个	全毁	1.2	1939年6月	
被灾日期	1940年8月9日	被灾地点	营建会	房屋被炸或震塌	被炸	原支薪俸数目	24元	有无同居眷属	无

右〈上〉开物品确系因空袭被毁,谨呈

局长刁

　　转呈

市长吴

填报人:职务　测工

姓名　史宝楚

二十九年八月九日

（0064—8—287）

21. 重庆市财政局职员程贤万为报1940年8月9日空袭损失私物报告表给上级的呈（1940年8月9日）

重庆市政府财政局员役空袭损失私物报告表

物品名称	品质	数量	损失程度	原价(元)	购置年月	备考
卫生衣	绒	1套	全毁	16	1939年10月	
棉军服	清布	1套	全毁	14	1939年12月	
黄军服	哈叽	1套	全毁	20	1940年3月	
被盖	布	1床	全毁	30	1939年2月	
面盆	洋磁	1个	全毁	9	1940年正月	
毯子	线	1条	全毁	8	1939年6月	
鞋子	力士鞋	1双	全毁	9	1940年7月	
毛巾	线	1条	全毁	1	1940年7月	
线大衣	灰布	1件	全毁	16	1939年8月	

续表

被灾日期	1940年8月9日	被灾地点	依仁小学	房屋被炸或震塌	全毁	原支薪俸数目	25元	有无同居眷属	无
右〈上〉开物品确系因空袭被毁,谨呈									
局长刁									
转呈									
市长吴									
填报人:职务 测工									
姓名 程贤万									
二十九年八月九日									

(0064—8—287)

22. 重庆市财政局职员王子敬为报1940年8月9日空袭损失私物报告表给上级的呈(1940年8月10日)

  敬呈者:海棠溪售票处房舍原住丁家嘴29号,已于八月七日截止,另佃敦厚街48号屠户蒋其东之座舍。殊昨敌机骤临海棠肆虐狂炸,该号房舍尽成灰烬。职等早将票据公物等收拾远走毫未损失。但职及眷属因税警之私物未克代〔带〕走,竟遭敌机炸毁。似此微小公务人员罹兹浩劫何堪设想。谨此情形连同损失私物汇表并呈以资查实。

  谨呈

组长严

主任田

科长杨

局长刁

               海棠溪征收员 王子敬

                   八月十日

附：

重庆市政府财政局员役空袭损失私物报告表

物品名称	品质	数量	损失程度	原价（元）	购置年月	备考
西服	毛哔叽	1套	全毁	95	1939年9月	
皮鞋	黄皮	1双	全毁	32	1940年5月	
制服	灰咔叽	1套	全毁	16	1939年10月	
制服	麻呢	1套	全毁	28	1940年5月	
大衣	毛呢	1套	全毁	85	1939年10月	
衬衫	虎〔府〕绸	2件	全毁	26	1940年5月	
短裤	黄咔叽	2条	全毁	14	1940年6月	
被盖	丝絮绣花被面	1床	全毁	50	1939年8月	
线毯	线料	1床	全毁	12	1940年3月	
皮箱	皮料	2口	全毁	约100余元	1938年 1939年 1940年	箱内藏有衣物等件系眷属所有
呢毯	呢料	1床	全毁	29	1937年9月	
被灾日期	1940年8月9日	被灾地点	海棠溪敦厚街48号	房屋被炸或震塌	炸毁	原支薪俸数目	55元	有无同居眷属	有

右〈上〉开物品确系因空袭被毁，谨呈
科长
局长刁
　转呈
市长吴

填报人：职务　征收员
　　　　姓名　王子敬
二十九年八月九日

（0064—8—287）

23. 重庆市财政局职员许德寿为报1940年8月9日空袭损失私物报告表给上级的呈（1940年8月10日）

重庆市政府财政局员役空袭损失私物报告表

物品名称	品质	数量	损失程度	原价(元)	购置年月	备考
被盖	洋布	1床	全毁	24.6	1939年9月	
白线毯子		1床	全毁	10.5	1939年7月	
棉衣	青丝布	1套	全毁	21.7	1938年3月	
棉袍	线春	1件	全毁	15	1938年7月	
木箱		1口	全毁	3	1937年10月	
胶套鞋	黑色	1双	全毁	10	1940年5月	
夹裪裤	青丝布	1套	全毁	11.6	1938年2月	
单裪裤	白洋布	1套	全毁	14	1939年5月	
学生服	青线布	1套	全毁	18	1940年3月	
汗衫	白色	1件	全毁	6	1940年6月	
半头裤	黑线布	1件	全毁	5	1940年6月	
脸盆	白铜	1个	全毁	10	1939年冬月	
被灾日期	1940年8月9日	被灾地点	依仁小学	房屋被炸或震塌	全毁	原支薪俸数目	22元	有无同居眷属	无

右〈上〉开物品确系因空袭被毁，谨呈

局长刁

　转呈

市长吴

　　　　　　　填报人：职务　测工

　　　　　　　　　　　姓名　许德寿

　　　　　　　　　　二十九年八月十日

(0064—8—287)

24. 重庆市财政局职员王俊康为报1940年8月9日空袭损失私物报告表给上级的呈(1940年8月10日)

重庆市政府财政局员役空袭损失私物报告表

物品名称	品质	数量	损失程度	原价(元)	购置年月	备考
夹衫	芝麻呢	1件	全坏	24.5	1939年10月购	
棉褂子	青哔叽	1件	全坏	13.6	1939年9月购	
棉背心	青哔叽	1件	全坏	6	1939年9月购	
中山服	灰布	2套	全坏	25	1939年10月公发	
灰下装	哈叽	1条	全坏	5.2	1939年4月购	
包帕	白布	1张	全坏	2.4	1939年9月购	
被灾日期	1940年8月9日	被灾地点	保安路营建会	房屋被炸或震塌	被炸	原支薪俸数目	23.5元	有无同居眷属	无

右〈上〉开物品确系因空袭被毁,谨呈

局长刁
　　转呈
市长吴

填报人：职务　财务处测工

姓名　王俊康

二十九年八月十日

(0064—8—287)

25. 重庆市财政局职员汤盘为报1940年8月9日空袭损失私物报告表给上级的呈(1940年8月10日)

重庆市政府财政局员役空袭损失私物报告表

物品名称	品质	数量	损失程度	原价(元)	购置年月	备考
棉制服	布	1套	炸毁	25	1939年冬	
绒衣	绒	1件	炸毁	25	1938年冬	

续表

物品名称	品质	数量	损失程度	原价(元)	购置年月	备考
绒袜子	绒	2双	炸毁	15	1938年冬	
短褂裤	布	1套	炸毁	6	1939年	
棉鞋	呢	1双	炸毁	5	1939年	
毯子	线	1床	炸毁	7	1938年	

| 被灾日期 | 1940年8月9日 | 被灾地点 | 大阳沟宿舍 | 房屋被炸或震塌 | 炸毁 | 原支薪俸数目 | 24元 | 有无同居眷属 | 无 |

右〈上〉开物品确系因空袭被毁,谨呈

局长刁

　　转呈

市长吴

填报人:职务　测工

姓名　汤盘

二十九年八月十日

(0064—8—287)

26. 重庆市财政局职员王光春为报1940年8月9日空袭损失私物报告表给上级的呈(1940年8月10日)

重庆市政府财政局员役空袭损失私物报告表

物品名称	品质	数量	损失程度	原价(元)	购置年月	备考
棉裤	布	1条	炸毁	6	1938年11月	
棉衣	布	1件	炸毁	6.5	1938年11月	
棉背心	布	1件	炸毁	4	1938年11月	
军服	布	2套	炸毁	18	1939年3月	每套9元
棉被	布	2条	炸毁	40	1938年11月	每条20元
毯子	棉	1条	炸毁	8	1939年3月	
军毯	毛	1条	炸毁	8	1938年11月	
竹席		1条	炸毁	3.2	1940年5月	
面盆		1个	炸毁	7	1939年6月	

| 被灾日期 | 1940年8月9日 | 被灾地点 | 大阳沟营建会宿舍 | 房屋被炸或震塌 | 炸毁 | 原支薪俸数目 | 22元米津3元 | 有无同居眷属 | 无 |

右〈上〉开物品确系因空袭被毁,谨呈

 局长刁

  转呈

市长吴

填报人:职务　测工
姓名　王光春
二十九年八月十日

(0064—8—287)

27. 重庆市财政局职员李祖玉为1940年8月9日报空袭损失私物报告表给上级的呈(1940年8月10日)

重庆市政府财政局员役空袭损失私物报告表

物品名称	品质	数量	损失程度	原价(元)	购置年月	备考
白色被盖		1床	全部炸烂	26	1938年11月	
白哈叽衬衣		1件	不知去向	7	1940年4月2日	
黄短裤		1条	不知去向	6.5	1940年4月2日	
白帆布背带		1根	炸成两段	7	1940年4月2日	
白帆布跑鞋		1双	不知去向	14	1940年4月2日	
凉椅		1把	炸烂	8	1940年6月1日	
四抽桌子		1张	炸烂	12	1940年5月	
被灾日期	1940年8月9日	被灾地点	萧家凉亭37号	房屋被炸或震塌	全房炸倒	原支薪俸数目	55元	有无同居眷属	无

续表

```
   右〈上〉开物品确系因空袭被毁,谨呈
科长
局长
   转呈
市长吴

                        填报人:职务　调查员
                              姓名　李祖玉
                        二十九年八月十日
```

（0064—8—287）

28. 重庆市财政局职员张德焴为报1940年8月9日空袭损失私物报告表给上级的呈（1940年8月10日）

重庆市政府财政局员役空袭损失私物报告表

物品名称	品质	数量	损失程度	原价（元）	购置年月	备考
白绸女旗袍		1件	破烂	24	1939年6月	
女旗袍	香雪纱	1件	破烂	26	1939年6月	
线毯	棉质	1床	破烂	10	1939年11月	
细篾席		2床	破烂	9	1939年6月	
洋枕头		2对	破烂	16	1939年7月	
花瓶	磁	1个	粉碎	4	1939年9月	
藤椅		2个	烂	16	1939年6月	
红漆方桌	木	1张	全烂	10	1939年7月	
衬衫	虎〔府〕绸	2件	破烂	12	1939年7月	
玻砖镜		1口	全烂	8	1939年8月	
有匣方砚		1个	全烂	10	1939年12月	
厨房用具			全烂	约50	1939年6月	
菜碗	细磁	1副	全烂	30	1939年9月	
饭碗	细磁	1副	全烂	15	1940年5月	
面巾		2张	破烂	4	1940年6月	

续表

| 被灾日期 | 1940年8月9日 | 被灾地点 | 曹家巷12号 | 房屋被炸或震塌 | 震塌 | 原支薪俸数目 | 138元 | 有无同居眷属 | 有 |

右〈上〉开物品确系因空袭被毁,谨呈

秘书

局长

  转呈

市长吴

        填报人:职务 人事股主任

           姓名 张德焞

           二十九年八月十日

(0064—8—287)

29. 重庆市财政局职员熊乾松为报1940年8月9日空袭损失私物报告表给上级的呈(1940年8月10日)

重庆市政府财政局员役空袭损失私物报告表

物品名称	品质	数量	损失程度	原价(元)	购置年月	备考
长棉袄	布	1件	炸毁	18	1938年	
灰布长褂	布	1件	炸毁	9	1939年	
青棉裤	布	1件	炸毁	7	1939年	
卫生衣	绒	1件	炸毁	4	1937年	
短褂裤	布	2套	炸毁	11	1939年	
线毯子	线	1床	炸毁	7	1939年	
毛绒袜子	绒	2双	炸毁	4	1939年	
蓝布长衫	布	1件	炸毁	6	1938年	
被灾日期	1940年8月9日	被灾地点	大阳沟宿舍	房屋被炸或震塌	全炸毁	原支薪俸数目	23元	有无同居眷属	无

续表

右〈上〉开物品确系因空袭被毁,谨呈	
局长刁	
转呈	
市长吴	
	填报人:职务　测工
	姓名　熊乾松
	二十九年八月十日

(0064—8—287)

30. 重庆市财政局职员明安义为报1940年8月9日空袭损失私物报告表给上级的呈(1940年8月10日)

重庆市政府财政局员役空袭损失私物报告表

物品名称	品质	数量	损失程度	原价(元)	购置年月	备考
蚊帐	夏布	1床	全毁	22	1939年4月	
被盖	洋布	1床	全毁	18	1939年8月	
套鞋	胶	1双	全毁	7	1939年10月	
漱口盅	瓷	1个	全毁	1	1939年7月	
短棉袄	青布	1件	全毁	9.5	1939年11月	
短裤头	草绿	1件	全毁	2.5	1940年7月	
衬衣	草绿	1件	全毁	7	1940年7月	
军服	草黄	1套	全毁	16	1939年12月	
被灾日期 1940年8月9日	被灾地点	依仁小学	房屋被炸或震塌	全毁	原支薪俸数目	25元	有无同居眷属	无

右〈上〉开物品确系因空袭被毁,谨呈
局长刁
　　转呈
市长吴

　　　　　　　　　　　　填报人:职务　测工
　　　　　　　　　　　　　　　姓名　明安义
　　　　　　　　　　　　　　　二十九年八月十日

(0064—8—287)

31. 重庆市财政局职员熊质武为报1940年8月9日空袭损失私物报告表给上级的呈（1940年8月10日）

重庆市政府财政局员役空袭损失私物报告表

物品名称	品质	数量	损失程度	原价(元)	购置年月	备考
被盖	白洋布	1床	全毁	25	1939年10月	
毯子	棉线	1床	全毁	8	1939年10月	
长棉袄	青斜纹	1件	全毁	13	1939年9月	
军服	青斜纹	1套	全毁	8	1939年9月	
夹背心	哈叽	1件	全毁	8	1938年9月	
长衫	蓝洋布	1件	全毁	8.8	1940年1月	
短汗衣	白棉布	1套	全毁	6	1939年10月	
衬衣	白洋布	1件	全毁	7	1940年5月	
汗裤子	棉纱	1件	全毁	1.3	1940年5月	
脸盆	洋磁	1个	全毁	13.3	1939年3月	
漱口盅	洋磁	1个	全毁	1.2	1940年5月	
面巾	棉纱	1根	全毁	1.2	1940年2月	
牙刷	牛骨	1把	全毁	0.8	1940年7月	
席子	草席	1条	全毁	1.8	1940年4月	
鞋子	青斜纹	1双	全毁	5	1940年2月	
袜子	棉纱	1双	全毁		1940年6月	
被灾日期	1940年8月9日	被灾地点	营建会	房屋被炸或震塌	被炸	原支薪俸数目	22元	有无同居眷属	无

右〈上〉开物品确系因空袭被毁，谨呈
局长刁
　转呈
市长吴

　　　　　　　　　　填报人：职务　测工
　　　　　　　　　　　　　　姓名　熊质武
　　　　　　　　　　　　二十九年八月十日

(0064—8—287)

32. 重庆市财政局职员宗超为报1940年8月9日空袭损失私物报告表给上级的呈（1940年8月10日）

重庆市政府财政局员役空袭损失私物报告表

物品名称	品质	数量	损失程度	原价(元)	购置年月	备考
大毯子	线	1床	全部炸毁	16	1940年元月	
棉被	面子绸质里子洋布中棉絮	1床	全部炸毁	52	1940年5月	绸被面购于重庆价21元洋布1丈3尺26元旧絮1床5元
大脸盆	铜	1个	全部炸毁	12	1940年5月内	
枕头	面竹布芦花	1个	全部炸毁	8	1940年5月	
凉席	草	1床	全部炸毁	1.8	1940年6月	
竹床	竹	1床	全部炸毁	4.3	1940年3月	
垫絮	旧絮	1床	全部炸毁	2	1938年2月	
牙刷	骨	1把	全部炸毁	2	1940年6月	
牙膏		1袋	全部炸毁	1.8	1940年7月	
衬衫	麻纱	1件	全部炸毁	12	1940年5月	
短裤	布	1件	全部炸毁	6.5	1940年6月	
皮鞋	皮	1双	全部炸毁	22	1940年7月	
被灾日期	1940年8月9日	被灾地点	大阳沟营建会	房屋被炸或震塌	被炸全毁	原支薪俸数目	90元	有无同居眷属	无

右〈上〉开物品确系因空袭被毁，谨呈

局长刁

　　转呈

市长吴

填报人：职务　测绘员

姓名　宗超

二十九年八月十日

33. 重庆市财政局职员钱竹朋为报1940年8月9日空袭损失私物报告表给上级的呈（1940年8月10日）

重庆市政府财政局员役空袭损失私物报告表

物品名称	品质	数量	损失程度	原价（元）	购置年月	备考
棉被	绸面斜纹条子棉絮	1	全毁	49	1939年11月	绸面20元被单22元棉絮7元
枕头	府绸	1	全毁	6	1939年11月	
帐子	珠罗纱	1	全毁	17	1940年4月	
线毯	纱	1	全毁	20	1940年4月	
灰色绒毯	绒线	1	全毁	12.5	1940年4月	
面盆	搪瓷	1	全毁	12	1940年7月	
大号刷〔漱〕口杯	搪瓷	1	全毁	4	1940年7月	
牙刷	骨	2	全毁	1.8	1940年7月	
牙膏	三星牌	1	全毁	1.4	1940年7月	
肥皂匣	电木	1	全毁	2.3	1940年7月	
方镜	电木	1	全毁	2	1940年7月	
毛巾	线	2	全毁	2.7	1940年5月	
黑皮鞋	牛皮	1	全毁	24	1940年5月	
布鞋	直贡呢	1	全毁	6	1940年5月	
衬衫	府绸	2	全毁	27	1940年5月	
草绿色短裤	布	2	全毁	13	1940年5月	
挂表	钢	1	全毁	18	1939年12月	
夹中山装	中山呢	1套	全毁	35	1939年12月	
草绿色中山装	咔叽	1套	全毁	40	1940年4月	
袜	纱	2	全毁	2.4	1940年6月	
礼帽	呢	1	全毁	9.4	1939年10月	
衬裤	布	2	全毁	4	1940年6月	
皮箱	牛皮	1	全毁	19	1940年6月	
卫生衣	绒	1套	全毁	24	1939年11月	
茶壶	瓷	1	全毁	6	1940年7月	

续表

被灾日期	1940年8月9日	被灾地点	营建会后厅	房屋被炸或震塌	全毁	原支薪俸数目	90元	有无同居眷属	无

右〈上〉开物品确系因空袭被毁,谨呈

局长刁

　　转呈

市长吴

填报人:职务　测绘员
姓名　钱竹朋
二十九年八月十日

(0064—8—287)

34. 重庆市财政局职员魏安辉为报1940年8月9日空袭损失私物报告表给上级的呈(1940年8月10日)

重庆市政府财政局员役空袭损失私物报告表

物品名称	品质	数量	损失程度	原价(元)	购置年月	备考
棉被	白竹布包单红花绸面	1床	全毁	50	1940年2月	白布包单约20余元绸面约20元絮10元合计如上数
棉絮	棉	1	全毁	9	1940年2月	
被单	棉	1	全毁	25	1940年2月	
枕	棉	1	全毁	5	1940年2月	
线毯	棉	1	全毁	15	1940年6月	
中山服	灰华达呢	1套	全毁	92	1939年11月	
中山服	草绿咔叽	1套	全毁	50	1940年3月	
衬衫	纺绸	1件	全毁	15	1939年6月	
衬衫	府绸	1件	全毁	17	1940年7月	
衬裤	布	1条	全毁	2	1940年7月	

续表

物品名称	品质	数量	损失程度	原价（元）	购置年月	备考
呢帽	呢	1顶	全毁	18	1938年12月	
袜子	线	3双	全毁	5.5	1940年7月	
黑皮鞋		1双	全毁	24	1940年5月	
毛呢鞋	（皮底）	1双	全毁	9	1940年8月	
参考书籍	（竹箱）	1箱	全毁	50		该箱内书籍系近年来零碎购读，凡60余册约值如上数
床	帆布	1间	全毁	25	1940年6月	
面盆	净白双料搪瓷	1只	全毁	12	1940年1月	
肥皂匣	胶	1只	全毁	2	1940年1月	
杯	净白双料搪瓷	1只	全毁	3	1940年1月	
毛巾		3条	全毁	4	1940年5月	
箱	白牛皮	1口	全毁	14	1939年10月	
蚊帐	纱	1床	全毁	12	1940年4月	
被灾日期	1940年8月9日	被灾地点	营建委员会大厅旁宿舍	房屋被炸或震塌	全部毁塌	原支薪俸数目	70元	有无同居眷属	无

　　右〈上〉开物品确系因空袭被毁，谨呈
局长刁
　　转呈
市长吴

　　　　　　　　　　　　　　填报人：职务　测绘员
　　　　　　　　　　　　　　　　　　姓名　魏安辉
　　　　　　　　　　　　　　二十九年八月十日

（0064—8—287）

35. 重庆市财政局职员陈新海为报1940年8月9日空袭损失私物报告表给上级的呈（1940年8月10日）

重庆市政府财政局员役空袭损失私物报告表

物品名称	品质	数量	损失程度	原价（元）	购置年月	备考
被盖	布	1床	全毁	23.5	1939年9月	
毯子	军毯	1床	全毁	6.5	1940年1月	
棉军服	布	1套	全毁	11.5	1939年10月	
单军服	哈叽	1套	全毁	18.5	1940年1月	
衬衣	白洋布	1件	全毁	70	1940年6月	
裤裤	条布	1套	全毁	8.5	1939年5月	
卫生衣	洋绒	1件	全毁	6.5	1939年11月	
面盆	磁	1口	全毁	3.5	1939年5月	
洋磁碗	磁	1个	全毁	1.2	1940年2月	
席子	蒲草	1床	全毁	1.6	1940年6月	
毛巾	纱	1条	全毁	1.4	1940年7月	
长棉袍	青市布	1件	全毁	12	1938年10月	
夹裤	斜纹	1件	全毁	7	1939年11月	
棉背心	青布	1件	全毁	6	1939年2月	
被灾日期	1940年8月9日	被灾地点	依仁小学	房屋被炸或震塌	全毁	原支薪俸数目	24元	有无同居眷属	无

右（上）开物品确系因空袭被毁，谨呈

局长刁

　　转呈

市长吴

　　　　　　　　　　　填报人：职务　测工

　　　　　　　　　　　　　　　姓名　陈新海

　　　　　　　　　　　　　　二十九年八月十日

(0064—8—287)

36. 重庆市财政局职员宋钧儒为报1940年8月9日空袭损失私物报告表给上级的呈（1940年8月10日）

重庆市政府财政局员役空袭损失私物报告表

物品名称	品质	数量	损失程度	原价（元）	购置年月	备考
被盖棉絮	毛丝□子 白哈叽面子	1床	完全炸毁	26	1937年9月	因住宿在营建委员会办公在新记饭店所以没有携带衣物等
毯子	线毯	1床	完全炸毁	8.5	1938年3月	
席子	草席	1床	完全炸毁	1.6	1940年正月	
中山服	灰哈叽 青哈叽	各1套	完全炸毁	共36	1939年7月	
短裤	灰哈叽 黄哈叽	各1条	完全炸毁	共16	1940年5月	
背心	白洋纱 青洋纱	各2件	完全炸毁	共12	1940年6月	
棉背心	洋棉花 青哈叽	1件	完全炸毁	10	1939年10月	
枕头	绣花白市布	1个	完全炸毁	8.5	1938年2月	
面盆	洋磁	1个	完全炸毁	5.2	1938年2月	
洗面帕	线子	1张	完全炸毁	1.2	1940年3月	
漱口盅	洋磁	1个	完全炸毁	3	1939年11月	
皮鞋	黑色	1双	完全炸毁	19	1939年12月	
布鞋	青色	1双	完全炸毁	4	1940年2月	
竹箱	黄色	1口	完全炸毁	2	1938年10月	
衬衣	青府绸	1件	完全炸毁	12	1940年7月	
被灾日期	1940年8月9日	被灾地点	重庆郊外市场营建会	房屋被炸或震塌	被炸	原支薪俸数目	21元	有无同居眷属	无

续表

右〈上〉开物品确系因空袭被毁，谨呈 局长刁 　　转呈 市长吴 　　　　　　　　　　填报人：职务　测工 　　　　　　　　　　　　　姓名　宋钧儒 　　　　　　　　　　二十九年八月十日	

(0064—8—287)

37. 重庆市财政局职员刘东如为报1940年8月9日空袭损失私物报告表给上级的呈（1940年8月11日）

重庆市政府财政局员役空袭损失私物报告表

物品名称	品质	数量	损失程度	原价（元）	购置年月	备考
面盆	洋瓷	1只	全毁	9	1940年1月	
牙缸	瓷	1只	全毁	4	1940年1月	
肥皂盒	瓷	1只	全毁	2	1939年6月	
草帽	草	1顶	全毁	14	1940年5月	
茶壶	瓷	1把	全毁	3	1939年6月	
汗衫	麻纱	1件	全毁	7.2	1940年7月	洗后晒凉〔晾〕后楼
洋袜	线	2双	全毁	3	1940年3月	洗后晒凉〔晾〕后楼
被灾日期	1940年8月9日	被灾地点	保安路营建委员会	房屋被炸或震塌	被炸	原支薪俸数目	95元	有无同居眷属	无

右〈上〉开物品确系因空袭被毁，谨呈
局长刁
　　转呈
市长吴

　　　　　　　　　　填报人：职务　测绘员
　　　　　　　　　　　　　姓名　刘东如
　　　　　　　　　　二十九年八月十一日

(0064—8—287)

38. 重庆市财政局职员林家麟为报1940年8月9日空袭损失私物报告表给上级的呈(1940年8月11日)

重庆市政府财政局员役空袭损失私物报告表

物品名称	品质	数量	损失程度	原价(元)	购置年月	备考
□□		1只	破不堪用	3	1939年10月	
牙刷	骨	1支	破不堪用	1	1939年8月	
手巾	棉	1条	破不堪用	2	1940年6月	
热水瓶	玻璃	1个	破不堪用	15	1940年5月	
茶杯	玻璃	1个	破不堪用	1	1940年3月	
肥皂盒	洋瓷	1个	破不堪用	3	1939年10月	
洗面盆	洋瓷	1个	破不堪用	12	1940年3月	
中号镜子	玻璃	1个	破不堪用	8	1940年8月	
被灾日期	1940年8月9日	被灾地点	保安路营建委员会	房屋被炸或震塌	震塌	原支薪俸数目	90元	有无同居眷属	无

右〈上〉开物品确系因空袭被毁,谨呈

局长刁

　　转呈

市长吴

　　　　　　　　　　　填报人:职务　技佐

　　　　　　　　　　　　　　姓名　林家麟

　　　　　　　　　　　　二十九年八月十一日

(0064—8—287)

39. 重庆市财政局职员刘举才为报1940年8月9日空袭损失私物报告表给上级的呈(1940年8月11日)

重庆市政府财政局员役空袭损失私物报告表

物品名称	品质	数量	损失程度	原价(元)	购置年月	备考
被盖	棉	1床	全毁	30	1939年11月	

续表

物品名称	品质	数量	损失程度	原价(元)	购置年月	备考
毛毯	棉	1床	全毁	10	1939年8月	
面盆	磁	1个	全毁	7	1940年3月	
蓝布长衫	单	2件	全毁	30	1939年12月	
灰咔叽单服	单	2套	全毁	25	1939年10月	
白布汗衣		1套	全毁	12	1940年1月	
青布紧身	棉	1件	全毁	10	1939年11月	
花府绸衬衣		1件	全毁	13	1939年12月	
芝麻呢单服		1套	全毁	20	1940年7月	
青布棉裤		1件	全毁	8	1939年10月	
蓝布汗衣		1件	全毁	4	1939年8月	
被灾日期	1940年8月9日	被灾地点	营建会	房屋被炸或震塌	全部震塌	原支薪俸数目	22元	有无同居眷属	无

右〈上〉开物品确系因空袭被毁,谨呈

局长刁

　　转呈

市长吴

填报人:职务　测工

姓名　刘举才

二十九年八月十一日

(0064—8—287)

40.重庆市财政局为报职员刁知惑1940年8月9日空袭损失私物报告表给市政府秘书处的呈(1940年8月12日)

兹查本局第二科职员刁知惑于本年八月九日在本市曹家巷街遭受空袭损害将房屋炸毁。经查属实,连同该员所报私物损失报告表函请查照办理为荷。

此致

本府秘书处

附检送刁知惑私物损失报告表1份

二十九年八月十二日

附：

重庆市政府财政局员役空袭损失私物报告表

物品名称	品质	数量	损失程度	原价(元)	购置年月	备考
被盖	绸面	2	全未挖出	50	1938年4月	
衣箱	皮	1	全未挖出	32	1939年2月	
毯子	布	1	全未挖出	6	1938年4月	
棉袄	绸	1	全未挖出	40	1938年8月	
夹衣	布	1	全未挖出	18	1939年6月	
汗衣	布	2	全未挖出	4	1939年6月	
面盆	磁	1	全未挖出	6	1939年9月	
长中衣	布	2	全未挖出	4	1939年6月	
被灾日期	1940年8月9日	被灾地点	曹家巷安全寄宿舍侧	房屋被炸或震塌	炸毁	原支薪俸数目	100元	有无同居眷属	

右(上)开物品确系因空袭被毁,谨呈

科长

局长

  转呈

市长吴

         填报人：职务　科员

         姓名　刁知惑

         二十九年八月十日

(0064—8—287)

41. 重庆市财政局职员李竹修为报1940年8月9日空袭损失私物报告表给上级的呈(1940年8月12日)

重庆市政府财政局员役空袭损失私物报告表

物品名称	品质	数量	损失程度	原价(元)	购置年月	备考
铁床	铁铜	1间	仅剩4柱	40	1936年	购于上海
大号印花毯	棉	1张	破烂不堪	5	1936年	渝制
白市布蚊帐	棉	1笼	破烂不堪	12	1936年	渝制

续表

物品名称	品质	数量	损失程度	原价(元)	购置年月	备考
篾席	竹	1根	破烂不堪	1.5	1936年	渝制
被灾日期	1940年8月9日	被灾地点	敦厚街下段6号	房屋被炸或震塌	被炸半部	原支薪俸数目	75元	有无同居眷属	有3人

右〈上〉开物品确系因空袭被毁,谨呈

局长刁

  转呈

市长吴

          填报人:职务　征收员

             姓名　李竹修

         二十九年八月十二日

(0064—8—287)

42. 重庆市财政局职员陈万洲为报1940年8月17日空袭损失私物报告表给上级的呈(1940年8月23日)

窃警住处上清区牛角沱售票所,于本月十七日空袭警报后全部焚烧,损失公物已由征收员另案具报,兹谨填注私物损失表2份报请鉴核,俯予抚恤,是所沾感。

  谨呈

组长

主任

科长

局长

         上清区税警　陈万洲

          八月二十三日

附:

重庆市政府财政局员役空袭损失私物报告表

物品名称	品质	数量	损失程度	原价(元)	购置年月	备考
被盖	白市布	1床	全被燃烧	15	1939年5月	
青呢子中山服下装	呢子	1条	全毁	32	1939年5月	

续表

物品名称	品质	数量	损失程度	原价(元)	购置年月	备考
黄色中山服	咔叽	1套	全毁	12	1938年	
草绿色中山服	咔叽	1套	全毁	25	1940年	
黄色中山服	咔叽	1件	全毁	6	1938年	
单绿色短裤	咔叽		全毁	5	1940年	
麻色中山服	布	1套	全毁	22	1940年	
被灾日期	1940年8月17日	被灾地点	牛角沱	房屋被炸或震塌	被烧	原支薪俸数目	21元	有无同居眷属

右〈上〉开物品确系因空袭被毁,谨呈

科长

 局长

  转呈

市长吴

       填报人:职务 税警

          姓名 陈万洲

二十九年八月十八日

(0064—8—287)

43. 重庆市财政局职员聂鸿璋为报1940年8月17日空袭损失私物报告表给上级的呈(1940年8月)

窃职址牛角沱172号,于本月十七日因警报时该处房屋全部被焚,所有公物业已另报被查外,职随身被盖及日用物品等件完全损失,为此附呈损失表请予鉴核。

 谨呈

组长

  转呈

主任

 科长

  局长

           职 聂鸿璋

附：

重庆市政府财政局员役空袭损失私物报告表

物品名称	品质	数量	损失程度	原价(元)	购置年月	备考
被盖	漂白布缎面	1床	全部烧毁	28元	1939年7月	
线毯	线织	1床	全部烧毁	6元	1939年6月	
油布		1床	全部烧毁	4元	1939年5月	
面盆	洋瓷	1口	全部烧毁	8	1939年5月	
皮鞋		1双	全部烧毁	15	1939年6月	
衬衫	布料	2件	全部烧毁	6	1938年7月	
长衫	毛蓝	1件	全部烧毁	5	1938年5月	
制服	芝麻布	1套	全部烧毁	8	1938年6月	
皮箱		1口	全部烧毁	6	1939年7月	
短裤	布料	2条	全部烧毁	3	1939年5月	
被灾日期	1940年8月17日	被灾地点	上清寺牛角沱172号	房屋被炸或震塌	全被烧毁	原支薪俸数目	54元	有无同居眷属	无

右〈上〉开物品确系因空袭被毁，谨呈
科长
局长
　转呈
市长吴

　　　　　　　　　　　　　　　　填报人：职务　征收员
　　　　　　　　　　　　　　　　　　　姓名　聂鸿璋
　　　　　　　　　　　　　　　　二十九年八月　日

（0064—8—287）

44. 重庆市财政局职员傅东为报1940年8月19日空袭损失私物报告表给上级的呈（1940年8月20日）

重庆市政府财政局员役空袭损失私物报告表

物品名称	品质	数量	损失程度	原价（元）	购置年月	备考
帐子	纱	1顶	毁	15	1938年5月	
被盖	棉	2床	毁	36	1938年8月	
被单	棉	1条	毁	6	1939年9月	
被盖	棉	1床	毁	28	1940年3月	
包毯	棉毛	2条	毁	15	1939年3月	
线毯	线	1条	毁	8	1938年8月	
呢大衣	毛	1件	毁	38	1937年10月	
哔叽裤	毛	1条	毁	9	1937年3月	实际被毁床桌箱厨衣服物品价值在600元以上
被灾日期	1940年8月19日	被灾地点	十八梯120号	房屋被炸或震塌	焚毁	原支薪俸数目	55元	有无同居眷属	母

右〈上〉开物品确系因空袭被毁，谨呈

局长

    转呈

市长吴

                    填报人：职务　事务员

                          姓名　傅东

                    二十九年八月二十日

（0064—8—287）

45. 重庆市财政局职员童明轩为报1940年8月19日空袭损失私物报告表给上级的呈（1940年8月21日）

重庆市政府财政局员役空袭损失私物报告表

物品名称	品质	数量	损失程度	原价(元)	购置年月	备考
被盖	毛丝纶布包单	2	被炸无踪	20	1938年	
夹衫	布	1	被炸无踪	4	1938年	
夹裤	布	1	被炸无踪	2	1937年	
棉袄	青织呢	1	被炸无踪	7	1937年	
棉裤	青织呢	1	被炸无踪	3	1937年	
大衣	青呢	1	被炸无踪			本局发给
长衫	蓝色土布	2	被炸无踪	4	1938年	
木箱	木	3	被炸无踪	6	1939年	
立柜	木	1	被炸无踪	5	1939年	
书桌	木	1	被炸无踪	2	1939年	
凳子	木	2	被炸无踪	1	1939年	
水缸	土陶	1	被炸无踪	3	1936年	
锅	铁	1	被炸无踪	3	1936年	
米缸	土陶	1	被炸无踪	1	1937年	
统绒汗衣	棉	1	被炸无踪	6	1939年	
坛子	土陶	2	被炸无踪	2	1937年	
板凳	木	4	被炸无踪	1	1936年	
桌子	木	1	被炸无踪	30	1936年	
碗箸	土陶	各10件	被炸无踪	4	1936年	
床	木	1	烂	4	1936年	
被灾日期	1940年8月19日	被灾地点	回水沟8号	房屋被炸或震塌	被炸	原支薪俸数目	20元	有无同居眷属	有

续表

>   右〈上〉开物品确系因空袭被毁,谨呈
> 主任
> 科长
> 局长
>   转呈
> 市长吴
>
>   填报人:职务　工友
>   姓名　童明轩
> 二十九年八月二十一日

(0064—8—287)

46. 重庆市财政局职员李鱼安为报1940年8月19日空袭损失私物报告表给上级的呈(1940年8月21日)

重庆市政府财政局员役空袭损失私物报告表

物品名称	品质	数量	损失程度	原价(元)	购置年月	备考
架子床	木	1间	焚毁	15	1937年5月	
方桌	木	1张	焚毁	6	1937年5月	
条凳	木	4根	焚毁	3	1937年5月	
大木箱子	木	1口	焚毁	8.5	1937年5月	
皮箱	皮	1口	焚毁	7	1939年3月	
耳锅	铁	1口	焚毁	15	1939年3月	
水缸	瓦	1口	焚毁	16	1940年4月	
白玉大碗	瓷	12个	焚毁	12	1940年4月	
白玉饭碗	瓷	10个	焚毁	9	1940年4月	
缸钵	瓦	大小各1个	焚毁	2	1940年4月	
瓢羹	瓷	10个	焚毁	3	1940年4月	
桤碟	瓷	10个	焚毁	3	1940年4月	
被盖	棉	1床	焚毁	27	1939年10月	
呢大衣	呢	1件	焚毁	36	1939年10月	
蓝布长衫	布	3件	焚毁	24	1938年10月	

续表

物品名称	品质	数量	损失程度	原价(元)	购置年月	备考
衬衣	布	2件	焚毁	12	1940年6月	
白花布汗衣 白花布小衣	布	2件	焚毁	23	1938年7月	
皮鞋	皮	1双	焚毁	14.5	1940年1月	
茶壶	瓷	1个	焚毁	2.5	1940年1月	
茶杯	瓷	6个	焚毁	3.6	1940年1月	
被灾日期	1940年8月19日	被灾地点	十八梯54号	房屋被炸或震塌	焚烧	原支薪俸数目	26元	有无同居眷属	有

右〈上〉开物品确系因空袭被毁,谨呈

组长

主任

科长

局长

　转呈

市长吴

　　　　　　　　　　　　填报人：职务　税警

　　　　　　　　　　　　　　　姓名　李鱼安

　　　　　　　　　　　　二十九年八月二十一日

(0064—8—287)

47. 重庆市财政局职员夏绍奎为报1940年8月19日空袭损失私物报告表给上级的呈(1940年8月21日)

重庆市政府财政局员役空袭损失私物报告表

物品名称	品质	数量	损失程度	原价(元)	购置年月	备考
敞床	木	1间	被焚	28	1937年4月	
写字台	木	1张	被焚	24	1937年4月	
立柜	木	1个	被焚	18	1937年4月	
衣架	木	1个	被焚	2	1937年4月	
皮箱	皮	2口	被焚	18	1937年4月	

续表

物品名称	品质	数量	损失程度	原价（元）	购置年月	备考
方桌	木	1张	被焚	6.5	1937年4月	
方凳	木	4个	被焚	4.8	1937年4月	
白市布帐子	布	1笼	被焚	32	1937年4月	
蓝布长衫	布	2件	被焚	40	1940年5月	
夹衣	棉	1件	被焚	26	1938年9月	
衬衣	布	2件	被焚	12	1940年5月	
女蓝布长衫	布	3件	被焚	24	1939年10月	
铁锅	铁	1口	被焚	3	1939年10月	
木瓢	木	1把	被焚	0.5	1939年10月	
水缸	瓦	1口	被焚	8	1940年3月	
锅铲	铁	1把	被焚	1	1940年3月	
其他杂件			被焚	10		如米缸子1个油盐罐各1个背菜刀算盘碗调羹等项如上数
被灾日期	1940年8月19日	被灾地点	十八梯54号	房屋被炸或震塌	被烧	原支薪俸数目	26元	有无同居眷属	有

右〈上〉开物品确系因空袭被毁，谨呈

组长

主任

科长

局长

　转呈

市长吴

填报人：职务　税警

姓名　夏绍奎

二十九年八月二十一日

(0064—8—287)

48. 重庆市财政局职员陈及奎等三人为报1940年8月19日空袭损失私物报告表给上级的呈（1940年8月22日）

窃因敌机连日袭渝,职等所居房屋亦被炸毁,除损失公物呈报有案外而私人之被盖衣物等项损失无遗。用特刊表呈请钧座俯予体恤,则不胜感激之至矣。

谨呈

组长

主任

科长

局长

征收员　陈及奎
税警　袁玉林
调查员　万盛淮
八月二十二日于南纪区

附：

1）重庆市政府财政局员役空袭损失私物报告表

物品名称	品质	数量	损失程度	原价（元）	购置年月	备考
被盖	棉布	1床	全毁	16	1939年10月	
棉絮		1床	全毁	8	1939年10月	
线毯		1床	全毁	15	1940年1月	
中山服	三峡布	1套	全毁	25	1938年9月	
中山服	灰布	1套	全毁	10	1939年3月	
中山服	青咔叽	1套	全毁	14	1938年10月	
中山服	青毛呢	1套	全毁	60	1938年10月	因子万洲前两天送来未能携入乡间
衬衣	市布	2件	全毁	24	1940年5月	
中衣	市布	2条	全毁	8	1940年5月	
皮鞋		1双	全毁	21	1939年11月	

续表

物品名称	品质	数量	损失程度	原价（元）	购置年月	备考
毛呢操鞋		2双	全毁	10	1937年12月	
木箱		1口	全毁	8	1939年2月	
面盆		1个	全毁	10	1940年3月	
面巾		2条	全毁	3	1940年5月	
行军床		1架	全毁	18	1939年7月	
凉椅		1架	全毁	8	1939年7月	
呢礼帽		1顶	全毁	7	1938年9月	
草帽		1顶	全毁	8	1938年4月	
被灾日期	1940年8月19日	被灾地点	南纪猪行街108号	房屋被炸或震塌	被炸	原支薪俸数目	55元	有无同居眷属	无

右〈上〉开物品确系因空袭被毁，谨呈

局长刁

　　转呈

市长吴

　　　　　　　　　　　填报人：职务　征收员

　　　　　　　　　　　　　　　姓名　陈及奎

　　　　　　　　　　　　　　二十九年八月十九日

2) 重庆市政府财政局员役空袭损失私物报告表

物品名称	品质	数量	损失程度	原价(元)	购置年月	备考
被盖	棉	1床	全毁	30	1939年9月	
线毯		1床	全毁	20	1940年1月	
单被		1床	全毁	20	1940年3月	
棉衣		1件	全毁	18	1939年10月	
皮箱		1口	全毁	15	1940年2月	
面盆		1个	全毁	12	1940年1月	
面巾		2条	全毁	5	1940年1月	
虎〔府〕绸汗小衣		1套	全毁	25	1940年4月	
上下装	白市布	1套	全毁	25	1940年3月	
长衫子		1件	全毁	20	1940年1月	

续表

毛呢鞋子		1双	全毁	10	1940年1月
袜子		2双	全毁	4	1940年1月
上下装	毛线	1套	全毁	40	1940年2月
皮鞋		1双	全毁	25	1939年2月
洋枕头		1对	全毁	4	1939年2月
线背心		1件	全毁	4	1940年1月
阴丹布		1件	全毁	10	1939年2月
被灾日期	1940年8月19日	被灾地点	南纪猪行街108号	房屋被炸或震塌	被炸	原支薪俸数目	21元	有无同居眷属	无

　　右(上)开物品确系因空袭被毁,谨呈

　局长刁

　　　转呈

　市长吴

　　　　　　　　　填报人:职务　税警

　　　　　　　　　　　　姓名　袁玉林

　　　　　　　　　　二十九年八月十九日

3) 重庆市政府财政局员役空袭损失私物报告表

物品名称	品质	数量	损失程度	原价(元)	购置年月	备考
被盖	棉	1床	全毁	25	1939年9月	
行军床		1架	全毁	30	1939年5月	
线毯	棉	1张	全毁	16	1939年冬月	
皮鞋		1双	全毁	26	1940年2月	
毛呢鞋		1双	全毁	27	1940年3月	
铜面盆		1个	全毁	103	1940年5月	
面巾		3条	全毁	4.5	1940年3月	
汗衣		1套	全毁	18	1940年6月	
板箱		1口	全毁	5	1940年正月	
蓝布长衫		2件	全毁	48	1940年4月	
华达呢衫		1件	全毁	50	1937年9月	
人字呢衣		1套	全毁	90	1939年冬月	
灰布夹衫		1件	全毁	30	1939年8月	
绒绒衣		1套	全毁	12	1938年9月	

续表

| 被灾日期 | 1940年8月19日 | 被灾地点 | 南纪猪行街108号 | 房屋被炸或震塌 | 被炸 | 原支薪俸数目 | 55元 | 有无同居眷属 | 无 |

右〈上〉开物品确系因空袭被毁,谨呈

局长刁

　　转呈

市长吴

　　　　　　　　　　　　　填报人：职务　调查员

　　　　　　　　　　　　　　　　　姓名　万盛淮

　　　　　　　　　　　　　二十九年八月十九日

　　　　　　　　　　（0064—8—287）

49.重庆市财政局职员李培基为报1940年8月19日空袭损失私物报告表给上级的呈(1940年8月22日)

重庆市政府财政局员役空袭损失私物报告表

物品名称	品质	数量	损失程度	原价（元）	购置年月	备考
男大衣	花毛呢	1件	全烧	180	1939年11月	以上各物均系去岁结婚购置
女大衣	绛色毛呢	1件	全烧	140	1939年11月	
锦缎被盖	锦缎面子	1床	全烧	50	1939年11月	
被盖	朱红缎绣花	1床	全烧	80	1939年11月	
枕头	朱红缎套内芦花	4个	全烧	20	1939年11月	
女皮衫	羊皮	1件	全烧	100	1939年11月	
鸭绒汗衣	鸭绒	1套	全烧	36	1939年11月	
男女皮鞋	纹皮	2双	全烧	80	1939年11月	
礼帽	呢	1顶	全烧	24	1939年11月	
皮夹	纹皮	1个	全烧	20	1939年11月	
眼镜	水晶石	1付	全烧	40	1939年11月	

续表

物品名称	品质	数量	损失程度	原价（元）	购置年月	备考
女夹衫	金尾绒	1件	全烧	80	1939年11月	
男夹衫	毛葛	1件	全烧	80	1939年11月	
男夹衫	驼绒线面子	1件	全烧	100	1939年11月	
男单衫	毛哔叽	1件	全烧	100	1939年11月	
汗衣	府绸	2套	全烧	40	1939年11月	
男单衫	裕华布	2件	全烧	40	1939年11月	
皮箱		2口	全烧	40	1939年11月	
被灾日期 1940年8月19日	被灾地点	守备街青年里2号	房屋被炸或震塌 全烧	原支薪俸数目	58元	有无同居眷属

右〈上〉开物品确系因空袭被毁，谨呈
局长
　转呈
市长吴

填报人：职务　征收员
　　　　姓名　李培基
二十九年八月二十二日

（0064—8—287）

50. 重庆市财政局职员兰凤起为报1940年8月19日空袭损失私物报告表给上级的呈（1940年8月23日）

敬呈者：窃职家住南纪门金马寺街潦叶巷2号，于本年八月十九日午间敌机空袭，住宅连中爆炸燃烧弹，全部炸焚馨尽，所有居家衣物器具全遭损失。除公物保存无缺外，理合填具损失表报请鉴核抚恤，是所感激。

谨呈
组长
主任
科长
局长

职　兰凤起

附：

重庆市政府财政局员役空袭损失私物报告表

物品名称	品质	数量	损失程度	原价(元)	购置年月	备考
白狐皮背心	皮里缎面	1件	全毁	20	1929年9月	
黄狐皮马褂	皮里缎面	1件	全毁	70	1929年6月	
猴皮裤子	皮里绸面	1条	全毁	30	1926年4月	
狐皮袍子	皮里绸面	1件		100	1931年3月	
丝棉〔绵〕袍子	丝棉〔绵〕里绸面	1件		40	1931年4月	
毛线上装	毛织	1件		20	1936年8月	
毛线背心	毛织	1件		12	1937年7月	
被盖	丝棉〔绵〕木棉绸布被单	12床		200	1938年 1939年 1940年	
男女皮衣	皮里布面	5件		150	各年分制〔置〕	
木柜玻砖柜木床炊具等	100余件			500	各年分制〔置〕	
被灾日期	1940年8月19日	被灾地点	南纪门金马寺潦叶巷2号	房屋被炸或震塌	炸烧	原支薪俸数目 65元	有无同居眷属	有

右〈上〉开物品确系因空袭被毁,谨呈
科长
局长
　转呈
市长吴

填报人:职务　征收员
　　　　姓名　兰凤起
　　　　二十九年八月二十日

(0064—8—287)

51. 重庆市财政局职员杨青山为报1940年8月19日空袭损失私物报告表给上级的呈（1940年8月31日）

重庆市政府财政局员役空袭损失私物报告表

物品名称	品质	数量	损失程度	原价（元）	购置年月	备考
棉被盖	布	2床	完全焚烧	20.6	1938年2月	
衬衫	布	3件	完全焚烧	24	1939年5月	
短小衣	布	3条	完全焚烧	10.5	1939年5月	
棉滚身	布	1件	完全焚烧	4.2	1936年10月	
棉背心	布	1件	完全焚烧	3	1937年8月	
中山服	斜纹	1套	完全焚烧	5	1935年3月	
中山服	线呢	1套	完全焚烧	16	1939年8月	
女单衫	蓝洋布	2件	完全焚烧	20	1939年2月	
女夹衫	线呢	1件	完全焚烧	17.2	1938年8月	
女短衣	布	1套	完全焚烧	19.5	1940年6月	
衣柜	木	1个	完全焚烧	12	1935年2月	
抽桌	木	1张	完全焚烧	4	1935年2月	
方桌	木	1张	完全焚烧	4	1935年2月	
板凳	木	4根	完全焚烧	3	1935年2月	
床	木	1间	完全焚烧	10	1935年2月	
被灾日期	1940年8月19日	被灾地点	厚慈街95号	房屋被炸或震塌	被焚	原支薪俸数目	26元	有无同居眷属	妻1子1

右（上）开物品确系因空袭被毁，谨呈

组长
主任
科长
局长
　转呈
市长吴

填报人：职务　新三区税警
　　　　姓名　杨青山
　　　　二十九年八月三十一日

(0064—8—287)

52. 重庆市财政局职员李怀德为报1940年8月19日空袭损失私物报告表给上级的呈(1940年9月2日)

重庆市政府财政局员役空袭损失私物报告表

物品名称	品质	数量	损失程度	原价(元)	购置年月	备考
被盖	棉	1	全烧	32	1939年11月	
毯子	线	1	全烧	8.6	1939年11月	
箱子	皮	1	全烧	7.5	1940年二月初二	
呢帽	毛	1	全烧	12	1939年12月10日	
麻制服	棉	1套	全烧	14	1939年3月12日	
棉衣	棉	1件	全烧	5.2	1938年8月16日	
蓝布衫	布	2件	全烧	8	1939年3月12日	
白市布汗衣	布	2件	全烧	9.5	1939年6月2日	
鞋子	皮	1双	全烧	14	1939年12月6日	
黄制服	布	2套	全烧		1939年7月份事务股领	
被灾日期	1940年8月19日	被灾地点	十八梯54号	房屋被炸或震塌	被烧	原支薪俸数目	26元	有无同居眷属	

右〈上〉开物品确系因空袭被毁,谨呈

组长

主任

科长

局长

　转呈

市长吴

　　　　　　　　　　　　填报人:职务　税警
　　　　　　　　　　　　　　　姓名　李怀德
　　　　　　　　　　　　　　　二十九年九月二日

(0064—8—287)

53. 重庆市财政局职员曾忠孝为报1940年8月20日空袭损失私物报告表给上级的呈(1940年8月20日)

重庆市政府财政局员役空袭损失私物报告表

物品名称	品质	数量	损失程度	原价(元)	购置年月	备考
白麻布衬衣	布	1件	被烧	5	1939年5月	
漂白布衬衣	布	2件	被烧	16	1939年9月	
灰哈叽学生服	布	1套	被烧	14	1939年8月	
洋磁盆	磁	1个	被烧	10	1939年12月	
黑皮箱		1口	被烧	7	1940年2月	
漱口盅		1个	被烧	2.4	1939年9月	
牙刷		1把	被烧	1.2	1940年3月	
青哈叽棉袄		1件	被烧	22	1939年9月	
被灾日期	1940年8月20日	被灾地点	小较场警察局	房屋被炸或震塌	被烧	原支薪俸数目	18元	有无同居眷属	无

右〈上〉开物品确系因空袭被毁,谨呈

科长

局长

　转呈

市长吴

　　　　　　　　　　　　　　填报人:职务　税警

　　　　　　　　　　　　　　　　姓名　曾忠孝

　　　　　　　　　　　　　　二十九年八月二十日

(0064—8—287)

54. 重庆市财政局职员王国钧为报1940年8月20日空袭损失私物报告表给上级的呈(1940年8月20日)

重庆市政府财政局员役空袭损失私物报告表

物品名称	品质	数量	损失程度	原价(元)	购置年月	备考
棉絮	棉	3床	烧毁	34	1938年 1939年	

续表

物品名称	品质	数量	损失程度	原价(元)	购置年月	备考
花缎被面	丝	1床	烧毁	30	1939年	
白市布包单	棉	1床	烧毁	16	1939年	
毯子	毛	1床	烧毁	80	1939年	
咔叽印花毯子	棉	2床	烧毁	30	1940年	
皮箱	皮	1口	烧毁	80	1939年	
白市布汗衣	棉	2件	烧毁	22	1939年	
哔叽马褂	毛	2件	烧毁	32	1938年	
哔叽长衫	毛	1件	烧毁	36	1939年	
条子呢夹衫	毛	1件	烧毁	58	1939年	
华达呢长衫	毛	1件	烧毁	38	1938年	
驼绒夹衫	毛	1件	烧毁	46	1939年	
呢帽	毛	1顶	烧毁	12	1939年	
皮鞋	皮	1双	烧毁	20	1940年	
蓝布长衫	棉	3件	烧毁	41	1938年 1939年	
灰布长衫	棉	1件	烧毁	16	1939年	
被灾日期	1940年8月20日	被灾地点	小梁子48号附16号	房屋被炸或震塌	全部烧毁	原支薪俸数目	54元	有无同居眷属	有

右〈上〉开物品确系因空袭被毁,谨呈

科长

局长

　　转呈

市长吴

填报人:职务　事务员

姓名　王国钧

二十九年八月二十日

(0064—8—287)

55. 重庆市财政局职员张吉祥为报1940年8月20日空袭损失私物报告表给上级的呈(1940年8月21日)

窃职家住本市小梁子64号内院房屋,已于本月二十日被敌机全部焚毁,所有家具衣物等件付之一炬,似此不幸而罹于毁家之难,实属令人发指。除损失物件遵令填具报表外,理合将遇难情形签请钧座俯赐查核,援案议恤,则职一家大小感获再天,当与涂山永念矣。

  谨呈

组长韩

  转呈

主任田

科长杨

核转

局长刁

附损失报表1份

职 张吉祥

八月二十一

  附:

重庆市政府财政局员役空袭损失私物报告表

物品名称	品质	数量	损失程度	原价（元）	购置年月	备考
被盖	绣花面子丝棉〔绵〕絮	1床	全部焚毁	52	1939年4月	
被盖	锦缎面子棉絮	1床	全被焚毁	23.5	1939年4月	
被盖	毛丝纶面子棉絮	1床	全部焚毁	14.5	1938年10月	
毯子	三友实业社印花	2床	全被焚毁	32	1939年4月	
绣花枕头	缎子、市布各1	2对	全部焚毁	24	1938年5月 1939年6月	
长衫	阴丹、灰布各2	4件	全被焚毁	68.4	1939年9月	
青、白绸长衫	杭绸	2件	全部焚毁	41.4	1938年8月	

续表

物品名称	品质	数量	损失程度	原价（元）	购置年月	备考
软夹衫	灰布面华丝□里	1件	全被焚毁	32.8	1938年7月	
驼绒毯子		1件	全部焚毁	15.6	1937年8月	
汗小衣	白绸1市布1丁绸2	4套	全被焚毁	47.6	1938年4月 1939年7月	
长衫	白绸2 府绸2	4件	全部焚毁	56	1939年5月	
短服	花哗叽1青呢子1黄毛哈叽2	4套	全被焚毁	246	1936、1937、1938年月份不等	
大衣	青呢子	1件	全部焚毁	82	1939年1月	
白卫生衣 白卫生背心		2件 2件	全被焚毁	16	1938年5月	
博士帽	灰细呢	1顶	全部焚毁	24	1938年9月	
皮鞋		2双	全被焚毁	48	1939年5月 1939年8月	
箱子	皮箱 挑箱	各2口	全部焚毁	32	1938年6月 1939年9月	
木器锅碗盆	敞床桌子等20余样	20余件	全被焚毁	142.6		
被灾日期	1940年8月20日	被灾地点	小梁子街64号	房屋被炸或震塌	焚毁	原支薪俸数目	65元	有无同居眷属	有

右〈上〉开物品确系因空袭被毁，谨呈
局长刁
　　转呈
市长吴

　　　　　　　　　　　　　　填报人：职务　征收员
　　　　　　　　　　　　　　　　　　姓名　张吉祥
　　　　　　　　　　　　　　二十九年八月二十日

(0064—8—287)

56. 重庆市财政局职员李学渊为报1940年8月20日空袭损失私物报告表给上级的呈(1940年8月21日)

重庆市政府财政局员役空袭损失私物报告表

物品名称	品质	数量	损失程度	原价(元)	购置年月	备考
凉床		1间	焚毁	8	1939年	19日迁住
线毯		1床	焚毁	11	1939年	
枕头		2个	焚毁	10	1939年	
呢帽		1顶	焚毁	20	1939年	
胶鞋		1双	焚毁	10.5	本年	
皮鞋		1双	焚毁	7	1938年11月	
布鞋		2双	焚毁	6	本年	
面盆		1个	焚毁	10	本年	
面巾		1张	焚毁	2	本年	
中山服	灰哈叽〔叽〕	1套	焚毁	24	本年春	
白衬衣	14磅布	1件	焚毁	4	1938年夏	
白衬衣裤		1套	焚毁	15	本年7月	
雨伞		1把	焚毁	2.5	本年	
茶盅		1只	焚毁	1.5	本年	
茶壶		1把	焚毁	3	本年	
被灾日期	1940年8月20日	被灾地点	中正路246号	房屋被炸或震塌	被炸焚毁	原支薪俸数目	60元	有无同居眷属	无

右〈上〉开物品确系因空袭被毁,谨呈

科长

局长

　转呈

市长吴

　　　　　　　填报人:职务　事务员

　　　　　　　　　　姓名　李学渊

　　　　　　　二十九年八月二十一日

(0064—8—287)

57. 重庆市财政局职员熊杰为报1940年8月20日空袭损失私物报告表给上级的呈（1940年8月21日）

重庆市政府财政局员役空袭损失私物报告表

物品名称	品质	数量	损失程度	原价（元）	购置年月	备考
青制服	布哔叽	1套	炸碎	17	1939年2月	
黄制服	德国哈叽	1套	炸碎	26	1939年5月	
绒汗衣	统绒	1套	炸碎	13	1939年12月	
灰制服	哈叽	1套	炸碎	22	1940年3月	
面盆	洋磁	1个	炸碎	2	1938年8月	
锦缎丝棉〔绵〕被盖	丝	1床	炸碎	58	1939年9月	
印花卧单	布	1床	炸碎	11	1940年3月	
毛线背心	毛	1件	炸碎	9	1938年9月	
白皮扁箱	皮	1口	炸碎	5.4	1939年10月	
青呢大衣	呢	1件	炸碎	34	1938年10月	
府绸衬衣	布	1件	炸碎	12	1940年5月	
漱口具		1套	炸碎	4	不一	
被灾日期	1940年8月20日	被灾地点	豆腐石坎上堆店巷6号江家	房屋被炸或震塌	中弹全部炸毁	原支薪俸数目	55元	有无同居眷属	无

右〈上〉开物品确系因空袭被毁，谨呈

主任杨

科长梅

局长刁

　转呈

市长吴

　　　　　　　　　填报人：职务　调查员

　　　　　　　　　　　　姓名　熊杰

二十九年八月二十一日

(0064—8—287)

58. 重庆市财政局职员俞俊为报1940年8月20日空袭损失私物报告表给上级的呈（1940年8月21日）

查职在局供职已逾3月，近因轰炸关系证件本储藏乡间，前日请假自歌乐山取来，不幸昨日居处（川盐银行6楼）被炸，除所有什物全部炸毁外，证件亦遭损失，恐一时向各处补领不及，恐有违钧座限期填表送审。伏乞俯念下情，准予暂缓送审，是否有当，理合签呈。

此呈

队长蒋

　　转呈

技正高

　　转呈

局长刁

俞俊

八月二十一日

附：

重庆市政府财政局员役空袭损失私物报告表

物品名称	品质	数量	损失程度	原价（元）	购置年月	备考
德文书籍	工程手册等	5本	全毁	124	1938年2月	
中文书籍	□工等	3本	全毁	24.6	1940年6月	□工、房屋构造学、应用天文学
单西服	羊毛	1套	全毁	110	1939年5月	
短西裤	咔叽布	1条	全毁	8	1939年6月	
衬衫	府绸	3件	全毁	42	1940年5月	每件单价14元
汗背心	纱	2件	全毁	6	1939年6月	每件单价3元
短衬裤	白斜布	2条	全毁	2.4	1939年5月	每件单价1.2元
袜子	纱	2双	全毁	6	1940年7月	每双单价3元
雨衣	橡皮布	1件	全毁	30	1938年2月	
呢帽		1顶	全毁	15	1938年4月	

续表

物品名称	品质	数量	损失程度	原价（元）	购置年月	备考
热水瓶		1个	全毁	16	1939年5月	
面盆		1个	全毁	7	1939年5月	
盥口杯		1个	全毁	2	1939年6月	
棉被	川绸面子	1条	全毁	35	1939年4月	
褥子		1条	全毁	20	1939年4月	
被单		2条	全毁	14	1939年5月	
床		1张	全毁	12	1939年4月	
被灾日期	1940年8月20日	被灾地点	川盐银行2楼	房屋被炸或震塌	炸毁	原支薪俸数目	130元	有无同居眷属	与表侄杨曾传

右〈上〉开物品确系因空袭被毁，谨呈

局长

　　转呈

市长吴

填报人：职务　技佐

姓名　俞俊

二十九年八月二十一日

(0064—8—287)

59. 重庆市财政局职员刘举才为报1940年8月20日空袭损失私物报告表给上级的呈（1940年8月22日）

重庆市政府财政局员役空袭损失私物报告表

物品名称	品质	数量	损失程度	原价（元）	购置年月	备考
单汗衣	蓝布	1套	全已烧毁	12	1939年11月	
灰单服单裤	咔叽布	1件	全已烧毁	7	1939年8月	
毯子	灰线	1床	全已烧毁	12	1939年5月	向亲友借用不幸于本日全已烧毁

续表

物品名称	品质	数量	损失程度	原价（元）	购置年月	备考
鞋子	青帆布	1双	全已烧毁	2	1940年5月	
漱口茶盅	蓝磁	1个	全已烧毁	2.5	1940年5月	
面帕	花葛线	1张	全已烧毁	1.5	1940年7月	
青篾席	青篾	1床	全已烧毁	2.5	1940年8月	
棉背心	青咔叽布	1件	全已烧毁	7	1939年9月	
被灾日期	1940年8月20日	被灾地点	大阳沟营建会	房屋被炸或震塌	烧毁	原支薪俸数目	22元	有无同居眷属	无

右〈上〉开物品确系因空袭被毁，谨呈

局长刁

　　转呈

市长吴

填报人：职务　测工

姓名　刘举才

二十九年八月二十二日

（0064—8—287）

60. 重庆市财政局职员魏登云为报1940年8月20日空袭损失私物报告表给上级的呈（1940年8月22日）

重庆市政府财政局员役空袭损失私物报告表

物品名称	品质	数量	损失程度	原价（元）	购置年月	备考
夏布长衫	麻	1件	全烧毁	18	1939年6月	
夏布褂裤	麻	1套	全烧毁	17	1939年6月	
呢帽	绒	1顶	全烧毁	9	1939年8月	
面盆	磁	1只	全烧毁	8	1939年9月	
冬卫生衣	绒	1套	全烧毁	13	1939年10月	
线春长衫	丝	1件	全烧毁	20	1938年4月	
旅行袋	布	1个	全烧毁	2.5	1940年3月	

续表

物品名称	品质	数量	损失程度	原价(元)	购置年月	备考
手提篮	竹	1只	全烧毁	4.5	1939年5月	
被灾日期	1940年8月20日	被灾地点	依仁小校内营建会	房屋被炸或震塌	夷弹烧毁	原支薪俸数目	31元	有无同居眷属	无

右〈上〉开物品确系因空袭被毁，谨呈

局长刁

　　转呈

市长吴

　　　　　　　　　　　填报人：职务　测工

　　　　　　　　　　　　　　　姓名　魏登云

　　　　　　　　　　　二十九年八月二十二日

（0064—8—287）

61. 重庆市财政局职员刘必昌为报1940年8月20日空袭损失私物报告表给上级的呈（1940年8月22日）

重庆市政府财政局员役空袭损失私物报告表

物品名称	品质	数量	损失程度	原价(元)	购置年月	备考
小床	木	1间	被烧	7	1940年3月	
皮衣箱	皮	1口	被烧	8	1939年11月	
白玉大碗	瓷	4个	被烧	3.2	1939年11月	
白玉中碗	瓷	4个	被烧	2	1939年11月	
白玉饭碗	瓷	4个	被烧	2	1939年11月	
白玉调羹	瓷	4个	被烧	1.2	1939年11月	
白玉酒杯	瓷	4个	被烧	1.2	1939年11月	
桅碟	瓷	4个	被烧	1.2	1939年11月	
被盖	棉	1床	被烧	26	1939年11月	
人字呢大衣	棉	1件	被烧	36	1939年11月	
中山呢短服	棉	1套	被烧	14	1939年11月	
草绿色短服	布	1套	被烧	8	1938年8月	

续表

物品名称	品质	数量	损失程度	原价(元)	购置年月	备考
线毯子	棉	1根	被烧	12	1939年11月	
篾席		1根	被烧	3	1940年5月	
衬衣	布	3件	被烧	15	1939年10月	
统绒棉衣		1件	被烧	14	1939年10月	
皮鞋		1双	被烧	14	1939年10月	
被灾日期	1940年8月20日	被灾地点	镇江寺街2号	房屋被炸或震塌	被烧	原支薪俸数目	26元	有无同居眷属	有

右〈上〉开物品确系因空袭被毁，谨呈

组长
主任
科长
局长
　转呈
市长吴

填报人：职务　税警
　　　　姓名　刘必昌
二十九年八月二十二日

(0064—8—287)

62. 重庆市财政局职员何柄荣为报1940年8月20日空袭损失私物报告表给上级的呈(1940年8月22日)

重庆市政府财政局员役空袭损失私物报告表

物品名称	品质	数量	损失程度	原价(元)	购置年月	备考
被盖	棉	1床	被烧	24	1939年4月	
皮衣箱	皮	1口	被烧	5	1939年1月	
油布	布	1张	被烧	3.5	1939年5月	
冲人字呢大衣	棉	1件	被烧	30	1939年11月	
衬衣	布	2件	被烧	12	1940年4月	
中山呢短服	布	1套	被烧	14	1939年3月	

续表

被灾日期	1940年8月20日	被灾地点	镇江寺警察派出所	房屋被炸或震塌	被烧	原支薪俸数目	26元	有无同居眷属	无
右〈上〉开物品确系因空袭被毁,谨呈 组长 主任 科长 局长 　转呈 市长吴									
填报人:职务　税警 　　　　　　　　　　　　　　　　　　姓名　何柄荣 　　　　　　　　　　　　　　　　二十九年八月二十二日									

（0064—8—287）

63. 重庆市财政局职员张炳高为报1940年8月20日空袭损失私物报告表给上级的呈(1940年8月22日)

重庆市政府财政局员役空袭损失私物报告表

物品名称	品质	数量	损失程度	原价(元)	购置年月	备考
锅		2口	被焚	8.2	1939年4月	
麻色夹衫	棉	1件	被焚	22	1939年2月	
青布紧身	棉	1件	被焚	12	1939年2月	
麻布帐子		1笼	被焚	7.2	1937年1月	
小皮箱		2个	被焚	14.4	1939年8月	
被盖		2床	被焚	62	1939年9月	
小床		1架	被焚	4	1939年9月	
簸席		1床	被焚	3	1939年9月	
水桶		1挑	被焚	4	1939年9月	

被灾日期	1940年8月20日	被灾地点	太平门元通寺江家巷3号	房屋被炸或震塌	房屋焚毁	原支薪俸数目	18元	有无同居眷属	有

续表

右〈上〉开物品确系因空袭被毁,谨呈
局长
　　转呈
市长吴

　　　　　　　　　　　　　　填报人:职务　工友
　　　　　　　　　　　　　　　　　　姓名　张炳高
　　　　　　　　　　　　　　二十九年八月二十二日

（0064—8—287）

64. 重庆市财政局职员王经舆为报1940年8月20日空袭损失私物报告表给上级的呈(1940年8月22日)

窃职上月来渝即租十八梯房屋一间居住,本月六日蒙钧长培植委为测量员,八日到局工作。因局内宿舍已经住满,只能暂缓迁移,前日敌机来袭竟将职所租屋全部烧毁。当时职在本局防空洞内,离家数里,无法自救,致将行李全部损失。职自前方入川,困难早已达于极点,兹又将行李损失,宿住顿成困难问题。只能恳钧长赐予救济,若蒙俯允不胜感德之至。

　　谨呈
队长蒋
　　转呈
技正高
转呈
局长刁

　　　　　　　　　　　　　　　　测量员　王经舆
　　　　　　　　　　　　　　　　八月二十二日

附：

重庆市政府财政局员役空袭损失私物报告表

物品名称	品质	数量	损失程度	原价（元）	购置年月	备考
毯子	毛呢	1条	全部被炸焚毁	105	1939年9月	
被盖	布面棉花芯	1条	全部被炸焚毁	36.5	1939年10月	
呢军服	羊毛	1套	全部被炸焚毁	93	1939年10月	
夹大衣	毛直贡	1件	全部被炸焚毁	87	1939年4月	
棉大衣	布面绒里	1件	全部被炸焚毁	24	1938年11月	
棉军服	布面绒里	1套	全部被炸焚毁	27	1938年10月	
衬衣	绒布	2套	全部被炸焚毁	24	1938年10月	
夹军服	卡旗〔咔叽〕布	1套	全部被炸焚毁	15	1938年10月	
洗脸盆	洋磁铁	1个	全部被炸焚毁	6	1938年10月	
被灾日期	1940年8月20日	被灾地点	太平门元通寺江家巷3号	房屋被炸或震塌	房屋焚毁	原支薪俸数目	18元	有无同居眷属	有

右〈上〉开物品确系因空袭被毁，谨呈
局长刁
　转呈
市长吴

　　　　　　　　　　　　填报人：职务　技正室测
　　　　　　　　　　　　　　　　量队测绘员
　　　　　　　　　　　　姓名　王经舆
　　　　　　　　　　　　二十九年八月二十二日

（0064—8—287）

65. 重庆市财政局职员赵育斋为报1940年8月20日空袭损失私物报告表给上级的呈（1940年8月23日）

重庆市政府财政局员役空袭损失私物报告表

物品名称	品质	数量	损失程度	原价（元）	购置年月	备考
木坪床	白〔柏〕木	1间	被烧	8	1937年2月6日	
桌子	白〔柏〕木	1张	被烧	6.5	1937年2月6日	
衣柜	白〔柏〕木	1个	被烧	7.6	1935年8月13日	
长板凳	白〔柏〕木	4根	被烧	6	1937年3月2日	
毛线汗衣	青毛	1件	被烧	12	1938年10月30日	
花白汗衣	布	2件	被烧	6	1939年5月22日	
灰蓝布衫	布	各1件	被烧	26	1939年8月7日	
灰布棉袍	布	1件	被烧	16	1938年11月23日	
皮鞋	黑皮	1双	被烧	18	1940年6月1日	
被盖	布	1床	被烧	21	1940年1月4日	
油布毯	布	1床	被烧	10	1940年1月4日	
洗脸盆	磁	1个	被烧	6	1940年1月4日	
毛葛棉袍	冲毛	1件	被烧	20	1938年9月14日	
市布女汗衣	布	2套	被烧	18	1939年6月2日	
灰布女旗袍	布	2件	被烧	16	1936年4月8日	
耳锅	铁	1口	被烧	6	1936年4月8日	
水缸	瓦	1口	被烧	8	1939年3月3日	
白玉中碗	白	1付	被烧	6	1939年3月3日	
饭碗	白	1付	被烧	4	1939年3月3日	
瓢羹	白	1付	被烧	2	1939年3月3日	
被灾日期	1940年8月20日	被灾地点	罗汉寺29号	房屋被炸或震塌	被烧	原支薪俸数目	26元	有无同居眷属	有

续表

```
    右〈上〉开物品确系因空袭被毁,谨呈
组长
主任
科长
局长
    转呈
市长吴

                        填报人:职务  税警
                           姓名  赵育斋
                        二十九年八月二十三日
```

（0064—8—287）

66. 重庆市财政局职员王辉宇为报1940年8月20日空袭损失私物报告表给上级的呈（1940年8月24日）

重庆市政府财政局员役空袭损失私物报告表

物品名称	品质	数量	损失程度	原价(元)	购置年月	备考
写字台	楠木	1个	破坏	10	1938年5月	
敞床	楠木	1个	破坏	26	1938年5月	
水缸	瓦	1口	破烂	2	1936年4月	
耳锅	铁	1口	破坏	6	1937年7月	
饭碗	白磁	10个	粉碎	4	1938年3月	
瓢羹	白磁	10只	破烂	2	1938年3月	
汤碗	白磁	6个	碎烂	3	1938年3月	
咸菜坛子 卤菜坛子	瓦	3个	破烂	6	1935年6月	
缸钵	瓦	4个	破烂	2	1935年6月	
桌子	木	1个	破坏	5	1935年6月	
土碗	瓦	12个	破烂	1.2	1935年6月	
盘子	白磁	4个	破烂	2.8	1935年6月	
被灾日期	1940年8月20日	被灾地点	凤凰台33号	房屋被炸或震塌	震烂	原支薪俸数目	26元	有无同居眷属	有

续表

右〈上〉开物品确系因空袭被毁，谨呈 组长 主任 科长 局长 　　转呈 市长吴	 填报人：职务　税警 　　　　姓名　王辉宇 二十九年八月二十四日

（0064—8—287）

67. 重庆市财政局职员向森荣为报1940年8月20日空袭损失私物报告表给上级的呈（1940年8月26日）

重庆市政府财政局员役空袭损失私物报告表

物品名称	品质	数量	损失程度	原价（元）	购置年月	备考
灰色布女夹衫		1套	全烧	8	1939年9月	
青布女棉旗袍		1件	全烧	12	1939年9月	
毛蓝布女旗袍		1件	全烧	5	1940年2月	
阴丹布女衫		1件	全烧	6	1940年2月	
青洋布女小衣		2条	全烧	8	1940年3月	
白市布女汗衣		2件	全烧	6	1940年3月	
蓝布男衫		1件	全烧	13	1938年12月	
白市布衬衫		2件	全烧	16	1940年4月	
黄布摇裤		2条	全烧	4	1940年4月	
芝麻呢夹衫		1件	全烧	16	1939年10月	
青布棉袄		1件	全烧	20	1939年10月	
棉背心		1件	全烧	6	1939年10月	
芝麻布帐子		1笼	全烧	5	1938年8月	
被盖		2床	全烧	30	1938年10月	

续表

物品名称	品质	数量	损失程度	原价（元）	购置年月	备考
木床		1间	全烧	4	1938年10月	
抽屉 桌子		1张 1张	全烧	6	1938年10月	
竹挑箱		1担	全烧	3	1938年10月	
耳锅 瓦水缸		各1个	全烧	3	1938年10月	
咸菜 卤菜		各1瓶	全烧	2	1938年10月	
大小土碗		2付	全烧	1	1938年10月	
被灾日期	1940年8月20日	被灾地点	王爷庙54号	房屋被炸或震塌	全烧	原支薪俸数目	27元	有无同居眷属

右〈上〉开物品确系因空袭被毁,谨呈

局长刁
　　转呈
市长吴

　　　　　　　　　　　填报人:职务　税警
　　　　　　　　　　　　　　姓名　向森荣
　　　　　　　　　　二十九年八月二十六日

（0064—8—287）

68. 重庆市财政局职员田永昌为报1940年9月12日空袭损失私物报告表给上级的呈（1940年9月14日）

敬呈者:窃职家口寄寓本城临江路51号屋内,于九月十二日午后八时敌机空袭,住家直接中弹,全部炸毁,所有衣物家具尽遭损失。除填具私物损失报告表附呈外,理合报请鉴核,赐予抚恤,实沾德便。

　　谨呈
组长
　　主任
　　　科长
　　　　局长

附表2份

　　　　　　　　　　　　　临江区调查员　田永昌
　　　　　　　　　　　　　九月十四日

附：

重庆市政府财政局员役空袭损失私物报告表

物品名称	品质	数量	损失程度	原价(元)	购置年月	备考
被盖	棉、布	1床	炸毁	11	1937年3月	
毯子	黑绒	1床	炸毁	7	同年5月	
棉絮	棉	1床	炸毁	4	1938年8月	
油布	布	1张	炸毁	3	1937年4月	
皮箱	白皮	1口	炸毁	3	1938年5月	
女衫	毛呢	1件	炸毁	16	1937年7月	
女衫	蓝布	2件	炸毁	5	1937年10月	
女汗衣	白市布	1套	炸毁	6	1938年8月	
小夹衫	布	2件	炸毁	2	1939年3月	
小衫衣	绒	2件	炸毁	2	1939年4月	
衬衣	府绸	1件	炸毁	3	1938年10月	
中山服	灰哈叽	1套	炸毁	17	1939年10月	
皮鞋	黑皮	1双	炸毁	24	1939年7月	
厨房用具	锅盆碗盏	30余件	炸毁	30	1937年、1938年	
箴席	竹	2床	炸毁	3	1938年5月	
被灾日期	1940年9月12日午后8时	被灾地点	临江路51号	房屋被炸或震塌	炸毁	原支薪俸数目	54元	有无同居眷属	有

右〈上〉开物品确系因空袭被毁，谨呈
局长刁
　　转呈
市长吴

　　　　　　　　　　　填报人：职务　调查员
　　　　　　　　　　　　　　　姓名　田永昌
　　　　　　　　　　　二十九年九月十三日

（0064—8—287）

69. 重庆市财政局职员何敦实为报1940年9月12日空袭损失私物报告表给上级的呈（1940年9月14日）

重庆市政府财政局员役空袭损失私物报告表

物品名称	品质	数量	损失程度	原价(元)	购置年月	备考
铁锅	铁	1个	破烂	18	1940年3月	
水缸	瓦	1个	破碎	12	1940年3月	
洗脸盆	洋磁	1个	破烂	7.5	1939年6月	
坛子	瓦	2个	破碎	7	1939年6月	
大碗	阴花白玉	5个	破碎	10	1939年6月	
中碗	阴花白玉	6个	破碎	9	1939年6月	
饭碗	阴花白玉	8个	破碎	8	1939年6月	
瓢羹	白玉	8个	破碎	3.2	1939年6月	
碟	白玉	8个	破碎	4	1939年6月	
被灾日期	1940年9月12日夜	被灾地点	临江门横街19号	房屋被炸或震塌	震毁	原支薪俸数目 54元	有无同居眷属	有

右〈上〉开物品确系因空袭被毁，谨呈

局长刁

　转呈

市长吴

填报人：职务　税柜征收员

　　　　姓名　何敦实

　　　　二十九年九月十四日

（0064—8—287）

70. 重庆市财政局职员喻永健为报1940年9月13日空袭损失私物报告表给上级的呈（1940年9月16日）

重庆市政府财政局员役空袭损失私物报告表

物品名称	品质	数量	损失程度	原价(元)	购置年月	备考
青绸女旗袍面	线春	1件	震破	25	1938年4月购于汉口	

续表

物品名称	品质	数量	损失程度	原价（元）	购置年月	备考
被面	线春	1床	震破	9	1937年3月购于汉口	
被单	线布	1床	震破	12	1939年12月购于自贡市	
小孩单褂	灰纺绸	2件	震飞	6	1936年7月购于汉口	因洗后未干在楼沿吹着炸后不知所在
小孩布裤	白洋纱	2件	震飞	10	1940年6月购于渝市	因洗后未干在楼沿吹着炸后不知所在
青女裤	洋纱布	2件	震飞	10	1940年6月购于渝市	因洗后未干在楼沿吹着炸后不知所在
青女褂	洋纱	2件	震飞	20	1940年6月购于渝市	因洗后未干在楼沿吹着炸后不知所在
白衬衫	府绸	1件	震飞	13	1940年6月购于渝市	因洗后未干在楼沿吹着炸后不知所在

续表

物品名称	品质	数量	损失程度	原价（元）	购置年月	备考
热水瓶	保温	1只	震破	15	1939年5月购于自流井	
脸盘〔盆〕	洋瓷	1个	打坏	8	1939年10月购于自流井	
镜子	玻璃	1把	打坏	4.5	1939年10月购于自流井	
茶碗	江西磁	6套	打破	9.6	1939年2月购于自流井	
茶壶	江西磁	1把	打破	2	1934年购于汉口	
饭碗	江西磁	8个	打烂	6.4	1939年2月购于自流井	
汤碗	本地磁	2个	打破	2	1940年3月购于渝市	
铁锅		1口	打破	4.5	1940年3月购于渝市	
冰〔镔〕铁壶		1把	打破	3.6	1940年3月购于渝市	
大水缸		1口	打破	6.7	1940年3月购于渝市	
小米缸		1口	打破	3	1940年3月购于渝市	
大瓦钵		3口	打破	2	1940年3月购于渝市	
瓷罐		6个	打破	6.8	1940年3月购本市	
菜油		2斤	打破	2.6	1940年3月购于马家店	
猪油		4斤	打破	8	1940年3月购于马家店	
瓷痰盂		2只	打破	8	1940年3月购于自流井	
方桌		1张	打坏	5.8	1940年3月购于本市	
椅子		3把	打坏	5.1	1940年3月购于本市	
被灾日期	1940年9月13日	被灾地点	南岸南坪场129号	房屋被炸或震塌	震塌	原支薪俸数目	70元	有无同居眷属	陈姓

右〈上〉开物品确系因空袭被毁，谨呈

 局长刁

  转呈

市长吴

     填报人：职务 办事员

       姓名 喻永健

     二十九年九月十六日

(0064—8—287)

71. 重庆市财政局职员卓子元为报1940年9月15日空袭损失私物报告表给上级的呈(1940年9月17日)

重庆市政府财政局员役空袭损失私物报告表

物品名称	品质	数量	损失程度	原价(元)	购置年月	备考
写字台	木	1张	炸毁	30	1940年1月	
八仙桌	木	1张	炸毁	20	1940年2月	
长凳	木	4条	炸毁	20	1940年2月	
方凳子	木	2张	炸毁	4	1939年11月	
茶几	木	3张	炸毁	18	1939年10月	
方大座〔桌〕	木	4张	炸毁	40	1939年10月	
水缸	瓦	1口	炸毁	11	1939年11月	
竹床	竹	1张	炸毁	8	1940年3月	
被灾日期	1940年9月15日	被灾地点	小较场特18号	房屋被炸或震塌	被炸	原支薪俸数目	200元	有无同居眷属	有

右〈上〉开物品确系因空袭被毁,谨呈

局长刁

　　转呈

市长吴

　　　　　　　　　　　填报人:职务　测务股主任

　　　　　　　　　　　　　　　姓名　卓子元

　　　　　　　　　　　　　　二十九年九月十七日

(0064—8—287)

72. 重庆市财政局职员李君明为报1940年10月6日空袭损失私物报告表给上级的呈(1940年10月7日)

窃职家住居南岸玄坛庙正街43号内,昨日午后一时敌机袭渝,住地间壁被重量炸弹投中,住房被震,四壁屋瓦坍塌,器具什物悉遭毁坏。兹谨填具私物损失表报请钧座鉴核赐予抚恤,无任沾感。

谨呈

组长

主任

科长

  转呈

局长刁

          职 李君明

          十月七日

附：

重庆市政府财政局员役空袭损失私物报告表

物品名称	品质	数量	损失程度	原价(元)	购置年月	备考
宁波式床	楠木	1间	坏	28	1938年3月	
五抽柜上朱腰镜	玻砖	1个	坏	30	1938年3月	
德国油画	玻片	2块	坏	24	1939年4月	
描金缸	玻璃	1对	坏	12	1939年4月	
德国温水瓶		1个	坏	24	1939年4月	
银盾		1个	坏	12	1939年4月	
白描金花瓶		1个	坏	14	1939年4月	
青花磁痰盂		1个	坏	6	1939年4月	
茶碗		2套	坏	3	1940年3月	
茶杯		3个	坏	1.5	1940年3月	
玻璃杯		2个	坏	2	1940年3月	
被灾日期	1940年10月6日午后1时	被灾地点	玄坛庙正街	房屋被炸或震塌	震坏	原支薪俸数目	60元	有无同居眷属	有3人

  右〈上〉开物品确系因空袭被毁,谨呈

局长刁

  转呈

市长吴

         填报人：职务□□□

          姓名 李君明

         二十九年十月六日

(0064—8—287)

73. 重庆市财政局职员杨云帆为报1940年10月6日空袭损失私物报告表给上级的呈（1940年10月7日）

查职住家地方南岸玄坛庙横街13号（旧门牌新市正街53号）房屋，本月六日午正敌机袭渝投弹命中全部炸毁，所有家居动用物品以及被盖衣服等项亦同受损害。理合开列空袭损失私物报告表2份送请钧座俯赐查核，准援例借支月薪90元，以应急需。

  谨呈

主任王

科长杨

  核转

局长刁

           职 杨云帆

           十月七日

附：

重庆市政府财政局员役空袭损失私物报告表

物品名称	品质	数量	损失程度	原价（元）	购置年月	备考
床	木	2	全损失	40	1936年	
桌	木	2	全损失	16	1936年	
被盖	棉	3	全损失	36	1936年	
毯子	毛	1	全损失	40	1936年	
毡子	棉	1	全损失	10	1936年	
男长衫	布	新旧4件	全损失	40	1936年	
瓷器		10余件	全损失	计约30	1936年	
锅碗动用家具等件			全损失	计约80	1936年	
被灾日期	1940年10月6日	被灾地点	南岸玄坛庙横街13号	房屋被炸或震塌	全部被炸毁	原支薪俸数目	空支月计90元	有无同居眷属	同住7人

续表

右(上)开物品确系因空袭被毁,谨呈
局长刁
转呈
市长吴
填报人:职务　办事员
姓名　杨云帆
二十九年十月七日

（0064—8—287）

74. 重庆市财政局职员江厚祥为报1940年10月6日空袭损失私物报告表给上级的呈（1940年10月8日）

窃职家庭自疏散巴县旧居新丰场附近,近因天候日凉,在前两星期日由家中取来秋冬衣箱存放通远门保节院街30号职胞兄家处,讵料本月六日(星期日)正午时间敌机轰炸本市,盲目投弹,保节街一带中弹甚多。职胞兄居宅正中炸弹,致将房舍及四邻二三十间民房均全部炸毁,受灾极惨。职所放之衣箱1只同遭全毁,内所储均系秋冬季衣服。际兹天候日凉,秋风多厉,避寒衣单亟待添补。为特据实按照本府规定[填报]空袭损失表呈报外,伏恳钧长俯恤下情思予准支薪俸一月,俟补偿时再行扣除以资救济不胜感祷之至。

　　谨呈
技正高
　　核转
局长刁

　　　　　　　　　　　　　　　　职　江厚祥
　　　　　　　　　　　　　　　　十月八日

附：

重庆市政府财政局员役空袭损失私物报告表

物品名称	品质	数量	损失程度	原价(元)	购置年月	备考
大号皮面木板箱	皮、木	1只	全毁	9	1938年10月	
藏青呢中山服	呢	1套	全毁	77	1939年1月	
羊毛线衫	毛	1件	全毁	15.5	1937年10月	
卫生小衫裤	绒面	1套	全毁	17	1939年11月	
绒布衬衫	布	2件	全毁	14.8	1939年1月	
羊毛面巾	毛	1件	全毁	4	1937年12月	
线袜	线	2双	全毁	3	1939年2月	
呢帽	呢	1顶	全毁	8.5	1938年12月	
手套	毛	1双	全毁	3	1937年12月	
被灾日期	1940年10月6日	被灾地点	通远门保节院街30号	房屋被炸或震塌	正中炸弹全部被毁	原支薪俸数目	120元	有无同居眷属	有

右〈上〉开物品确系因空袭被毁,谨呈

  局长刁

    转呈

  市长吴

填报人：职务　户地组长

姓名　江厚祥

二十九年十月八日

(0064—8—287)

75. 重庆市财政局为团员周龙1940年10月6日受空袭损害据情转请核发救济费给重庆市政府的呈文稿(1940年10月22日)

窃本年十月十二日案据派来本局服务之行政院非常时期服务团委员会

团员周龙签呈称:窃查本月六日正午敌机袭渝(云云)以示体恤实为德便。等情。附损失报告表2份。据此伏查所呈各节,经派员前往实地察堪尚属实在,其情不无可悯。本年局中遭受空袭损害各职员均经上荷体恤准予按照薪额发给1个月救济费,今该员调局服务行将两载,平日办事亦颇努力,似应与本局职员同一待遇。拟请仍准按照钧府二十九年度员工遭受空袭损害之规定仍垫发1个月薪资以资救济而示体恤,是否有当,理合备文检同该员损失报告表转呈钧府伏乞鉴核指令祗遵。

谨呈
重庆市政府
附呈团员周龙损失报告表1份共计6页

重庆市财政局长　刁〇〇

附1:

窃查本月六日正午敌机袭渝,南岸玄坛庙施家坡冻绿房一带均被投弹,团员寓在冻绿房南园正屋,适当其冲,房屋全部坍塌,所有家具扫荡无存,衣服被褥损失过半,转瞬秋尽冬来,无衣何以卒岁。况比来市上物价奇贵,月领生活费仅95元,傲寒势固不能,制衣力又不逮。自维虽以行政院非常时期服务团委员会团员资格调局服务,然到局将近两载,协助公务与局内职员无殊,似亦在可以请求救济之列,不揣冒昧,历陈被灾情形并缮具损失报告表清单签请鉴核。转请援照《中央公务员、雇员遭受空袭损害暂行救济办法》或本府单行救济办法之规定一视同仁予以救济以示体恤,实为德便。

谨上
科长杨
主任田
　转呈
局长刁
附损失报告表2份

团员　周龙
十月十二日

附:

重庆市政府财政局员役空袭损失私物报告表

物品名称	品质	数量	损失程度	原价（元）	购置年月	备考
帽子	灰呢	1顶	全损	6	1937年	
帽子	台草	1顶	全损	10	1936年	
洋伞	青绫	1把	柄断	4.8	1933年	
眼镜	水晶	1副	全损	5	1933年	
发光眼镜	水晶	1副	全损	3.6	1935年	
背心	毛线	1件	全损	6	1935年	
背心	麻纱	2件	全损	6	1939年	
汗裤	麻纱	2条	全损	6.8	1939年	
裤带	皮	1根	折断	2.2	1937年	
衬衫	府绸	2件	全损	8.4	1938年	
衬衫	小纺	2件	全损	9	1938年	
汗褂	麻纱	1件	全损	3	1939年	
裤	麻纱	2条	全损	5.4	1937年	
汗褂裤	小纺	1套	全损	10	1938年	
长衫	香云纱	1件	全损	16	1937年	
长衫	夏布	2件	全损	28	1936年	
长衫	春绸	1件	炸破	15	1934年	
长夹袍	华达呢	1件	炸破	24	1935年	
驼绒袍	毛葛	1件	炸破	36	1931年	毛葛面料系近年新换
卫生褂裤	洋绒	1套	破损	7	1937年	
短夹袄	春绸	1件	仅余半截	14	1936年	
夹裤	春绸	1条	全损			
棉裤	春绸	1条	炸破	7	1937年	
长衫	竹布	3件	全破	15	均1937年以前购置	
长雨衣	防雨呢	1件	稍毁	8	1937年	

续表

物品名称	品质	数量	损失程度	原价（元）	购置年月	备考
中山服	山东绸	1套	全破	24	1936年	
中山服	哔叽	1套	全损	24	1935年	
西式大衣	毛呢	1件	仅余半截	50	1935年	
睡衣	洋绒	1件	全损	12	1936年	
单旗袍	丝毛葛	1件	全损	20	1937年	
皮旗袍	绸面西口羊皮	1件	全破	50	1935年	
皮旗袍	绸面西狐腿	1件	面破皮存	85	1923年	
女褂裤	毛线	1套	褂破裤存	15	1920年	
女裤	香云纱	1件	全损	8	1938年	
女汗褂	白夏	1件	全损	5	1937年	
蚊帐	支麻纱	1挂	全损	24	1935年	
蚊帐	洋纱	1挂	破烂	20	1936年	
棉被	绸面布里	2铺	破烂	40	1929年 1935年	
毯子	毛巾布	1铺	破烂	8	1938年	
卧单	市布	2件	一破一损	10	1936年	
枕	市布	2对	破烂	6	1937年	
被面	花缎2蜀锦1	3副	全损	45	1932年 1933年	
皮鞋	纹皮	1双	全损	15	1938年	
皮鞋	胶皮	1双	全损	2.4	1935年	
袜子	毛线4麻纱6	10双	全破	20	不一	
戊种词源	洋纸	1套	残缺1本	10	1928年	
字典	连□	1套	破烂	3	1921年	
诗韵合璧	古板	1套	残缺	3	1919年	
财政学	洋装	1套	破烂	8	1936年	
经济学	洋装	1本	残缺大半	6	1937年	

续表

物品名称	品质	数量	损失程度	原价（元）	购置年月	备考
法令大全	洋装	1套	缺1本			向人借阅之物
热水瓶	大式 小式	2个	均破	16 3	1939年 1936年	
茶壶	瓷	2个	破坏	3	1932、1933年间	
茶盘	洋瓷	1个	破坏	2.4	1935年	
包壶篓	藤	1个	破坏	4	1935年	
挂钟	木壳	1个	全损	20	1923年	
闹钟	铜壳	1个	破坏	4.8	1930年	
寒暑表	水银	1个	全损	2	1921年	
日圭	水银	1个	全损	0.8	1921年	
大皮箱		两口	破坏	30	1920年	
提箱	软皮	两口	压扁	40	1930年	
大箱	藤	1口	破坏	4	1927年	
翘椅	藤	2张	破坏	8	1938年	
躺椅	藤	2张	破坏	6	1938年	
茶几	藤	1对	全损	4.8	1938年	
架床	白〔柏〕木	1乘	破坏	16	1938年	
板床	白〔柏〕木	1乘	全损			借用不知价
凉板	竹	1乘	全损	2.4	1938年	
行军床	帆布	1架	破坏	4.8	1938年	
写字台	白〔柏〕木	1乘	破坏			借用不知价
方桌	木	2张	全损			借用不知价
方桌	竹	1张	全损	3	1938年	
镜台	木	1乘	全损			借用不知价
面架	木	2个	全损	1.8	1938年	
方枕	木	9个	大半损毁	9	1939年	

续表

物品名称	品质	数量	损失程度	原价（元）	购置年月	备考
火盆	木架铜盆	1个	架损盆缺			借用不知价
大小缸	陶泥	5口	全损	约价12	1938、1939年间	
水桶	木	1担	全损	5	1939年	
水桶	冰〔镔〕铁	1支	破坏	8	1940年	
脚盆	木	2个	全损	5	1938年 1940年	
茶杯	玻璃	4个	全损	3.2	1938年	
纱厨〔橱〕	木沿纱门	1个	全损	7	1940年	
杯盘碗盏	瓷	全套约50余件	全损	约价30	不一	
厨房家具	钢铁泥木	全套	全损	约价20	1938、1939年间	
被灾日期	1940年10月6日	被灾地点	南岸区玄坛庙南园	房屋被炸或震塌	全部被炸	原支薪俸数目	生活费95元	有无同居眷属	眷属5人同居

右〈上〉开物品确系因空袭被毁,谨呈

局长刁

　　转呈

市长吴

填报人：职务　团员

　　　　姓名　周龙

二十九年十月十二日

（0064—8—287）

76. 重庆市财政局职员杨树成等六人为报1940年10月25日空袭损失私物报告表给上级的呈（1940年10月25日）

窃查本月二十五日敌机袭渝,本局厨房被炸,损失私人衣物等件颇多。兹将损失各物填具报告表请予核转市府鉴察,不胜沾感。

谨呈

局长刁

附报告表6件

　　　　　　　本局厨役　杨树成、高鼎三、任金全
　　　　　　　　　　　　任树城、凌清云、戴海山

附：

1) 重庆市政府财政局员役空袭损失私物报告表

物品名称	品质	数量	损失程度	原价(元)	购置年月	备考
蓝布衫		2件	全被炸毁	共计42	本年7月制	
棉紧身		1件	全被炸毁	25	本年7月制	
汗小衣全套		共2套计4件	全被炸毁	62	本年8月制	
毯子		1床	全被炸毁	26	本年2月制	
被灾日期	1940年10月25日	被灾地点	财政局厨房	房屋被炸或震塌	房屋被炸毁	原支薪俸数目	27元	有无同居眷属	无

右（上）开物品确系因空袭被毁，谨呈

局长刁

　　转呈

市长吴

　　　　　　　　　　　　　　填报人：职务　厨役
　　　　　　　　　　　　　　　　　　姓名　杨树成
　　　　　　　　　　　　　　　　二十九年十月二十五日

2) 重庆市政府财政局员役空袭损失私物报告表

物品名称	品质	数量	损失程度	原价(元)	购置年月	备考
被盖		1床	全被炸毁	48	本年6月制	
芝麻呢中山服		1套	全被炸毁	28	本年8月制	
灰制服		1套	全被炸毁	25.5	本年9月制	
白衬衣		1件	全被炸毁	10	本年9月制	
被灾日期	1940年10月25日	被灾地点	财政局厨房	房屋被炸或震塌	房屋被毁	原支薪俸数目	23元	有无同居眷属	无

续表

右〈上〉开物品确系因空袭被毁,谨呈 局长刁 　　转呈 市长吴 　　　　　　　　　　　　填报人:职务　厨役 　　　　　　　　　　　　　　　姓名　高鼎三 　　　　　　　　　　　　　　二十九年十月二十五日

3)重庆市政府财政局员役空袭损失私物报告表

物品名称	品质	数量	损失程度	原价(元)	购置年月	备考
被盖		1床	全被炸毁	25	本年9月制	
芝麻衫子		1件	全被炸毁	25	本年8月制	
青布衫子		1件	全被炸毁	21	本年8月制	
黄制服		1套	全被炸毁			
被灾日期	1940年10月25日	被灾地点	财政局厨房	房屋被炸或震塌	房屋被毁	原支薪俸数目	23元	有无同居眷属	无

右〈上〉开物品确系因空袭被毁,谨呈 局长刁 　　转呈 市长吴 　　　　　　　　　　　　填报人:职务　厨役 　　　　　　　　　　　　　　　姓名　戴海山 　　　　　　　　　　　　　　二十九年十月二十五日

4)重庆市政府财政局员役空袭损失私物报告表

物品名称	品质	数量	损失程度	原价(元)	购置年月	备考
蓝布衫子		1件	全被炸毁	25	本年9月制	
蓝布汗小衣		2套	全被炸毁	43	本年8月制	
被灾日期	1940年10月25日	被灾地点	财政局厨房	房屋被炸或震塌	房屋被毁	原支薪俸数目	23元	有无同居眷属	无

续表

右〈上〉开物品确系因空袭被毁,谨呈	
局长刁	
转呈	
市长吴	
	填报人:职务　厨役
	姓名　任金全
	二十九年十月二十五日

5) 重庆市政府财政局员役空袭损失私物报告表

物品名称	品质	数量	损失程度	原价(元)	购置年月	备考
被盖		1床	全被炸毁	45	本年8月制	
蓝布衫子		1件	全被炸毁	20	本年3月制	
汗小衣		2套	全被炸毁	42	本年6月制	
被灾日期	1940年10月25日	被灾地点	财政局厨房	房屋被炸或震塌	房屋被毁	原支薪俸数目	23元	有无同居眷属	无

右〈上〉开物品确系因空袭被毁,谨呈
局长刁
　　转呈
市长吴

　　　　　　　　　　　　　填报人:职务　厨役
　　　　　　　　　　　　　　　　姓名　任树城
　　　　　　　　　　　　　二十九年十月二十五日

6) 重庆市政府财政局员役空袭损失私物报告表

物品名称	品质	数量	损失程度	原价(元)	购置年月	备考
蓝布汗小衣		2套	全被炸毁	45	本年7月制	
阴丹衫子		1件	全被炸毁	26	本年8月制	
被灾日期	1940年10月25日	被灾地点	财政局厨房	房屋被炸或震塌	房屋被毁	原支薪俸数目	23元	有无同居眷属	无

续表

右〈上〉开物品确系因空袭被毁，谨呈 局长刁 　　转呈 市长吴 　　　　　　　　　　　　填报人：职务　厨役 　　　　　　　　　　　　　　　　姓名　凌清云 　　　　　　　　　　　　二十九年十月二十五日

（0064—8—287）

77. 重庆市财政局职员徐泮林为报1940年10月25日空袭损失私物报告表给上级的呈（1940年10月26日）

重庆市政府财政局员役空袭损失私物报告表

物品名称	品质	数量	损失程度	原价（元）	购置年月	备考
长衫	阴丹士林	1件	毁灭	32	1940年9月	
中山装	中国哗叽	1套	毁灭	35	1940年10月	10岁男孩用
洋袜	棉纱	3双	毁灭	8	1940年10月	
大铁锅	铁	1口	毁灭	12	1940年10月	
小铁锅		1只〔口〕	毁灭	8	1940年10月	
白大布		2丈5尺	毁灭	35	1940年10月	
棉被	布里面	1条	毁灭	70	1940年10月	
伞	油纸	1把	毁灭	4.5	1940年10月	
呢帽		1顶	毁灭	10	1940年10月	10岁小男孩用
大小胶鞋		2双	毁灭	20	1940年10月	
饭碗		4个	毁灭	4	1940年10月	
毛线毯		1条	毁灭	24	1940年10月	
米		1袋	毁灭	30	1940年10月	3斗5升
米袋		2条	毁灭	10	1940年10月	

续表

物品名称	品质	数量	损失程度	原价（元）	购置年月	备考
女夹袍	绸面	1件	毁灭	45	1940年10月	
小皮鞋		1双	毁灭	12	1940年10月	
大碗		3个	毁灭	4.5	1940年10月	
厨刀		1把	毁灭	5	1940年10月	
锅铲		1把	毁灭	2	1940年10月	
水缸		1口	毁灭	8	1940年10月	
女卫生绒衫		1件	毁灭	15	1940年10月	
茶壶	磁	1个	毁灭	5	1930年10月	家眷等3人方由江苏高邮于9月底来渝故所需之件均新置
汗褂裤	布	1套	毁灭	12	1930年10月	
枕头	竹布	2个	毁灭	12	1930年10月	
被灾日期	1940年10月25日	被灾地点	余家巷15号	房屋被炸或震塌	被炸	原支薪俸数目	140元	有无同居眷属	3人

右〈上〉开物品确系因空袭被毁，谨呈

科长梅

局长刁

　　转呈

市长吴

　　　　　　　　　　　　　填报人：职务　技佐
　　　　　　　　　　　　　　　　姓名　徐泮林
　　　　　　　　　　　　　二十九年十月二十六日

（0064—8—287）

78. 重庆市财政局职员张吉祥为报1940年10月25日空袭损失私物报告表给上级的呈(1940年10月26日)

重庆市政府财政局员役空袭损失私物报告表

物品名称	品质	数量	损失程度	原价(元)	购置年月	备考
被盖	丝棉絮锦缎市布面子	1床		116.8	1940年9月份	
大衣 短服	青呢 毛哗叽	1件 1套		8 120	1939年10月 1939年9月	
毯子 长衫	印花	1床 2件		37 45.2	1940年9月份	
汗小衣 零件	市布 用具	2套 8样		42.4 32.8	1910年9月份 1940年不一	
被灾日期	1940年10月25日	被灾地点	陕西街92号	房屋被炸或震塌	直接中弹	原支薪俸数目	62元	有无同居眷属	

右〈上〉开物品确系因空袭被毁,谨呈
主任
局长
　转呈
市长吴

　　　　　　　　　　填报人:职务　征收员
　　　　　　　　　　　　姓名　张吉祥
　　　　　　　　　　二十九年十月二十六日

(0064—8—287)

79. 重庆市财政局职员张德邻为报1940年10月25日空袭损失私物报告表给上级的呈(1940年10月28日)

重庆市政府财政局员役空袭损失私物报告表

物品名称	品质	数量	损失程度	原价(元)	购置年月	备考
衬衫	府绸	1件	全烂	18.5	1940年6月	
蓝布长衫		1件	破烂	11	1939年5月	
洗脸盆	磁	1个	破烂	7.8	1938年8月	
被面	锦线	1床	破	9	1938年9月	
中山下装	布	1条	破烂	6	1939年8月	
呢帽		1顶	烂	8.5	1938年3月	
牙刷		1把	烂	1.6	1940年6月	
漱口盅	磁	1个	烂	2.2	1939年11月	
温水瓶		1个	破	14	1938年10月	
被灾日期	1940年10月25日	被灾地点	陕西路222号	房屋被炸或震塌	震毁	原支薪俸数目	74元	有无同居眷属	无

右(上)开物品确系因空袭被毁,谨呈
局长刁
  转呈
市长吴

         填报人:职务 办事员
           姓名 张德邻
         二十九年十月二十八日

(0064—8—287)

80. 重庆市财政局职员丁慕韩为报1940年10月25日空袭损失私物报告表给上级的呈(1940年10月28日)

重庆市政府财政局员役空袭损失私物报告表

物品名称	品质	数量	损失程度	原价（元）	购置年月	备考
学生式制服	宝蓝色哗叽	1套	三分之二成新	37	1938年5月	
夹绒绸里袍	蓝灰色哗叽	1件	二分之一[成]新	30	1937年3月	
短夹褂	青洋布面斜纹布里	1件	全新	30	1940年9月	
印色盒	漳州印色磁盒	1个		20	1939年2月	
被灾日期	1940年10月25日	被灾地点	第一宿舍16号房	房屋被炸或震塌	原支薪俸数目	有无同居眷属

　　右〈上〉开物品确系因空袭被毁，谨呈
局长刁
　　　转呈
市长吴

　　　　　　　　　　　填报人：职务　专员
　　　　　　　　　　　　　　　姓名　丁慕韩
　　　　　　　　　　　二十九年十月二十八日

(0064—8—287)

81. 重庆市财政局职员徐治中为报1940年10月25日空袭损失私物报告表给上级的呈（1940年10月28日）

重庆市政府财政局员役空袭损失私物报告表

物品名称	品质	数量	损失程度	原价(元)	购置年月	备考
床	木	1	全毁	15	本年6月	
草席	草	1	全毁	8	本年7月	
小锅	铁	1	全毁	10	本年6月	
大锅	铁	1	全毁	2	本年5月	
菜刀	铁	1	全毁	3.5	本年6月	
柴刀	铁	1	全毁	1.5	1939年4月	
锅铲	铁	1	全毁	1	1939年4月	
开水壶	铅皮	1	全毁	4	1940年5月	
洗衣盆	木	1	全毁	3	1940年7月	
刷把	竹	1	全毁	3	1940年7月	
水缸	瓦	1	全毁	9	1940年7月	
大缸钵	瓦	1	全毁	3.5	1940年7月	
小缸钵		1		3		
饭碗	瓷	4	全毁	4	1940年7月	
中碗	瓷	4	全毁	5.6	1940年8月	每个1.4元
茶盅	瓷	4	全毁	3.2	1940年8月	每个8角
内衣	布	2	全毁	18	1940年8月	每件9元
内裤	布	2	全毁	9	1940年8月	每条4元半
棉絮	花	1	全毁	10	1940年9月	买旧的
线毯	线	1	全毁	11	1940年9月	买旧的
男袜	线	2	全毁	6	1940年9月	每双3元
被灾日期	1940年10月25日	被灾地点	太华镇石□街61号	房屋被炸或震塌	炸毁	原支薪俸数目	58元	有无同居眷属	有

续表

> 右〈上〉开物品确系因空袭被毁,谨呈
> 局长刁
> 　　转呈
> 市长吴
>
> 　　　　　　　　填报人：职务　财政局第三科书记
> 　　　　　　　　　　　　姓名　徐治中
> 　　　　　　　　二十九年十月二十八日

（0064—8—287）

82. 重庆市财政局职员丁相灵为报1940年10月25日空袭损失私物报告表给上级的呈（1940年10月28日）

重庆市政府财政局员役空袭损失私物报告表

物品名称	品质	数量	损失程度	原价(元)	购置年月	备考
棉被	红缎	1	全废	72	1939年9月	
棉被	绿缎	1	全废	72	1939年9月	
棉被	川缎	1	全废	78	1940年8月	
棉褥	线织贡呢	1	全废	25	1937年8月	
被单	布质	2	全废	64	1940年8、9月	
中山服	哔叽	1套	全废	130	1940年3月	
驼绒袍	绸质	1	全废	48	1939年9月	
府绸衫	棉质	2	全废	32	1940年7、8月	
水瓶		大1小1	全废	18 3	1940年8月 19439年3月	
锅	铁质	1	全废	11	1940年7月	
锅	白铁	1	全废	18	1940年8月	
盆	磁	1	全废	22	1940年8月	
木盆			全废	10	1940年8月	
碗	磁	大4小4	全废	22	1940年8月	
盘	磁	4	全废	12	1940年8月	
女袍	绸	1	全废	54	1939年9月	

续表

物品名称	品质	数量	损失程度	原价(元)	购置年月	备考
单衣	布	2	全废	21	1940年7月	女用
男裤褂	布	2	全废	24	1940年8月	
刀勺铲柴刀、火钳	钢铁	5	全废	18	1940年8月	
台钟		1	全废	8	1938年7月	
皮鞋	牛皮	1	全废	36	1940年7月	
黄皮鞋	纹皮	1	全废	54	1940年3月	女用
灰皮鞋	大英皮	1	全废	36	1939年4月	女用
毛冷衣	绒线	1	全废	62	1940年9月	
女长衫	布	2	全废	34	1940年7、9月	
被灾日期	1940年10月25日	被灾地点	大河顺城街12号	房屋被炸或震塌	被炸	原支薪俸数目	200元	有无同居眷属	有

右〈上〉开物品确系因空袭被毁,谨呈

 局长刁

  转呈

市长吴

      填报人:职务 估计专员

         姓名 丁相灵

      二十九年十月二十八日

(0064—8—287)

83. 重庆市财政局职员贺含春为报1940年10月25日空袭损失私物报告表给上级的呈(1940年10月28日)

重庆市政府财政局员役空袭损失私物报告表

物品名称	品质	数量	损失程度	原价(元)	购置年月	备考
西式枕头	布	1个	全损	6	1939年9月	
草席		1根	全损	4	1939年9月	

续表

物品名称	品质	数量	损失程度	原价(元)	购置年月	备考
洗面盆	洋磁	1个	全损	12	1939年7月	
手巾帕		1张	全损	1.5	1940年5月	
胶鞋		1双	全损	14	1940年6月	
毛织贡呢鞋		1双	全损	16	1940年8月	
磁茶壶		1个	全损	6	1939年6月	
白布铺毯		1张	全损	6	1939年3月	
竹席		1根	全损	4	1940年6月	
被灾日期 1940年10月25日	被灾地点	财政局第三科	房屋被炸或震塌	炸毁	原支薪俸数目 27元	有无同居眷属 无

右〈上〉开物品确系因空袭被毁，谨呈

局长

　　转呈

市长吴

填报人：职务　公差

姓名　贺含春

二十九年十月二十八日

（0064—8—287）

84. 重庆市财政局职员田维新为报1940年10月25日空袭损失私物报告表给上级的呈（1940年10月28日）

重庆市政府财政局员役空袭损失私物报告表

物品名称	品质	数量	损失程度	原价(元)	购置年月	备考
皮鞋		1双		25	1939年12月	
琅磁桶		1双		20	1939年9月	
锑锅		1双		10	1940年5月	
线毯		1床		40	1940年6月	
面盆		1双		20	1940年6月	

续表

物品名称	品质	数量	损失程度	原价(元)	购置年月	备考
电扇		1柄		120	1940年7月	
五抽柜		1支		30	1940年7月	
电筒		1支		10	1940年8月	

职　田维新

(0064—8—287)

85. 重庆市财政局职员姚伯年为报1940年10月25日空袭损失私物报告表给上级的呈(1940年10月28日)

重庆市政府财政局员役空袭损失私物报告表

物品名称	品质	数量	损失程度	原价(元)	购置年月	备考
衬衫	府绸	2件	破烂	13	1940年4月	
印花衬单	洋布	1床	破	9	1939年2月	
短裤	洋布	2件	破烂	2	1940年7月	
面盆	磁	1个	炸烂	5	1939年8月	
漱盅	磁	1个	烂	1.5	1939年5月	
搪瓷香皂盒		1付	烂	2.6	1938年6月	
茶壶	江西磁	1把	烂	3.2	1939年7月	
茶杯	江西磁	2个	烂	1.6	1939年8月	
油布		1床	烂	3	1938年5月	
竹床		1张	烂	4	1939年7月	
牙刷		1把	烂	2	1940年10月	
衣刷		1把	烂	2	1940年5月	
6寸玻璃碗		1把	烂	3.6	1939年3月	
被灾日期	1940年10月25日	被灾地点	陕西街222号一宿舍	房屋被炸或震塌	震坏	原支薪俸数目	66元	有无同居眷属

续表

右〈上〉开物品确系因空袭被毁,谨呈 局长刁 　　转呈 市长吴 　　　　　　　　　　填报人:职务　办事员 　　　　　　　　　　　　　　姓名　姚伯年 　　　　　　　　　　二十九年十月二十八日

（0064—8—287）

86. 重庆市财政局职员周之华为报1940年10月25日空袭损失私物报告表给上级的呈（1940年10月28日）

重庆市政府财政局员役空袭损失私物报告表

物品名称	品质	数量	损失程度	原价(元)	购置年月	备考
红漆木床	木质	1	全毁	42	1940年1月	
绸面棉被	棉	2	全毁	80	1940年1月	
被单	布	1	全毁	20	1940年5月	
线毯	毯	1	全毁	12	1939年3月	
府绸小衫裤	绸	1套	全毁	14	1940年5月	
哔叽中山装	哔叽	1套	全毁	32	1937年3月	
花丝葛女袍	葛	1件	全毁	20	1938年4月	
纹皮女鞋	皮	1双	全毁	32	1939年9月	
热水瓶		1个	全毁	22	1940年5月	
洋磁面盆	磁	2个	全毁	8	1938年5月	
菜碗		6个	全毁	3	1940年3月	
菜厨〔橱〕	木	1个	全毁	12	1940年3月	
饭碗		4个	全毁	2	1940年3月	
饭锅	铁	1个	全毁	6	1940年3月	
磁马桶		1个	全毁	6	1940年3月	
驼绒毯		1条	全毁	32	1937年1月	
绒线衫	绒	1件	全毁	22	1939年8月	

续表

物品名称	品质	数量	损失程度	原价（元）	购置年月	备考
女呢夹大衣	呢	1件	全毁	15	1938年7月	
纹皮男鞋	皮	1双	全毁	52	1940年9月	
被灾日期	1940年10月25日	被灾地点	大河顺城街14号	房屋被炸或震塌	炸毁	原支薪俸数目	160元	有无同居眷属	妻1

右〈上〉开物品确系因空袭被毁，谨呈

局长刁

　　转呈

市长吴

　　　　　　　　　　填报人：职务　科员

　　　　　　　　　　　　　　姓名　周之华

　　　　　　　　　　二十九年十月二十八日

（0064—8—287）

87. 重庆市财政局职员杨训浩为报1940年10月25日空袭损失私物报告表给上级的呈（1940年10月28日）

重庆市政府财政局员役空袭损失私物报告表

物品名称	品质	数量	损失程度	原价（元）	购置年月	备考
绒毯	毛质	1	被弹片炸碎	18	1936年2月	
呢毯	毛棉质	1	被弹片炸碎	12	1934年10月	
被盖	棉质	2	被弹片炸碎	70	1938年9月	
枕头	棉质	2	被弹片炸碎	6	1938年9月	
衬裤	毛质	1套	被弹片炸碎	4	1939年	
派力司西服	毛质	1套	被弹片炸碎	20	1936年2月	
皮鞋	革质	2双	被弹片炸碎	36	1940年1及4月	
中山服	棉质	1套	被弹片炸碎	5	1938年4月	
汗衫背心	棉质	2件	被弹片炸碎	8	1939年 1940年	

续表

物品名称	品质	数量	损失程度	原价（元）	购置年月	备考
夹袍	毛质	1	被弹片炸碎	24	1939年4月	
毛袜	毛质	2双	被弹片炸碎	6.4	1937年11月	
丝袜	棉质	2双	被弹片炸碎	4.8	1940年8月	
拖鞋	棉质	1	被弹片炸碎	1.6	1939年3月	
西式衣箱	革质	1个	被弹片炸碎	28	1936年4月	
热水瓶		1	被弹片炸碎	4.5	1939年6月	
白面盆	洋磁	1	被弹片炸碎	3.5	1938年2月	
茶杯	玻璃	4	被弹片炸碎	2	1939年2月	
漱口杯	洋磁	1	被弹片炸碎	0.8	1938年3月	
毛刷	毛木质	1	被弹片炸碎	1.2	1939年5月	
剃刀	钢质	1	被弹片炸碎	1.5	1937年2月	
麻衫	棉质	5件	被弹片炸碎	30	1936年 1939年	
被灾日期	1940年10月25日	被灾地点	信义街39号附2号3楼	房屋被炸或震塌	震塌	原支薪俸数目	90元	有无同居眷属	无

右〈上〉开物品确系因空袭被毁,谨呈

主任王
科长杨
局长刁
　转呈
市长吴

填报人:职务　科员
姓名　杨训浩
二十九年十月二十八日

(0064—8—287)

88. 重庆市财政局职员戴彭龄为报1940年10月25日空袭损失私物报告表给上级的呈（1940年10月28日）

重庆市政府财政局员役空袭损失私物报告表

物品名称	品质	数量	损失程度	原价(元)	购置年月	备考
大小锅	铁	2口	全毁	21	1940年7月	
烧火炉	洋锡	1个	全毁	5	1940年7月	
米坛	砂	1个	全毁	3.2	1940年7月	
水缸	砂	1个	全毁	6	1940年7月	
小水桶	木	1个	全毁	2.6	1940年7月	
锅盖	木	2个	全毁	3.6	1940年7月	
小饭碗	磁	5个	全毁	4	1940年7月	
小盘	磁	4个	全毁	4	1940年7月	
大小菜碗	磁	5个	全毁	8	1940年7月	
茶壶	磁	1把	全毁	2.6	1940年7月	
茶杯	磁	3个	全毁	4.2	1940年7月	
菜刀	铁	1把	全毁	4	1940年7月	
铲子 勺子	铁	3把	全毁	5.8	1940年7月	
面盆	搪瓷	1个	全毁	18	1940年7月	
洗衣盆	木	1个	全毁	4	1940年8月	
锅架	铁	1个	全毁	2	1940年8月	
小褂裤	洋布	2件	全毁	16	1939年8月	
洋袜	线	2双	全毁	4.4	1940年7月	
女长褂	布	1件	全毁	15.4	1940年9月	
竹桌		1张	全毁	2	1938年7月	
食米		1斗5升	全毁	13.5	1940年10月	
柴炭			全毁	5	1940年10月	
油盐及零星各件			全毁	约40		
被灾日期	1940年10月25日	被灾地点	陕西路12号	房屋被炸或震塌	被炸	原支薪俸数目	82元	有无同居眷属	有

续表

右〈上〉开物品确系因空袭被毁,谨呈
局长刁
转呈
市长吴
填报人:职务　科员
姓名　戴彭龄
二十九年十月二十八日

（0064—8—287）

89. 重庆市财政局职员刘庆源为报1940年10月25日空袭损失私物报告表给上级的呈（1940年10月28日）

敬呈者:职于本月十五日到差,以宿舍人满无法寄宿,后在姚家巷12号友人处暂住,不幸25日敌机狂炸陪都,友人处亦遭波及,职所有日用品等,悉付一炬(损失详另单)。值兹非常时期,百物昂贵之际,所有损失各物,无法另制〔置〕,拟请钧长体恤下情,俯予救济。

　谨呈

组长

　　核转

主任

科长

局长

附损失单2纸

　　　　　　　　　　　　　　　　职　刘庆源
　　　　　　　　　　　　　　　　十月二十八日

附:

重庆市政府财政局员役空袭损失私物报告表

物品名称	品质	数量	损失程度	原价(元)	购置年月	备考
被盖		1床	烧毁	50	1939年12月	
垫絮		1床	烧毁	20	1939年12月	

续表

物品名称	品质	数量	损失程度	原价(元)	购置年月	备考
毯子		1床	烧毁	30	1939年12月	
油布		1床	烧毁	10	1939年12月	
制服		1套	烧毁	40	1939年12月	
皮鞋		1双	烧毁	20	1939年12月	
绒袜		1双	烧毁	10	1939年12月	
面盆		1只	烧毁	20	1939年12月	
被灾日期	1940年10月25日	被灾地点	姚家巷12号	房屋被炸或震塌	被炸	原支薪俸数目	66元	有无同居眷属	无

右〈上〉开物品确系因空袭被毁，谨呈

局长刁

　　转呈

市长吴

　　　　　　　　　　　填报人：职务　调查员

　　　　　　　　　　　　　　　姓名　刘庆源

　　　　　　　　　　　二十九年十月二十八日

(0064—8—287)

90. 重庆市财政局职员刘曙村为报1940年10月25日空袭损失私物报告表给上级的呈(1940年10月28日)

重庆市政府财政局员役空袭损失私物报告表

物品名称	品质	数量	损失程度	原价(元)	购置年月	备考
线毯		1	毁灭	15	1939年下季	
被盖		1	塌破	40	1939年下季	
衬衣		2	毁灭	27	1940年上季	
短裤		2	毁灭	5	1940年上季	
电筒		1	毁灭	5	1939年下季	
漱盂		1	毁灭	3	1940年9月	
皮鞋		1	毁灭	35	1940年5月	
雨伞		1	毁灭	5	1940年8月	

续表

物品名称	品质	数量	损失程度	原价(元)	购置年月	备考
袜子		3	毁灭	8.4	1940年6月	
被灾日期	1940年10月25日	被灾地点	中正路132号	房屋被炸或震塌	炸塌燃烧	原支薪俸数目	有无同居眷属	本局同事黄永锡同住

右〈上〉开物品确系因空袭被毁,谨呈

主任田

局长刁

　转呈

市长吴

　　　　　　　　　　　　填报人：职务　调查员
　　　　　　　　　　　　　　　　姓名　刘曙村
　　　　　　　　　　　　二十九年十月二十八日

(0064—8—287)

91. 重庆市财政局职员苟德均为报1940年10月25日空袭损失私物报告表给上级的呈(1940年10月29日)

窃职住居本市姚家巷天灯街29号屠海山木铺楼上已历年余,不幸于本月二十五日被敌机全部毁炸,所有衣物器具尽遭损失。谨特照章列表附呈,敬请鉴核。

　谨呈

组长

股长

科长

局长

　　　　　　　　　　　　　　　　　职　苟德均
　　　　　　　　　　　　　　　　　十月二十九日

附：

重庆市政府财政局员役空袭损失私物报告表

物品名称	品质	数量	损失程度	原价(元)	购置年月	备考
帆布床	红木	1间	全毁	11	1939年4月	
白布被盖	棉	1床	全毁	14.2	1938年9月	
棉絮	棉	1床	全毁	4	1934年10月	
白线毯	棉	1床	全毁	13	1939年9月	
白花枕头		1对	炸毁	5.2	1937年8月	
芝麻呢制服		1套	炸毁	10.5	1939年4月	
蓝布夹衫		1件	炸毁	18	1939年8月	
灰洋布衬衣		1件	炸毁	10	1940年6月	
黄皮鞋		1双	炸毁	15	1938年4月	
木板箱		1口	炸毁	2	1936年3月	
青洋伞		1把	炸毁	2.5	1938年正月	
洋瓷脸盆		1个	炸毁	1.2	1938年2月	
毛巾		1张	炸毁	1.8	1940年6月	
牙刷		1把	炸毁	1	1940年6月	
玻璃杯		1个	炸毁	1	1940年6月	
被灾日期	1940年10月25日	被灾地点	天灯街29号	房屋被炸或震塌	被炸	原支薪俸数目	55元	有无同居眷属	无

右（上）开物品确系因空袭被毁，谨呈

局长刁

　　转呈

市长吴

　　　　　　　　填报人：职务　登记票据

　　　　　　　　　　　　姓名　苟德均

　　　　　　　　　　二十九年十月二十九日

(0064—8—287)

92. 重庆市财政局职员蔡沅为报1940年10月25日空袭损失私物报告表给上级的呈(1940年10月29日)

重庆市政府财政局员役空袭损失私物报告表

物品名称	品质	数量	损失程度	原价（元）	购置年月	备考
热水瓶		1	全破	20	1940年2月	
洋磁茶壶	磁	1	全破	10	1939年10月	
玻璃茶杯	玻璃		全破	2.4	1939年10月	
白磁油灯	磁		全破	3.5	1939年10月	住房被震塌一部分上列四项系住房内用具
大水缸	瓦	1	全破	8	1940年8月	
小米缸	瓦	1	全破	5	1940年8月	
大铁锅	铁	1	全破	14	1940年8月	
沙锅	瓦	2	全破	3	1940年8月	
大小钵子	瓦	3	全破	5	1940年8月	
洋磁面盆	洋磁	1	全破	16	1939年1月	
洋铁大炉	洋铁	1	全破	8	1939年1月	
洋铁水壶	洋铁	1	全破	5	1940年8月	
小木灯	木	1	全破	1.5	1940年8月	
小油灯	瓦	2	全破	1	1940年8月	
盘碗碟瓢	磁	15	全破	20	1940年8月	
柴米油盐豆			全破	20		厨房全部震毁上列12项系厨房用品
被灾日期	1940年10月25日	被灾地点	盐井坡11号	房屋被炸或震塌	震塌	原支薪俸数目	有无同居眷属	有

续表

右〈上〉开物品确系因空袭被毁，谨呈

股长贺

主任田

局长刁

　　转呈

市长吴

　　　　　　　　　　　　　填报人：职务　征收处第三股组长

　　　　　　　　　　　　　　　　　姓名　蔡沅

　　　　　　　　　　　　　　　二十九年十月二十九日

（0064—8—287）

93. 重庆市财政局职员何北星为报1940年10月25日空袭损失私物报告表给上级的呈（1940年10月29日）

重庆市政府财政局员役空袭损失私物报告表

物品名称	品质	数量	损失程度	原价(元)	购置年月	备考
面巾		1张	全损	1.5	1940年10月	
布鞋		1双	全损	3.2	1940年10月	
卧单		1床	全损	10.5	1940年8月	
条花布衬衣		1件	全损	6	1940年7月	
桶绒汗衣		1件	全损	17	1940年9月	
被灾日期	1940年10月25日	被灾地点	第三科办公室	房屋被炸或震塌	被炸	原支薪俸数目	25元	有无同居眷属

右〈上〉开物品确系因空袭被毁，谨呈

局长刁

　　转呈

市长吴

　　　　　　　　　　　　　填报人：职务　工役

　　　　　　　　　　　　　　　　　姓名　何北星

　　　　　　　　　　　　　　　二十九年十月二十九日

（0064—8—287）

94. 重庆市财政局职员刘曾明为报1940年10月25日空袭损失私物报告表给上级的呈（1940年10月29日）

重庆市政府财政局员役空袭损失私物报告表

物品名称	品质	数量	损失程度	原价(元)	购置年月	备考
胶鞋		1双	全损	12	1940年8月	
草席		1床	全损	2	1940年8月	
面巾		1张	全损	1.5	1940年9月	
袜子		2双	全损	4	1940年10月	
布鞋		1双	全损	3	1940年10月	
被灾日期	1940年10月25日	被灾地点	第三科办公室	房屋被炸或震塌	被炸	原支薪俸数目	25元	有无同居眷属

右〈上〉开物品确系因空袭被毁，谨呈

局长刁

　　转呈

市长吴

　　　　　　　　　　　填报人：职务　工役

　　　　　　　　　　　　　　姓名　刘曾明

　　　　　　　　　　　二十九年十月二十九日

（0064—8—287）

95. 重庆市财政局职员曾明辉为报1940年10月25日空袭损失私物报告表给上级的呈（1940年10月29日）

重庆市政府财政局员役空袭损失私物报告表

物品名称	品质	数量	损失程度	原价(元)	购置年月	备考
下装	人字呢	1条	全损	8	1939年10月	
上装	芝麻呢	1件	全损	8	1939年10月	
纱袜		2双	全损	5	1940年5月	
洗脸盆		1个	全损	5	1938年2月	
面巾		1张	全损	1.5	1940年7月	

续表

物品名称	品质	数量	损失程度	原价(元)	购置年月	备考
布鞋		1双	全损	5	1940年7月	
胶鞋		1双	全损	5	1940年7月	
棉絮		1床	全损	6	1939年5月	
被灾日期	1940年10月25日	被灾地点	本局	房屋被炸或震塌	被炸	原支薪俸数目	23元	有无同居眷属	

右〈上〉开物品确系因空袭被毁，谨呈

局长刁

　　转呈

市长吴

填报人：职务　公差

　　　　姓名　曾明辉

二十九年十月二十九日

(0064—8—287)

96. 重庆市财政局职员黄永锡为报1940年10月25日空袭损失私物报告表给上级的呈（1940年10月29日）

重庆市政府财政局员役空袭损失私物报告表

物品名称	品质	数量	损失程度	原价(元)	购置年月	备考
被盖		1	燃烧	85	1940年中旬	
毯子		1	燃烧	26	1940年下旬	
皮箱		1	燃烧	21	1940年下旬	
篮球外衣		1	燃烧	24	1940年中旬	
袜子		3	燃烧	6	1940年下旬	
皮鞋		1	燃烧	34	1940年下旬	
小衣		1	燃烧	18	1940年中旬	
中山服		1	燃烧	36	1940年中旬	
面盆		1	燃烧	12	1940年中旬	
面巾		1	燃烧	3.5	1940年下旬	

续表

| 被灾日期 | 1940年10月25日 | 被灾地点 | 中正路132号 | 房屋被炸或震塌 | 被炸燃烧 | 原支薪俸数目 | 54元 | 有无同居眷属 | 本局同事刘曙村 |

右〈上〉开物品确系因空袭被毁,谨呈

局长刁

  转呈

市长吴

填报人:职务 征收员

姓名 黄永锡

二十九年十月二十九日

（0064—8—287）

97. 重庆市财政局职员刘守义为报1940年10月25日空袭损失私物报告表给上级的呈(1940年10月30日)

  敬呈者:窃职于本月十六日到差,因宿舍告满无法寄宿,即在友人余泽鸿君处借住,地点在本市小河顺城街德记堆店内。职于本月二十三日搬来,不幸二十五日被敌机炸毁(损失详单附呈)。兹因现时百物昂贵,实难购置,恳请钧座加以体恤,酌给制物之费,如蒙俯允,不胜沾感。所有被炸损失缘由,理合签请鉴核示遵。

  谨呈

组长

股长

科长

局长

职 刘守义

十月二十八日

附：

重庆市政府财政局员役空袭损失私物报告表

物品名称	品质	数量	损失程度	原价(元)	购置年月	备考
被盖		1	燃烧	85	1940年中旬	
毯子		1	燃烧	26	1940年下旬	
皮箱		1	燃烧	21	1940年下旬	
篮球外衣		1	燃烧	24	1940年中旬	
袜子		3	燃烧	6	1940年下旬	
皮鞋		1	燃烧	34	1940年下旬	
小衣		1	燃烧	18	1940年中旬	
中山服		1	燃烧	36	1940年中旬	
面盆		1	燃烧	12	1940年中旬	
面巾		1	燃烧	3.5	1940年下旬	
被灾日期	1940年10月25日	被灾地点	小河顺城街德记堆店内	房屋被炸或震塌	房屋完全被炸	原支薪俸数目	66元	有无同居眷属	无

右〈上〉开物品确系因空袭被毁,谨呈

局长刁

　　转呈

市长吴

　　　　　　　　　　　填报人：职务　调查员

　　　　　　　　　　　　　　姓名　刘守义

　　　　　　　　　　　二十九年十月三十日

(0064—8—287)

98. 重庆市财政局职员杨继先为报1940年10月25日空袭损失私物报告表给上级的呈(1940年10月)

重庆市政府财政局员役空袭损失私物报告表

物品名称	品质	数量	损失程度	原价(元)	购置年月	备考
衣柜	楠木	1	打毁	38	1939年12月	
床	木质	1	打毁	30	1940年3月	

续表

物品名称	品质	数量	损失程度	原价(元)	购置年月	备考
被盖	棉质	2	打毁	54	1938年10月	
毯子	毛质	2	打破	62	1936年	
被单	棉质	1	打破	5	1936年	
衣箱	皮质	1	打破	24	1937年	
棉袍	毛质	1	打破	22	1935年	
棉袄裤	绸质	1套	打破	20	1935年	
单褂裤	绒质	2套	无存	12	1936年	
纹皮鞋	革质	1双	打破	9	1935年	
拖鞋	革质	1双	无存	8	1940年3月	
帽子	呢质	1	无存	6	1939年11月	
镜子	玻璃	1	无存	5	1940年6月	
茶杯	玻璃	4	无存	4.8	1940年3月	
洗面盆	洋磁	1	打毁	12	1940年3月	
大小菜碗	磁	16	无存	34	1940年3月	
调羹碟子	磁	12	无存	7.5	1940年3月	
饭碗	磁	4	无存	8.2	1938年4月	
菜盆	搪磁〔瓷〕	1	打碎	4	1940年3月	
时钟	金属	1	打碎	24	1940年5月	
热水瓶	金属	1	打碎	16	1940年5月	
被灾日期	1940年10月25日	被灾地点	接圣街39号	房屋被炸或震塌	震塌	原支薪俸数目	32元	有无同居眷属	有

右〈上〉开物品确系因空袭被毁,谨呈

局长刁

  转呈

市长吴

填报人:职务 科长
姓名 杨继先
二十九年十月 日

(0064—8—287)

99. 重庆市财政局职员何伯符为报1940年10月25日空袭损失私物报告表给上级的呈（1940年11月1日）

敬呈者：窃职赁居水巷子88号市房楼上，因十月二十五日敌机袭渝左右投弹将屋震毁，损失日常应用器物极感不便，依现时物价置备匪易，尤以房东被害奇重无力修复原屋。全城市房皆有人满之患一时不克搬迁，旋经房东商诸同居诸人如愿继续居住者须各自行雇工修理所费亦属不赀，为顾全事实计只得俞允。按职平时生活已属艰于维持，此次损失殊出意外，谨援中央补助公务员被炸损失条例填具空袭损失私物报告表2份随签赍呈敬祈鉴核分别存转，并恳俯准先予发给以应急需，实为德便。

谨呈

科长杨

核转

局长刁

附呈空袭损失私物报告表2份

职　何伯符

十月三十一日

附：

重庆市政府财政局员役空袭损失私物报告表

物品名称	品质	数量	损失程度	原价（元）	购置年月	备考
八音钟	铜质	1座	机器大半震毁	18	1934年	
小方座钟	玻璃	1座	震坏	11	1936年5月	
温水瓶	玻璃	1个	全部破碎	17	1938年11月	
帆布床	木架	1张	帆布震破	9	1938年9月	
痰盂	搪瓷	1个	震破	4	1938年10月	
面盆	搪瓷	1个	震坏	3	1938年9月	
锅	铁质	1口	震破	5	1938年9月	
饭吊	锑质	1个	震坏	8	1938年9月	
方桌	木	1张	瓦片打坏	5	1938年9月	

续表

物品名称	品质	数量	损失程度	原价（元）	购置年月	备考
茶壶	顶细磁	1把	破碎	3	1936年6月	
茶碗	磁	8个	破碎	9.6	1938年9月	
饭碗	磁	5个	破碎	2.5	1938年9月	
水缸	瓦	1口	破碎	5	1938年9月	
米缸	瓦	1口	破碎	3.5	1938年9月	
帐子	洋布	1床	瓦片打破	8.4	1936年3月	
被灾日期	1940年10月25日	被灾地点	水巷子88号	房屋被炸或震塌	板壁瓦椽震塌	原支薪俸数目	90元	有无同居眷属	有子女同居

右〈上〉开物品确系因空袭被毁,谨呈

科长杨

局长刁

  转呈

市长吴

       填报人：职务　二科科员

          姓名　何伯符

        二十九年十一月一日

（0064—8—287）

100. 重庆市财政局职员宋瑞明为报1940年10月25日空袭损失私物报告表给上级的呈文稿（1940年11月1日）

  窃职于本年七月末来渝谋事,与友人陈寿钧君(陈君系在中国文化服务社服务)合租大河顺城街12号后楼居住。继蒙钧座委用到局服务,惟因局中宿舍人满无有铺位,故仍居该处。九月二十六日奉令出发大沙溪测量,其时以雾季届临敌机空袭较少,故职仍与陈君继续合租该屋以备回局时居住,且将衣箱1只内贮冬季衣服存放该屋内。讵料上月二十五日该屋竟遭炸毁,职闻讯前往察看,存箱已成灰烬。值兹物价高涨添购非易,如蒙钧座准予列报以资弥补则不胜德感之至。兹附被炸损失单一纸谨呈鉴核。

  谨呈

队长蒋

科长梅

局长刁

　　　　　　　　　　　　　　　　　　职　宋瑞明

　　　　　　　　　　　　　　　　　十一月一日

附：

重庆市政府财政局员役空袭损失私物报告表

物品名称	品质	数量	损失程度	原价（元）	购置年月	备考
衣箱	铁皮	1	全毁	8	1939年9月	
大衣	黑呢	1	全毁	75	1938年12月	
毛线衣	毛	1	全毁	30	1939年10月	
卫生衣裤	绒	2套	全毁	34	1939年10月	
中山服	草绿乙种呢	1套	全毁	160	1939年11月	
被灾日期	1940年10月25日	被灾地点	大河顺城街12号	房屋被炸或震塌	炸毁	原支薪俸数目	11元	有无同居眷属	无

右〈上〉开物品确系因空袭被毁，谨呈

队长蒋

科长梅

局长刁

　转呈

市长吴

　　　　　　　　　　　填报人：职务　测绘员
　　　　　　　　　　　　　　姓名　宋瑞明
　　　　　　　　　　　二十九年十月二十九日

（0064—8—287）

101. 重庆市财政局职员□德为报1940年10月25日空袭损失私物报告表给上级的呈（1940年11月4日）

重庆市政府财政局员役空袭损失私物报告表

物品名称	品质	数量	损失程度	原价（元）	购置年月	备考
背心	麻纱	1件	全烂	5.5	1939年12月	
短裤	洋布	2条	全烂	6	1940年5月	
图章	寿山石	1方	震失	3.5	1937年10月	
衬衣	哈叽	1件	全烂	4.5	1938年3月	
手巾	麻纱	2张	震失	1.2	1938年4月	
香皂 肥皂	前进牌 江南牌	2块	震失	1.6	1940年4月	
袜子	棉纱	1双	震失	2	1940年5月	
自来水笔	新民牌	1支	震失	4	1938年5月	
被灾日期	1940年10月25日	被灾地点	第一寄宿舍	房屋被炸或震塌	震毁	原支薪俸数目	82元	有无同居眷属

右〈上〉开物品确系因空袭被毁，谨呈
局长刁
　　转呈
市长吴

　　　　　　　　　　　　填报人：职务　办事员
　　　　　　　　　　　　　　　　姓名　□德
　　　　　　　　　　　　二十九年十一月四日

（0064—8—287）

102. 重庆市财政局职员谭雪鸿为报1940年10月25日空袭损失私物报告表给上级的呈（1940年11月9日）

重庆市政府财政局员役空袭损失私物报告表

物品名称	品质	数量	损失程度	原价（元）	购置年月	备考
黑皮鞋	香港纹皮	1双	毁坏	42	1940年5月	
黑拖鞋	纹皮	1双	毁	7.5	1940年5月	
面盆	洋瓷	1个	破烂	23	1940年10月	
漱口盅	细瓷	1个	毁	4.5	1940年10月	
香皂盒	细瓷	1个	毁	4.2	1940年10月	
操鞋	毛贡呢	1双	毁	11	1940年7月	
棉絮	旧	1床	毁烂	5.5	1939年10月	
灰军毯	呢	1床	毁烂	25	1938年11月	随军所领上系估价
床	竹	1张	破烂	9.5	1940年10月	
被灾日期	1940年10月25日	被灾地点	第一宿舍	房屋被炸或震塌	震	原支薪俸数目	90元	有无同居眷属	

右〈上〉开物品确系因空袭被毁，谨呈

科长何

局长刁

　转呈

市长吴

填报人：职务　办事员

姓名　谭雪鸿

二十九年十一月九日

（0064—8—287）

103. 重庆市财政局职员洪文瑞为报1940年10月25日空袭损失私物报告表给上级的呈(1940年11月9日)

重庆市政府财政局员役空袭损失私物报告表

物品名称	品质	数量	损失程度	原价(元)	购置年月	备考
西服上装	藏青哔叽	1件	烂	50	1939年3月	
西服下装	灰哔叽	1条	烂	45	1939年3月	
夹袍子	灰哔叽	1件	坏	28	1938年10月	
内衣	羊毛	1件	毁	40	1940年1月	
黄皮鞋	纹皮	1双	毁	32	1939年11月	
面盆	洋瓷	1个	破坏	9	1939年9月	
方镜	玻砖	1把	毁	4.5	1940年5月	
被灾日期	1940年10月25日	被灾地点	第一宿舍	房屋被炸或震塌		原支薪俸数目	120元	有无同居眷属

右〈上〉开物品确系因空袭被毁,谨呈

科长何

局长刁

　　转呈

市长吴

　　　　　　　　　　　　　　填报人:职务　科员

　　　　　　　　　　　　　　　　姓名　洪文瑞

　　　　　　　　　　　　　　二十九年十一月九日

(0064—8—287)

104. 重庆市财政局职员徐文达为报1940年10月25日空袭损失私物报告表给上级的呈(1940年11月9日)

重庆市政府财政局员役空袭损失私物报告表

物品名称	品质	数量	损失程度	原价(元)	购置年月	备考
面盆	洋瓷	1个	毁	10	1940年4月	
漱口盅	细瓷	1个	毁	3	1940年3月	

续表

物品名称	品质	数量	损失程度	原价(元)	购置年月	备考
肥皂缸	细瓷	1个	毁	2	1940年3月	
方镜	玻璃	1把	毁	4	1940年2月	
热水瓶	金龙牌	1个	毁	12	1940年4月	
茶壶	细瓷	1个	毁	4	1940年3月	
茶杯	细瓷	2个	毁	3	1940年3月	
床	竹	1件	毁	8	1940年5月	
小伞	湖南伞	1把	毁	3	1940年2月	
制服	哔叽	1套	毁	8	1939年7月	
呢帽	呢	1顶	毁	25	1939年9月	
皮鞋	黑纹皮	1双	毁	54	1940年4月	
皮拖鞋	黑纹皮	1双	毁	8	1940年2月	
被灾日期	1940年10月25日	被灾地点	第一宿舍	房屋被炸或震塌		原支薪俸数目	100元	有无同居眷属

右(上)开物品确系因空袭被毁,谨呈

科长何

局长刁

　　转呈

市长吴

　　　　　　　　　　　　　　　填报人:职务　科员

　　　　　　　　　　　　　　　　　　姓名　徐文达

　　　　　　　　　　　　　　　二十九年十一月九日

(0064—8—287)

105. 重庆市财政局职员刘声振为报1940年10月25日空袭损失私物报告表给上级的呈(1940年11月19日)

重庆市政府财政局员役空袭损失私物报告表

物品名称	品质	数量	损失程度	原价(元)	购置年月	备考
主计法令汇编		2本	全毁	6	1940年1月	主计处出版

续表

物品名称	品质	数量	损失程度	原价（元）	购置年月	备考
工业类统计方案示例		1本	全毁	5	1939年10月	
财政统计学		1本	全毁	3.5	1939年10月	日文译本
统计制图学		1本	全毁	10	1939年10月	商务版
统计月报		4册	全毁	6		
服务月报		8册	全毁	4		
经济统计学		1册	全毁	6		中华版
普通统计学讲义		2册	全毁	8		
经济统计学讲义		1册	全毁	6		
农业统计学		1本	全毁	6		
其他普通杂志		数10本	全毁	20	最近两年中所购	
象牙图章		1盒	全毁	15	1940年10月	
石质图章		1颗	全毁	10	1940年10月	
仪器		1盒	全毁	50	1938年	以上均系存于档案室统计股书柜内被毁
金星牌钢笔		1支	全毁	30	1939年11月	
油筒		50余	全毁	2.5		以上系在一科本人坐桌内被毁
被灾日期	1940年10月25日	被灾地点	陕西路财政局	房屋被炸或震塌	被炸	原支薪俸数目	120元	有无同居眷属	无

右〈上〉开物品确系因空袭被毁，谨呈

局长刁

　　转呈

市长吴

　　　　　　　　　　　　　　　　　　填报人：职务　□□

　　　　　　　　　　　　　　　　　　姓名　刘声振

　　　　　　　　　　　　　　　　　　二十九年十一月十九日

(0064—8—287)

106. 重庆市财政局职员叶倍振为报1941年5月3日空袭损失私物报告表给上级的呈(1941年5月4日)

重庆市政府财政局员役空袭损失私物报告表

物品名称	品质	数量	损失程度	原价(元)	购置年月	备考
方桌	竹	1	全毁	10	1941年3月	
条凳	木	2	全毁	8	1941年3月	
衣物橱	竹	1	全毁	20	1941年3月	
大棕绷床	木	1	全毁	62	1941年4月	修理后仍然可使用
小棕绷床	竹	1	全毁	10	1941年3月	
大小脚盆	木	2	全毁	15	1941年2月	
茶几	竹	2	全毁	6	1941年3月	
手提箱	皮革	1	全毁	35	1940年夏	
手提箱	皮革	1	部分受损	20	1939年夏	
台钟		1	全毁	85	1939年冬	
热水壶		1	全毁	40	1941年1月	
镜子		1	全毁	11	1940年冬	
木梳	牛骨	1	全毁	4.2	1940年冬	
洗脸盆	洋瓷	1	全毁	24	1940年12月	
漱口盅	洋瓷	1	全毁	9	1940年12月	
茶杯	玻璃	4	全毁	6	1941年2月	
水缸		1	全毁	7	1941年3月	
米坛		2	全毁	8.5	1941年3、4月	
电灯泡		1	全毁	11	1941年3月	
灯头开关		1	全毁	4	1941年3月	
床开关		1	全毁	2	1941年3月	
雨伞	纸	1	全毁	3.5	1941年3月	
水壶	白铁	2	全毁	7	1941年2、4月	
铁锅		1	全毁	20	1941年3月	
煤炉	白铁包皮	1	全毁	11	1941年4月	
小炭炉	铁皮	1	全毁	4	1939年春	

续表

物品名称	品质	数量	损失程度	原价（元）	购置年月	备考
大菜碟子	江西瓷	6	全毁	21	1941年2、3月	
菜盘	本地瓷	7	全毁	10.5	1941年2、3月	
饭盘	本地瓷	8	全毁	8	1941年2、3月	
白米		5斗	埋入土中	90	1941年4、5月	
面粉		1袋	埋入土中	50	1941年4月	
菜油		8斤	埋入土中	17.6	1941年5月	
酱油		2瓶	埋入土中	6.4	1941年4月	
圆顶蚊帐	纱	1	破烂	50	1940年夏	
被盖	锦缎面布面	2	破烂	140	1939年冬 1940年冬	
印花床毯	布	1	破烂	36	1940年夏	
门帘	白竹布	1	破烂	21	1941年3月	
枕头	白竹布绣花	2	破烂	12	1940年春	
衬衫	府绸	3	破烂	52	1940年夏	
领带	半毛	1	破烂	8	1940年冬	
女用大衣	呢	1	破烂	60	1939年冬	
女夹袍	夹丝	1	破烂	30	1940年秋	
女单袍	布	4	全部破烂2件部分破烂2件	60	1939年秋 1941年春	
女棉袍	布	1	破烂	30	1939年冬	
幼童棉袄	布	2套	破烂	44	1940年冬	
幼童单夹衣	布	4套	破烂	60	1940年秋 1941年4月	
幼童外套	毛线	1	部分破烂	30	1940年冬	
男皮鞋		1	破烂	42	1940年冬	
女皮鞋		2	破烂	61	1940年夏 1941年1月	
幼童皮鞋		1	毁失	5	1941年5月	

续表

物品名称	品质	数量	损失程度	原价（元）	购置年月	备考
力士鞋		1	毁失	18	1941年2月	尚有零星小件未及列入
被灾日期 1941年5月3日	被灾地点	康宁路19号附9号	房屋被炸或震塌	屋前落弹被炸	原支薪俸数目 180元	有无同居眷属 有

右〈上〉开物品确系因空袭被毁，谨呈

局长刁
　转呈
市长吴

填报人：职务　股主任
姓名　叶倍振
三十年五月四日

附：曹含炘为奉查该局职员叶倍振遭受空袭损失一案转呈财政局局长的文（1941年5月17日）

　　窃职于本月九日、十日先后两次前往该员住址康宁路19号附9号查勘，询据现住19号附9号穆超之太太声称：9号并未住有叶倍振其人。复往罗家湾该管区警察所调户籍查阅亦无该员户籍之备载。惟据该所户籍员称：康宁路19号内多为机关职员住居，住宅号数系由各住户自编，并常有不愿来所陈报户籍情事。复于本月十五日会同该员直抵其被炸住宅查看，确系住宅前中弹，该房及家具什物被毁，尚有什物残余可见。据该员跟同指称：该处房屋系一连3间，居左间者为赵姓，系在调查统计局担任秘密工作不便造次。前往查询居中者，以前系刘岫青，亦在统计局任第三科科长，因渠前往唐家沱（新市场复兴路29号）去矣，余始于二月底迁居于此。右间为章志仁，亦在统计局任总干事，当即同往会章志仁君，讵章君因公外出未能复往。市府统计室会米专员养明询称米君称[①]：叶君确在该处居住，于本年四月间余曾携友人到叶君家中玩耍数次。等语。据此按该员确在该处居住是实。此项被炸草房

---

① 此处文句不通，原档照录。

业已损坏不可居人,房内什物自然亦有相当损失,理合将查明情形签请鉴核。

  谨呈

主任洪

科长何

  核转

              局长刁

            职 曹舍炘

            五月十七日

          （0064—8—288）

107. 重庆市财政局职员李友仁为报1941年5月10日空袭损失私物报告表给上级的呈文稿(1941年5月12日)

  窃职于五月一日奉调至李子坝地方服务,始届一旬。讵料前日（即10号）敌机扫荡报馆一带,投弹时职住所亦惨遭破片飞来,将室内零星器具及衣履书籍毁坏,大半约值200余元。幸公物票据早经职携至防空洞放置,始未损失。值兹百物昂贵购买不易之今日,骤遭不测实属痛苦至极,恳祈钧长俯念下情发给损失费予以救济,则职感戴之余,当报效于来日也。理合签请[鉴核]。

  谨呈

组长

  核转

股长

主任

局长

         化龙区征收员 李友仁

            五月十二日

附1：

重庆市政府财政局员役空袭损失私物报告表

物品名称	品质	数量	损失程度	原价（元）	购置年月	备考
府绸衬衣	冲府绸	1件		26	本年3月份制	工资在内
安安布长衫	蓝布	1件		41.2	本年2月份制	工资在内
哔叽呢夹袍	毛质品	1件		75	1939年度制	工资在内
线布西裤	棉质品	1条		15	1940年度制	工资在内
袜子	棉质品	2双		6	本年度置	
洗脸盆		1只		9	1940年度置	
漱口杯	玻璃	1只		2	1939年度置	
茶杯	白瓷	4个		3.2	1939年度置	
新式大字典	报纸编成	1本		9.6	1940年度置	
商业簿记学	商业印书馆出品	1本		3.5	1939年度置	
细磁菜碗	白瓷	5个		10	1938年度置	
腰圆镜子		1面		2.4	1940年度置	
茶壶	白瓷	1把		6	1939年度置	
油布	绿色	1床		7	1938年度置	
被灾日期	1941年5月10日	被灾地点	李子坝73号	房屋被炸或震塌	屋前落弹被炸	原支薪俸数目 60元津贴40元	有无同居眷属	有

右〈上〉开物品确系因空袭被毁，谨呈

局长刁

　　转呈

市长吴

　　　　　　　　　　　　填报人：职务　化龙区征收员

　　　　　　　　　　　　　　　　姓名　李友仁

　　　　　　　　　　　　　　　三十年五月十二日

附2：曹含炘为奉查该局职员李友仁空袭损失一案转呈财政局局长的文（1941年5月17日）

窃职遵于本月七日前往该员住址李子坝河街73号查勘，询据同号居民唐子才称：李征收员系于四月底迁来，五月十一日即同伊妇迁往黄桷垭去矣，五月十号马路上被炸,此地亦略受震动,除震坏少数盆磁物品外,其他当无损失,即〔及〕楼上所住雇工被炸亦完好无残。等语。据此,查是日着弹处距该员住址尚远,该员所住楼房因瓦砾石片落下致击毁玻璃瓷器之类物品尚属实情,似应酌予补偿,以示抚恤。至衣被书籍等物品,因同楼所住雇工衣被尚属完整,该员似应勿〔毋〕庸再议。理合将查明情形签请鉴核。

　　谨呈
　主任洪
　科长何
　　核转

局长刁

职　曹舍炘

五月十七日

(0064—8—288)

108. 重庆市财政局职员杨正谊为报1941年5月10日空袭损失私物报告表给上级的呈(1941年5月19日)

重庆市政府财政局员役空袭损失私物报告表

物品名称	品质	数量	损失程度	原价(元)	购置年月	备考
磁汤碗	细磁	5个	完全破碎	12.5	1941年1月	每个2.5元,5个共如上数
磁菜碗	白细磁	9个	完全破碎	19.8	1941年1月	每个2.2元,9个共如上数
磁饭碗	白细磁	10个	完全破碎	16	1941年1月	每个1.6元共如上数

续表

物品名称	品质	数量	损失程度	原价（元）	购置年月	备考
磁汤匙	白细磁	10把	完全破碎	5.5	1941年1月	每个0.55元共如上数
饭甑	木	1个	完全破碎	4.5	1941年4月	
油盐米罐	瓦	3个	完全破碎	约10	借用	
开水壶	洋铁	1把	完全破碎	5.2	1940年10月	
热水瓶	玻璃	1个	完全破碎	32.5	1941年2月	
磁盆	洋磁	1个	完全破碎	25	1941年2月	
磁茶壶	细磁	1把	完全破碎	7.5	1941年4月17日	
磁茶杯	细磁	6个	完全破碎	9	1941年4月17日	每个1.5共9元
磁茶盘	细磁	1个	完全破碎	5.5	1941年4月17日	
大磁菜盘	细磁	4个	完全破碎	12	1941年4月17日	
玻璃盏子	玻璃	2个	完全破碎	4	1941年4月17日	
玻璃菜盘	玻璃	2个	完全破碎	5	1941年4月	
电灯泡照〔罩〕	玻璃	1套	完全破碎	6	1941年4月18日	
水缸	瓦	1个	完全破碎	13	1941年4月	
饭锅	铁	1口	完全破碎	18	1941年1月	
洗澡盆	木	1个	完全破碎	13.5	1941年4月	
大缸钵小缸钵	瓦	2个2个	完全破碎	6	1941年4月	
泡菜坛	瓦	2个	完全破碎	约8	借用	
紫菜盒	洋磁	1套	完全破碎	8.5	1939年5月	
女夹衫	花呢布	1件	完全破碎	45.5	1940年9月	
被灾日期	1941年5月10日正午	被灾地点	菜园坝王家坡61号	房屋被炸或震塌	震塌	原支薪俸数目	105元	有无同居眷属	妻女各1

续表

>   右〈上〉开物品确系因空袭被毁,谨呈
> 局长刁
>   转呈
> 市长吴
>
> 　　　　　　　　　　　　　填报人:职务　测绘员
> 　　　　　　　　　　　　　　　　姓名　杨正谊
> 　　　　　　　　　　　　　三十年五月十九日

附:曹含炘为奉查该局职员杨正谊空袭损失一案转呈财政局局长的文(1941年5月23日)

　　窃职奉查本局测绘员杨正谊遭受空袭损失一案,遵于本月二十三日前往该员住址查勘,确因本月十日正午敌机在址附近数处投弹,致该处房屋震毁甚巨,虽柱架尚存,但壁穿户烂业已不可居人,复核该员所报损失率多磁瓦器具之类,当系属实。理合将查明情形签请鉴核。

　　谨呈
主任洪
科长何
局长刁

　　　　　　　　　　　　　　　　　　　　职　曹含炘
　　　　　　　　　　　　　　　　　三十年五月二十三日

　　　　　　　　　　　　　　　　(0064—8—288)

109. 重庆市财政局职员丁泽钟为报1941年5月16日空袭损失私物报告表给上级的呈（1941年6月11日）

重庆市政府财政局员役空袭损失私物报告表

物品名称	品质	数量	损失程度	原价（元）	购置年月	备考
松鹤牌大热水瓶		1个		125	1940年10月	
菜碗		8只		16	1940年11月	
茶杯		6只		12	1940年11月	
方桌		1张		20	1940年10月	
木椅		2条		8	1940年11月	
水缸		1只		8	1940年11月	
锑铁锅		1只		70	1940年10月	
窗帘		2幅		30	1940年10月	
木床		1副		34	1940年1月	
旧马裤呢夹衫		1件		50	1936年	挂在壁上被炸毁者
纺绸长衫		1件		75	1940年4月	挂在壁上被炸毁者
花绸夹旗袍		1件		105	1940年10月	挂在壁上被炸毁者
被灾日期	1941年5月16日	被灾地点	小园恬庐10号	房屋被炸或震塌	厨房被炸卧房震塌	原支薪俸数目	260元	有无同居眷属	有

以上均为损失者，其他立柜什件被震毁尚堪修理为用者未报在内。

右〈上〉开物品确系因空袭被毁，谨呈

科长

局长

　　转呈

市长吴

　　　　　　　　　　　　填报人：职务　第二科科长

　　　　　　　　　　　　　　　　姓名　丁泽钟

　　　　　　　　　　　　三十年六月十一日

附：曹含炘为奉查该局职员丁泽钟空袭损失一案转呈财政局局长的文（1941年6月11日）

　　查丁科长住址小园恬庐10号,确于五月十六日因敌机投弹致将该处厨房炸毁卧房震塌,所报损失什物均属切实。

查对员　曹含炘
三十年六月十一日

（0064—8—288）

110. 重庆市财政局职员张伯砚为报1940年5月、1941年5月空袭损失私物报告表给上级的呈（1941年6月3日）①

　　窃职上年置有人力车2辆（一部牌号1246一部牌号1248）,该1246号车原存放下南区马路3号余家院内,于二十九年五月初六日被敌机轰炸,房屋车辆完全毁失,因无力另置新车,今仍照旧完纳捐款。其1248号车系存放下南区马路百味村对面路边,于三十年五月二十四日被敌机在该区投弹,车身车轮钢丝大部分遭弹片击损,现尚无力修理。以上两车照现在市价需洋千余元始能购置。职仅此两车资□,今一毁一坏,实所难堪。兹谨遵规填具报告表2份补报,伏乞鉴核赐予抚恤,无任沾感。

　　谨呈

组长

股长

　　核转

主任

局长

附报告表2份

职　张伯砚
六月三日

---

① 该份呈文最后审核意见为"碍难转请,已通知"。

附1：

重庆市政府财政局员役空袭损失私物报告表

物品名称	品质	数量	损失程度	原价（元）	购置年月	备考
人力车	木质金质	2辆	1部全毁1部损坏一部分	320	1936年	
被灾日期 1940年五月初六 1941年五月二十四日	被灾地点	于家院①3号下南区马路百味村对面	房屋被炸或震塌	原支薪俸数目	60元	有无同居眷属 有

右〈上〉开物品确系因空袭被毁，谨呈

科长梅

局长刁

  转呈

市长吴

          填报人：职务　事务员

             姓名　张伯砚

          三十年六月三日

附2：曹含炘为奉查该局职员张伯砚空袭损失一案转呈财政局局长的文（1941年6月）

  奉交下调查张伯砚空袭损失报告表一案。查该员所报损失人力车两部，一部系二十九年五月六日炸毁，事隔年余，一部系本年五月二十四日被炸（据称此部系放在南区路百味村对面路边），事隔旬日始行呈报来局。经核与本府员役空袭损失救济办法规定之填报限期不符，似难能请救济。是否有当，理合签请鉴核。

  谨呈

主任洪

科长何

局长刁

              职　曹含炘

---

① 与正文"余家院"不符，原档照录。

六月七日

(0064—8—288)

111. 重庆市财政局职员李鱼安为报1941年6月1日空袭损失私物报告表给上级的呈(1941年6月1日)

重庆市政府财政局员役空袭损失私物报告表

物品名称	品质	数量	损失程度	原价(元)	购置年月	备考
被盖	棉	1床	炸光	76	1940年8月1日	
毯子	棉	1床	炸光	35	1940年八月初四	
灰寸呢长袍	毛	1件	炸光	175	1940年12月2日	
呢□衣	呢	1件	炸光	35	1940年12月2日	
呢帽	呢	1顶	炸光	40	1940年12月20日	
皮鞋	黄	1双	炸光	56	1940年7月29日	
蓝布长衫	棉	2件	炸光	75	1940年7月25日	
白花布汗衣裤	棉	2套	被炸	75	1940年8月30日	
坪床	白〔柏〕木	1间	被炸	35	1940年7月10日	
写字台	白〔柏〕木	1张	被炸	58	1940年7月10日	
衣架	白〔柏〕木	1个	被炸	12	1940年7月10日	
大碗	土	5个	被炸	10	1940年7月21日	
饭碗	土	5个	被炸	5.5	1940年7月20日	
大小缸钵	土	各1个	被炸	8	1940年7月21日	
耳锅	铁	1口	被炸	20	1940年7月21日	
被灾日期	1941年6月1日	被灾地点	临江路第2号	房屋被炸或震塌	被炸	原支薪俸数目	38元	有无同居眷属	有

续表

右〈上〉开物品确系因空袭被毁，谨呈 局长刁 　　　转呈 市长吴 　　　　　　　　　　　　　　　填报人：职务　税警 　　　　　　　　　　　　　　　　　　　姓名　李鱼安 　　　　　　　　　　　　　　　　　　三十年六月一日

附：曹含炘为奉查该局职员李鱼安空袭损失一案转呈财政局局长的文（1941年6月2日）

　　窃职奉查税警李鱼安遭受空袭损失一案，遵于本月二日前往临江路2号查勘，查实该税警住址于本月一日因投弹正中全部倒塌，家具尽毁属实。并经该处驻扎宪兵朱东二同志证明无讹。理合将查明情形，签请鉴核。

　　谨呈
主任洪
科长何
局长刁

　　　　　　　　　　　　　　　　　　　　　　　职　曹含炘
　　　　　　　　　　　　　　　　　　　　　　　　六月二日
　　　　　　　　　　　　　　　　　　　　　　（0064—8—288）

112. 重庆市财政局职员李耀枢为报1941年6月1日空袭损失私物报告表给上级的呈（1941年6月2日）

　　窃职家住本市民生路43号院内附2号，突于六月一日寇机袭渝时，全院被毁，职之衣被等物悉被炸坏。理合遵照府令报请鉴核示遵。

　　谨呈
主任
科长

局长

附呈空袭私物损失报告表2份

职　李耀枢

六月二日

附1：

重庆市政府财政局员役空袭损失私物报告表

物品名称	品质	数量	损失程度	原价（元）	购置年月	备考
小铁床	铁	1间	损坏	10	1936年	
木床	木	1间	损坏	20	1937年	
二号锅	铁	1口	损坏	2	1937年	
衣柜	木	1个	损坏	80	1937年	系玻砖柜
衣箱	皮	2口	损坏	8	1938年	
被盖	棉	2床	损坏	110	1938年	丝棉〔绵〕的1床棉花的1床
毯子	棉	2床	损坏	30	1940年	
帐子	市布	1笼	损坏	95	1939年	
蓝布衫	布	男女3件	损坏	70	1941年1月	
夹衫	布	男女2件	损坏	80	1939年	
夹裤	布	2件	损坏	40	1939年	
被灾日期	1941年6月1日	被灾地点	民生路43号附2号	房屋被炸或震塌	被炸	原支薪俸数目	60元	有无同居眷属	家属6人

右〈上〉开物品确系因空袭被毁，谨呈

局长刁

　　转呈

市长吴

填报人：职务　事务员

　　　　姓名　李耀枢

三十年六月二日

附2：曹含炘为奉查该局职员李耀枢空袭损失一案转呈财政局局长的文（1941年6月2日）

窃职奉查本局事务员李耀枢遭受空袭损失一案，遵于本月二日前往民生路43号查勘，查实该员住址附近地点左右均被投弹，该员所住房屋震毁甚巨。虽柱架尚存聊可居人，而门户墙壁实已破烂不堪，房中器具除衣物类尚残破存在外，其他瓦磁之类物品自系破坏属实。理合将查明情形签请鉴核。

谨呈

主任洪

科长何

局长刁

职　曹含炘

六月二日

（0064—8—288）

113. 重庆市财政局职员刁文俊为报1941年6月1日空袭损失私物报告表给上级的呈（1941年6月2日）

敬签呈者：窃敌机于昨日（六月一日）袭渝，职寓本市七星岗德兴里30号，不幸房屋被震致毁坏一部分什物。理合造具损失表2份呈请鉴核。

谨呈

股长

主任

局长

职　刁文俊

六月二日

附1：

重庆市政府财政局员役空袭损失私物报告表

物品名称	品质	数量	损失程度	原价(元)	购置年月	备考
床帐	麻布	1床	打破	65	1940年5月	
棉被	布面	3条	打坏	120	1939年11月	
挂钟	铜质	1个	打坏	10	1938年1月	
水缸	瓦质	1口	打坏	15	1940年5月	
皮箱	皮质	1口	打坏	10	1936年4月	
草绿色中山服	布质	1套	打破	36	1940年7月	
棉袄	绸质	2件	打破	52	1939年9月	
茶壶	瓷质	1个	打破	4	1940年2月	
茶碗	瓷质	6个	打破	6	1940年2月	
锅	铁质	1个	打破	14	1940年1月	
饭碗	瓷质	8个	打破	4	1939年11月	
菜碗	瓷质	9个	打坏	7.2	1939年11月	
被单	布质	2床	打坏	50	1940年12月	
枕头	布质	2个	打坏	52	1941年2月	
脸盆	铁瓷	1个	打坏	6	1938年1月	
温水瓶	瓷质	1个	打坏	45.2	1941年2月	
小孩夹衣	布质	3件	打坏	21.5	1941年1月	
瓷盘	瓷质	2个	打毁	13.6	1939年4月	
花瓶	瓷质	2个	打毁	6	1940年8月	
被灾日期	1941年6月1日	被灾地点	本市德兴里30号	房屋被炸或震塌	震塌	原支薪俸数目	80元	有无同居眷属	有

　　右〈上〉开物品确系因空袭被毁,谨呈
局长刁
　　转呈
市长吴

填报人：职务　两路口车捐

经收站站长

姓名　刁文俊

三十年六月二日

附2：曹含炘为奉查该局职员刁文俊空袭损失一案转呈财政局局长的文（1941年6月4日）

　　窃职奉查刁文俊遭受空袭损失一案，遵于本月四日前往德兴里30号查勘，查实该处房屋确于六月一日因左面附近投弹致被震塌，所报损失自系属实。理合签请鉴核。

　　谨呈
主任洪
科长何
局长刁

职　曹含炘

六月四日

（0064—8—288）

114. 重庆市财政局职员蔡永禄为报1941年6月1日空袭损失私物报告表给上级的呈（1941年6月2日）

　　窃职住家于本市临江路16号，不幸于本月一日敌机袭渝时中弹被炸，所有行李衣物等项全部损毁。兹检具空袭损失报告表签请鉴核，恳予救济实为德便。

　　谨呈
组长
　核转
股长
主任
局长

职　蔡永禄

三十一年六月二日

附1:

重庆市政府财政局员役空袭损失私物报告表

物品名称	品质	数量	损失程度	原价(元)	购置年月	备考
中山装	毛呢	1套	业已炸毁	240	1940年12月	
藏青色学生装	毛呢	1套	业已炸毁	280	1940年12月	
白下装	咔叽	2条	业已炸毁	140	1941年5月	
被盖	丝	1床	业已炸毁	120	1940年11月	被面系丝质品
毯子	布质	2床	业已炸毁	60	1940年11月	
棉絮	棉质	1床	业已炸毁	25	1940年11月	
枕头	芦花	2个	业已炸毁	36	1940年11月	
面盆	瓷	1个	业已炸毁	18	1940年11月	
衬衣	府绸	2件	业已炸毁	50	1941年3月	系2件每件25元
皮箱	皮质	1个	业已炸毁	32	1941年1月	
瓷盅	洋瓷	1个	业已炸毁	3	1940年11月	漱口盅
木床	木质	1间	业已炸毁	50	1940年11月	
三抽写字桌	木质	1张	业已炸毁	25	1940年11月	
木凳	木质	2个	业已炸毁	16	1940年11月	
被灾日期	1941年6月1日	被灾地点	临江路16号中弹被炸	房屋被炸或震塌	被炸	原支薪俸数目	70元	有无同居眷属	无

右〈上〉开物品确系因空袭被毁,谨呈

科长梅

局长刁

　　转呈

市长吴

　　　　　　　　　　　　　　填报人:职务　测量员

　　　　　　　　　　　　　　　　　　姓名　蔡永禄

　　　　　　　　　　　　　　　　　三十年六月二日

附2:曹含炘为奉查该局职员蔡永禄空袭损失一案转呈财政局局长的文(1941年6月5日)

　　窃职奉查蔡永禄遭受空袭损失一案,遵于本月四日前往临江路16号查勘。查实该员住址确于六月一日因投弹正中，致全部震毁。并经该处消费合作社办事员马敬修证明无讹。理合将奉查情形签请鉴核。

　　谨呈
主任洪
科长何
局长刁

职　曹含炘
六月五日

（0064—8—288）

115. 重庆市财政局职员彭克民为报1941年6月1日空袭损失私物报告表给上级的呈（1941年6月3日）

重庆市政府财政局员役空袭损失私物报告表

物品名称	品质	数量	损失程度	原价（元）	购置年月	备考
中山服	青哗叽〔叽〕	1套	全毁	260	1940年10月	
衬衫	府绸	2件	全毁	42	1931年5月	
皮鞋	广皮	1双	炸毁	70	1941年4月	
中山服	灰布	1套	不见	40	1941年3月	
礼帽	灰呢	1顶	全毁	25	1940年12月	
袜子	麻纱	2双	不见	11	1941年5月	
脸盆	白瓷	1个	全毁	36	1941年2月	
被单	花线布	1条	全毁	38	1940年12月	
镜子		1把	全毁	10	1941年2月	
牙膏牙刷		各1	全毁	6	1941年5月	
布鞋		1双	全毁	10	1941年5月	
被灾日期	1941年6月1日	被灾地点	潘家沟3号外业办公处	房屋被炸或震塌	被炸	原支薪俸数目	100元	有无同居眷属	

续表

```
    右〈上〉开物品确系因空袭被毁，谨呈
副队长蒋
队长李
科长梅
局长刁
    转呈
市长吴
                            填报人：职务  检查员
                                    姓名  彭克民
                            三十年六月三日
```

(0064—8—288)

116. 重庆市财政局职员徐永章为报1941年6月1日空袭损失私物报告表给上级的呈(1941年6月3日)

重庆市政府财政局员役空袭损失私物报告表

物品名称	品质	数量	损失程度	原价(元)	购置年月	备考
西服	海连蒙	1套	全毁	320	1941年3月	
中山服	哔叽	1套	全毁	160	1940年9月	
长袖汗衫	麻纱	2件	全毁	30	1940年6月	
衬衫	府绸	1件	全毁	30	1941年3月	
皮鞋	小牛皮	1双	全毁	65	1941年元月	
袜子	麻纱	2双	全毁	14	1941年3月	
手巾	三角	2条	全毁	6	1941年5月	
牙膏	三星	1瓶	全毁	3	1941年5月	
香皂	棕榄	1块	全毁	4	1941年5月	
皂盒	磁瓦	1个	全毁	2.5	1941年5月	
漱口碗	磁瓦	1个	全毁	3	1941年5月	
梳子	牛骨	1个	全毁	2.8	1941年5月	
短裤	白时〔市〕布	1条	全毁	30	1941年5月	
牙刷	吉利	1把	全毁	3	1941年5月	

续表

物品名称	品质	数量	损失程度	原价（元）	购置年月	备考
被面	府绸	1床	破毁	50	1939年3月	
布鞋	哔叽布	1双	全毁	12	1941年元月	

被灾日期	1941年6月1日	被灾地点	潘家沟3号	房屋被炸或震塌	被炸	原支薪俸数目	90元	有无同居眷属	

右〈上〉开物品确系因空袭被毁，谨呈

科长梅

局长刁

　转呈

市长吴

　　　　　　　　　　　填报人：职务　测量员

　　　　　　　　　　　　　　　姓名　徐永章

　　　　　　　　　　　　　　　三十年六月三日

（0064—8—288）

117. 重庆市财政局职员张歆为报1941年6月1日空袭损失私物报告表给上级的呈（1941年6月3日）

重庆市政府财政局员役空袭损失私物报告表

物品名称	品质	数量	损失程度	原价（元）	购置年月	备考
被盖	棉	1条	炸毁	75	1940年9月	
西装裤	毛	1条	炸破	185	1941年1月	
中山装	棉	1套	炸破	65	1941年2月	
皮鞋	港皮	1双	无踪	95	1941年1月	
便鞋	毛	1双	炸毁	28	1941年5月	
力士胶鞋	胶底	1双	无踪	16	1941年2月	
胶鞋	全胶	1双	无踪	21	1941年4月	
衬衫	府绸	1件	炸破	18	1941年3月	
衬衫	丝	1件	炸毁	42	1941年5月	
七位对数表	德品	1本	无踪	30	1938年4月	
计算尺	德品	1根	无踪	72	1938年4月	

续表

物品名称	品质	数量	损失程度	原价(元)	购置年月	备考
数学		4本	炸毁	32	1938年4月	
面盆	瓷	1个	炸破	43	1941年3月	
瓷缸	德品	1个	炸破	12	1940年10月	
面巾牙膏牙刷		3件	炸毁	13	1941年2月	
温水瓶		1个	炸毁	31	1941年3月	
镜子		1面	炸毁	11	1941年3月	
被灾日期	1941年6月1日	被灾地点	潘家沟3号	房屋被炸或震塌	被炸	原支薪俸数目	90元	有无同居眷属

右〈上〉开物品确系因空袭被毁，谨呈

科长梅

局长刁

　转呈

市长吴

填报人：职务　检查员

姓名　张歆

三十年六月三日

(0064—8—288)

118. 重庆市财政局职员杨曦照为报1941年6月1日空袭损失私物报告表给上级的呈（1941年6月3日）

重庆市政府财政局员役空袭损失私物报告表

物品名称	品质	数量	损失程度	原价(元)	购置年月	备考
蚊帐	麻	1张	破烂不堪	40	1941年4月	
铺被	棉	1张	破烂	40	1939年8月	
盖被	棉	1张	破烂不堪	160	1940年9月	
枕头	棉	1对	破烂	20	1939年2月	
花席	草	1张	破烂不堪	12	1941年4月	
金山毯	毛	1张	破烂不堪	180	1938年3月	
白帆布中山服	棉	1套	破烂不堪	95	1941年4月	

续表

物品名称	品质	数量	损失程度	原价(元)	购置年月	备考
黑中山布中山服	棉	1套	炸毁	60	1940年10月	
白衬衣	棉	2件	破烂不堪	18	1940年6月	
布鞋		2对	炸毁	14	1941年5月	
皮箱	皮	1个	炸毁	50	1938年6月	
小座时钟		1座	毁坏	40	1938年8月	
搪瓷面盆		1个	破坏	8	1937年8月	
普通测量学		1本	炸毁	约10	1937年4月	
世界地图		1本	破烂	3	1938年10月	
被灾日期	1941年6月1日	被灾地点	潘家沟3号	房屋被炸或震塌	被炸	原支薪俸数目	90元	有无同居眷属	无

右〈上〉开物品确系因空袭被毁，谨呈

科长梅

局长刁

　转呈

市长吴

填报人：职务　测量员

姓名　杨曦照

三十年六月三日

(0064—8—288)

119. 重庆市财政局职员朱元章为报1941年6月1日空袭损失私物报告表给上级的呈(1941年6月3日)

重庆市政府财政局员役空袭损失私物报告表

物品名称	品质	数量	损失程度	原价(元)	购置年月	备考
哔叽制服	哔叽	1套	破烂	152	1940年10月	
漱口杯	洋瓷	1个	压毁	7	1940年7月	
肥皂盒	洋瓷	1个	压毁	10	1940年7月	
衬衣	府绸	2件	失	50	1941年3月	
皮鞋	牛皮	1双	失	43	1940年10月	

续表

物品名称	品质	数量	损失程度	原价(元)	购置年月	备考
力士鞋	胶	1双	失	23	1941年5月	
袜	棉	2双	破烂	7	1941年2月	
镜	玻璃	1面	破碎	12	1940年8月	
油布		1床	破毁	24	1940年8月	
牙刷牙膏		各1	失	6	1941年5月	
中山服	布	1件	破烂	25	1941年2月	
衬裤	布	2件	破烂	12	1941年1月	
胰皂		1块	失	4.5	1941年5月	
汗背心	麻纱	1件	破烂	12	1941年4月	
军毯	棉	1条	破烂	20	1940年6月	
白布被单	布	1条	破烂	25	1941年1月	
面盆	洋瓷	1个	压毁	32	1941年2月	
棉被	布	1床	炸烂	70	1940年2月	
被灾日期	1941年6月1日	被灾地点	潘家沟	房屋被炸或震塌	被炸	原支薪俸数目	90元	有无同居眷属	无

右〈上〉开物品确系因空袭被毁,谨呈

科长梅

局长刁

　　转呈

市长吴

　　　　　　　　　　　　　填报人:职务　测量员
　　　　　　　　　　　　　　　　　姓名　朱元章
　　　　　　　　　　　　　　　三十年六月三日

(0064—8—288)

120. 重庆市财政局职员黄演勋为报1941年6月1日空袭损失私物报告表给上级的呈（1941年6月3日）

重庆市政府财政局员役空袭损失私物报告表

物品名称	品质	数量	损失程度	原价(元)	购置年月	备考
西装	毛	1套	全毁	320	1940年10月	
中山服	毛棉	1套	全毁	60	1941年3月	
衬衣	府绸	2件	不见	48	1941年4月	
袜子	线	2双	不见	8	1941年3月	
皮鞋	皮	1双	不见	45	1941年2月	
面盆	瓷	1个	不见	25	1941年3月	
木箱		1个	全毁	10	1941年2月	
毛巾	线	2条	不见	5	1941年4月	
牙刷	毛	1把	不见	2.5	1941年4月	
衣刷	毛	1把	不见	8	1941年3月	
中山服	哔叽	1套	全毁	210	1940年9月	
衬衣	府绸	1件	不见	24	1932年2月	
衬衣	布	1件	不见	10	1940年10月	
短裤	布	1件	不见	10	1941年3月	
蚊帐	纱布	1床	全毁	50	1941年4月	
袜子	麻纱	2双	不见	9	1941年4月	
皮鞋	皮	1双	不见	50	1941年2月	
被灾日期	1941年6月1日	被灾地点	潘家沟3号	房屋被炸或震塌	炸	原支薪俸数目	80元	有无同居眷属

右〈上〉开物品确系因空袭被毁，谨呈

科长梅

局长刁

　　转呈

市长吴

　　　　　　　　填报人：职务　测量员

　　　　　　　　　　　　姓名　黄演勋

　　　　　　　　　　　　三十年六月三日

(0064—8—288)

121. 重庆市财政局职员孙世禄为报1941年6月1日空袭损失私物报告表给上级的呈（1941年6月3日）

重庆市政府财政局员役空袭损失私物报告表

物品名称	品质	数量	损失程度	原价(元)	购置年月	备考
力士鞋	布	1双	不见	25	1941年3月	
面盆	瓷	1个	全毁	21	1941年2月	
瓷碗	瓷	1个	全毁	5	1941年2月	
计算尺	瓷	1支	全毁	115	1940年7月	
工程书籍		5本	不见	22	1940年7月	
毛巾		2支	不见	5	1941年5月	
肥皂 牙刷			不见	5	1941年5月	
被灾日期	1941年6月1日	被灾地点	潘家沟3号	房屋被炸或震塌	炸	原支薪俸数目	90元	有无同居眷属

右〈上〉开物品确系因空袭被毁，谨呈
科长梅
局长刁
   转呈
市长吴

填报人：职务　测量员
姓名　孙世禄
三十年六月三日

(0064—8—288)

122. 重庆市财政局职员姬建侯为报1941年6月1日空袭损失私物报告表给上级的呈(1941年6月3日)

重庆市政府财政局员役空袭损失私物报告表

物品名称	品质	数量	损失程度	原价(元)	购置年月	备考
中山服	毛哔叽	1套	已不能用	90	1939年8月	
西服	华达呢	1套	炸毁	180	1940年10月	
被单	白市布	1张	已炸数段	57	1940年9月	
垫单	白咔叽	1条	炸毁	21	1940年9月	
汗衣	白市布	2件	已不成形	32	1940年10月	
鞋子	皮制 毛制	各1双	粉碎	70	1941年4月 1940年12月	
洗面具		全套	全无踪迹	22.5	1940年11月	
被灾日期 1941年6月1日	被灾地点	潘家沟3号外业办公处	房屋被炸或震塌	被炸	原支薪俸数目	80元	有无同居眷属	无

右(上)开物品确系因空袭被毁,谨呈

科长梅

局长刁

　转呈

市长吴

　　　　　　　　　　　　　填报人:职务　测量员

　　　　　　　　　　　　　　　　姓名　姬建侯

　　　　　　　　　　　　　　　　三十年六月三日

(0064—8—288)

123. 重庆市财政局职员闵苏生为报1941年6月1日空袭损失私物报告表给上级的呈(1941年6月3日)

重庆市政府财政局员役空袭损失私物报告表

物品名称	品质	数量	损失程度	原价(元)	购置年月	备考
西服	海力蒙	1套	不见	400	1941年元月	

续表

物品名称	品质	数量	损失程度	原价(元)	购置年月	备考
衬衣	府绸	1件	不见	24	1941年元月	
领带	黑绸	1条	不见	15	1941年元月	
棉被	绸面新絮	1条	炸毁	115	1940年11月	
白毯子	布	1条	炸毁	21	1940年6月	
枕头	府绸	1对	不见	15	1941年2月	
毛巾	纱	1条	不见	3	1941年2月	
灰单毯	纱	1条	炸破	18	1940年9月	
衬裤	白布	2条	不见	5	1940年6月	
背心	青纱	1件	炸毁	3	1940年8月	
衬衣	白线布	1件	不见	8	1940年4月	
洗面盆	白瓷	1个	炸毁	24	1939年12月	
礼帽	灰呢	1顶	不见	25	1939年3月	
布军服	纱	1套	不见	35	1940年2月	
镜子	玻璃	1面	炸破	6	1940年6月	
牙刷牙膏		各1	不见	5	1941年5月	
漱口杯	瓷	1个	炸毁	6	1941年3月	
被灾日期	1941年6月1日	被灾地点	潘家沟	房屋被炸或震塌	被炸	原支薪俸数目	80元	有无同居眷属	无

右〈上〉开物品确系因空袭被毁,谨呈
科长梅
局长刁
 转呈
市长吴

       填报人:职务 测量员
          姓名 闵苏生
       三十年六月三日

(0064—8—288)

124. 重庆市财政局职员熊仲虚为报1941年6月1日空袭损失私物报告表给上级的呈(1941年6月3日)

重庆市政府财政局员役空袭损失私物报告表

物品名称	品质	数量	损失程度	原价(元)	购置年月	备考
府绸衬衣	棉麻	2件	全毁	46	1941年4月	
中山服	毛	1套	破	256	1940年3月	
大衣	毛	1件	破	70	1937年1月	
皮鞋	皮	1双	不见	37	1941年2月	
便鞋	毛	1双	不见	27	1941年3月	
袜子	棉	3双	不见	9	1941年3月	
毛巾	棉	2条	不见	7.4	1941年4月	
牙刷	骨把	1把	失	3.5	1941年4月	
面盆	搪瓷	1个	破	12	1940年5月	
衣刷	木	1把	失	5	1941年3月	
保险剃刀	钢	1把	失	17	1941年5月	
枕头	布	1个	破	5	1939年1月	
茶盅	瓷	1个	破	6	1941年2月	
五位对数表	纸	1本	失	约日元7	1928年	
被单	布	1床	破	8	1939年12月	
被灾日期	1941年6月1日	被灾地点	潘家沟3号外业办公处	房屋被炸或震塌	被炸	原支薪俸数目	90元	有无同居眷属	无

右〈上〉开物品确系因空袭被毁,谨呈

科长梅

局长刁

    转呈

市长吴

                          填报人:职务　测量员

                                 姓名　熊仲虚

                                 三十年六月三日

(0064—8—288)

125. 重庆市财政局职员张慕良为报1941年6月1日空袭损失私物报告表给上级的呈(1941年6月3日)

窃职住居十八梯68号房屋，突于六月一日竟遭敌机投弹炸毁，职被损家具物品计值洋297.5元。故特附表呈报，俯赐鉴核。至损失各物必须购置并请借支薪金两月以维现状，而示体恤，不胜待命之至。

谨呈

股长

主任

科长

转呈

局长

第六区职张慕良呈

附1：

重庆市政府财政局员役空袭损失私物报告表

物品名称	品质	数量	损失程度	原价(元)	购置年月	备考
被盖	棉布	1床	全损	56	1940年11月	
印花毯子	市布	1床	全损	24	1940年11月	
皮鞋		1双	全损	50	1941年1月	
藤床	木	2间	全损	80	1940年11月	
棕荐		2床	全损	10	1940年11月	
书案	木	1张	全损	21	1940年11月	
米缸		1口	全损	5	1940年11月	
洋磁盆		1口	全损	6.5	1940年2月	
猪油		1罐	全损	15		
食用		5斗	全损	30		5月份第二次所购之米
被灾日期	1941年6月1日	被灾地点	十八梯6号	房屋被炸或震塌	原支薪俸数目	65元	有无同居眷属	有

续表

> 右（上）开物品确系因空袭被毁，谨呈
> 科长
> 局长
> 　转呈
> 市长吴
>
> 　　　　　　　　　　填报人：职务　征收员
> 　　　　　　　　　　　　　　姓名　张慕良
> 　　　　　　　　　　　　　　三十年六月三日

附2：曹含炘为奉查该局职员张慕良空袭损失一案转呈财政局局长的文（1941年6月11日）

　　查该员住居十八梯68号，确于六月一日因投弹在该处后面附近地点，致将住房瓦梢墙壁震毁部分，所报损失除棉质物品暨皮鞋棉荐当不可应用外，其余各物应请俯赐补偿以示体恤。

　　　　　　　　　　　　　　　　　　查对员　曹含炘
　　　　　　　　　　　　　　　　　　三十年六月十一日

（0064—8—288）

126. 重庆市财政局职员江春先为报1941年6月2日空袭损失私物报告表给上级的呈（1941年6月3日）

　　敬签者：窃职住本市回水沟93号3楼，于昨日（六月二日）敌机袭渝不幸房屋前后左右中弹数枚，致震毁一部分什物。理合造具损失表2份呈请鉴核。

　　谨呈
主任洪
科长何
局长刁

　　　　　　　　　　　　　　　　　　职　江春先
　　　　　　　　　　　　　　　　　　六月三日

附1：

重庆市政府财政局员役空袭损失私物报告表

物品名称	品质	数量	损失程度	原价(元)	购置年月	备考
床帐	麻布	1床	打破	55	1940年4月	
棉被	布面	2床	打破	100	1940年4月	
水缸	瓦质	1口	打破	11	1940年4月	
草绿色制服	布质	1套	打破	35	1940年5月	
茶壶	磁质	1把	打破	5	1940年8月	
茶杯		5个	打破	6	1940年8月	
被单	布质	2床	打破	45	1940年7月	
菜碗	磁质	6个	打破	12	1940年9月	
饭碗	磁质	5个	打破	5	1940年9月	
锅	铁质	1口	打破	20	1940年9月	
被灾日期	1941年6月2日	被灾地点	本市回水沟93号	房屋被炸或震塌	震毁	原支薪俸数目	70元	有无同居眷属	有

右〈上〉开物品确系因空袭被毁，谨呈

科长

局长

　转呈

市长吴

　　　　　　　　　　　　　　填报人：职务　事务员

　　　　　　　　　　　　　　　　　　姓名　江春先

　　　　　　　　　　　　　　　　　三十年六月三日

附2：曹含炘为奉查该局职员江春先空袭损失一案转呈财政局局长的文（1941年6月5日）

　　查该员住址回水沟93号，确于六月二日因前后左右均被投弹致该处房屋震毁甚巨，所报损坏部分什物自系属实。

　　　　　　　　　　　　　　　　　　查对员　曹含炘
　　　　　　　　　　　　　　　　　　三十年六月五日

（0064—8—288）

127. 重庆市财政局职员唐棣芳为报1941年6月2日空袭损失私物报告表给上级的呈(1941年6月3日)

敬签呈者:职所住之房在凤凰台街37号,于本月二日午前十时被敌弹炸烈揭去屋顶瓦梢,寝室在楼上,所有用具均震出数尺或数丈以外且适当街头于炸后有破烂者有遍不见不得者,损失约200元以上。恳查明转报借资救助,实深沾感。

谨呈

组长

股长

主任

局长

职　唐棣芳

六月三日

附1:

重庆市政府财政局员役空袭损失私物报告表

物品名称	品质	数量	损失程度	原价(元)	购置年月	备考
长衫	蓝洋布	2件	震去不在	各28	1940年冬月	
汗衣 中衣	白布	1套	震去不在	12	1940年冬月	
女长衫	青、蓝布	各1件	震去不在	各23	1941年2月	
衣箱	白牛皮	1口	震去不在	6	1938年	箱内除装衣之外零件甚多
法币		36元		同上		
小锅	铁	1口		16		
被灾日期	本年6月2日午前	被灾地点	凤凰台街32号	房屋被炸或震塌	揭去瓦桷板壁	原支薪俸数目	55元	有无同居眷属	同居1人

续表

```
        右〈上〉开物品确系因空袭被毁，谨呈
科长
   局长
      转呈
   市长吴
                         填报人：职务  查验征收员
                                姓名  唐棣芳
                         三十年六月三日
```

附2：曹含炘为奉查该局职员唐棣芳空袭损失一案转呈财政局局长的文（1941年6月7日）

查该员住址凤凰台街37号确于本月二日因左右均被投弹，致将屋顶瓦梢暨窗壁震毁，核该员所报损失颇属切实。

查对员　曹含炘
三十年六月七日

（0064—8—288）

128. 重庆市财政局职员卢和笙为报1941年6月2日空袭损失私物报告表给上级的呈（1941年6月3日）

窃职因寄居戚家十八梯永真巷7号伍宅内，昨日六月二日上午九时遭敌机炸毁，所有衣物等件全部损失，除列表附呈外，理合签请鉴核备查。

谨呈
组长
股长
　　核转
主任
局长
附空袭损失报告表2份

職　盧和笙

六月三日

附1：

重庆市政府财政局员役空袭损失私物报告表

物品名称	品质	数量	损失程度	原价(元)	购置年月	备考
棉絮	棉	2床	炸毁	24	1937年9月	
洋布被里	棉	1床	炸毁	45	1938年8月	
锦绣被面	丝	1床	炸毁	24	1938年8月	
印花斜纹毯	棉	1床	炸毁	40	1938年8月	
木棉枕头	棉	1对	炸毁	34	1938年8月	
俄国毯	毛	1床	炸毁	70	1935年	
油布	棉	1床	炸毁	24	1940年	
咔叽夹衫	棉	1件	炸毁	48	1939年	
蓝布衫	棉	1件	炸毁	33	1941年	
府绸汗衣	棉	1套	炸毁	32	1941年	
夹紧衫	丝	1件	炸毁	22	1936年	
零件等			炸毁	30	1941年	
被灾日期	1941年6月2日午	被灾地点	十八梯永真巷7号伍宅	房屋被炸或震塌	炸	原支薪俸数目	60元	有无同居眷属	(无)寄住

右〈上〉开物品确系因空袭被毁，谨呈

科长

局长

　转呈

市长吴

填报人：职务　事务员
姓名　卢和笙
三十年六月二日

附2：曹含炘为奉查该局职员卢和笙空袭损失一案转呈财政局局长的文（1941年6月7日）

查该员住址永真巷7号住宅，确于六月二日因该处附近左右均被投弹，致使房屋震毁,所报损失经查属实。

> 查对员　曹含炘
> 三十年六月七日

(0064—8—288)

129. 重庆市财政局职员倪德章为报1941年6月2日空袭损失私物报告表给上级的呈(1941年6月4日)

敬呈者:窃役住居厚慈街157号房屋1间,于本月二日被敌机炸毁,计损失衣服家具什物各物计值179元。理合列表呈报钧座体恤下情,恳予发给救济费,如蒙俯允,实沾德便。

谨呈

组长陈

科长何

　核转

局长刁

计附损失报告表2份

> 工友　倪德章
> 三十年六月四日

附1:

重庆市政府财政局员役空袭损失私物报告表

物品名称	品质	数量	损失程度	原价(元)	购置年月	备考
洋瓷盆		1个	损坏	3.5	1939年9月	
白玉碗		6个	损坏	3	1938年10月	
耳锅		1口	损坏	13	1941年2月	
白玉茶壶		1把	损坏	6	1938年10月	
白玉杯盘		2套	损坏	4	1938年10月	
玻镜		2把	损坏	7	1940年6月	

续表

物品名称	品质	数量	损失程度	原价(元)	购置年月	备考
布毯子		1床	炸失	16	1940年3月	
棉衣	棉	1	炸失	48	1940年12月	
汗中衣	白布	1套	炸失	18	1940年5月	
青冲哔叽下装	棉	1条	炸失	30	1941年2月	
食米		1斗	炸失	21.5	1941年6月	
米坛	瓦	1个	损坏	9	1941年2月	
被灾日期	1941年6月2日	被灾地点	厚慈街159号	房屋被炸或震塌	震塌	原支薪俸数目	24元	有无同居眷属	妻1人 女1人

右〈上〉开物品确系因空袭被毁,谨呈

科长何

局长刁

　转呈

市长吴

填报人:职务　工友

姓名　倪德章

三十年六月二日

附2:曹含炘为奉查该局职员倪德章空袭损失一案转呈财政局局长的文(1941年6月7日)

查该工友住址厚慈街159号,确于本月二日因前后均被投弹,致将该工友所住楼房震毁甚巨,所报损失,自系属实。

查对员　曹含炘

三十年六月七日

(0064—8—288)

130.重庆市财政局职员曹鸿万为报1941年6月2日空袭损失私物报告表给上级的呈(1941年6月6日)

窃工友家住江北三山庙街8号,不幸于本月二日遭敌机轰炸,家具什物均化为灰。值兹百物昂贵,一再遭炸,家贫如洗,数口之家何以度日,伏乞钧长体恤下情,速予设法救济,事迫燃眉不胜盼祷待命之至。

  谨呈

管理员

组长

主任

科长

局长

附呈员役空袭损失私物报告表2份

工友曹鸿万呈

六月六日

附1:

重庆市政府财政局员役空袭损失私物报告表

物品名称	品质	数量	损失程度	原价(元)	购置年月	备考
红黄色漆床	木	1间	炸烂	20旧物	1939年6月制	系1939年五四被炸后重购
白木床	木	1间	炸烂	10旧物	1939年7月制	系1939年五四被炸后重购
被盖	毛以纶面子棉絮6斤宽条花布里子	1件	炸毁	16.5新制	1939年8月制	系1939年五四被炸后重购
被盖	哈叽面子棉絮5斤白布里子	1件	炸毁	15新制	1939年8月制	系1939年五四被炸后重购
黑色大皮箱	全皮	1件	炸毁	11旧制	1939年8月制	内装零星衣裤及什物等约50元

续表

物品名称	品质	数量	损失程度	原价(元)	购置年月	备考
红色木箱	木	1件	炸毁	7旧制	1938年8月制	内装零星衣裤及什物等约置〔值〕25元
白羔男皮袍	皮	1件	炸毁	32旧制	1939年10月购	系包帕包起
毛葛短衫	丝毛	1件	被炸毁	10新制	1939年9月制	
安安蓝布衫	布	1件	被炸毁	12.8新制	1940年11月制	
铁锅	铁	大小各一口	被炸毁	8.11新制	1939年6月制	
桌子	木	1张	炸烂	3旧制	1939年6月制	
板凳	木	5根	炸烂	3旧制	1939年6月制	外灶房用具及碗盏及零星应用各物等
青布面制服	布	1套	被炸毁		1940年11月发	系本局所发因缴故拿回洗刷被炸无踪
被灾日期	1941年6月2日	被灾地点	江北三山庙街8号	房屋被炸或震塌	房屋全被炸	原支薪俸数目	25元	有无同居眷属	有父母及祖母

右〈上〉开物品确系因空袭被毁,谨呈

科长

局长

   转呈

市长吴

填报人:职务　编号工友

姓名　曹鸿万

三十年六月四日

附2:曹含炘为奉查该局职员曹鸿万空袭损失一案转呈财政局局长的文(1941年6月7日)

　　查该工友住址江北三山庙街8号,确于六月二日因投弹正中,致房屋全部倒塌,房内什物均已毁坏,该工友所报损失自系属实。

　　　　　　　　　　　　　　　　　　　　　查对员　曹含炘
　　　　　　　　　　　　　　　　　　　　　三十年六月十日

　　　　　　　　　　　　　　　　　　　　　(0064—8—288)

131. 重庆市财政局职员李本彦为报1941年6月2日空袭损失私物报告表给上级的呈(1941年6月)

重庆市政府财政局员役空袭损失私物报告表

物品名称	品质	数量	损失程度	原价(元)	购置年月	备考
藏青色毛哔叽中山服	毛织品	1套	全被炸毁	140	1940年7月	
草黄色毛哔叽中山服	毛织品	1套	全被炸毁	140	1940年7月	
厂葛夹衫	丝织品	1件	全被炸毁	90	1940年4月	
花府绸衬衫	棉织品	2件	全被炸毁	64	1941年4月	
白市布汗衣	棉织品	1套	全被炸毁	35	1941年5月	
皮鞋		1双	全被炸毁	100	1941年2月	
棉絮		1床	全被炸毁	40	1940年3月	
被盖		1床	全被炸毁	150	1940年3月	连被盖面子包单在内
面盆		1口	全被炸毁	30	1940年11月	
驼绒棉纱	丝织品	1件	全被炸毁	170	1940年11月	
夹裤	丝织品	1条	全被炸毁	40	1940年11月	
呢帽		1顶	全被炸毁	45	1940年11月	
女夹衫	丝织品	1件	全被炸毁	60	1940年11月	

续表

物品名称	品质	数量	损失程度	原价(元)	购置年月	备考
女衫	棉织品	2件	全被炸毁	70	1941年5月	
小孩衣服	棉织品	多件	全被炸毁	约100	1941年5月	
毯子	棉织品	1床	全被炸毁	65	1941年5月	
铁锅		1口	全被炸毁	35	1941年2月	
瓷碗		15个	全被炸毁	76	1941年2月	
被灾日期	1941年6月2日	被灾地点	凤凰台水沟3号	房屋被炸或震塌	全部被炸	原支薪俸数目	120元	有无同居眷属	有

右〈上〉开物品确系因空袭被毁，谨呈

主任

局长

　　转呈

市长吴

　　　　　　　　　　　　　填报人：职务　征收处第二股

　　　　　　　　　　　　　　　　　　　第一组组长

　　　　　　　　　　　　　　　　　　姓名　李本彦

　　　　　　　　　　　　　　　　　三十年六月　日

附：曹含炘为奉查该局职员李本彦空袭损失一案转呈财政局局长的文（1941年6月13日）

　　查该组长住于凤凰台水沟3号，确于六月二日因投弹正中房屋，全部炸毁属实。惟应具之保甲证明单仅盖保办公处图记，未盖保甲长之名单，格式殊嫌未合。拟请转饬速即另具保甲证明单以凭汇转。

　　　　　　　　　　　　　　　　　　　查对员　曹含炘

　　　　　　　　　　　　　　　　　　　三十年六月十三日

（0064—8—288）

132. 重庆市财政局职员张垂恩为报1941年6月1日、2日、5日空袭损失私物报告表给上级的呈（1941年6月6日）

重庆市政府财政局员役空袭损失私物报告表

物品名称	品质	数量	损失程度	原价（元）	购置年月	备考
广锅	铁	2口	震毁	32	1941年3月1日	附近落弹甚多厨房卧房被震
热水瓶		1个	震毁	64	1941年3月	
白菜碗	磁	6个	震毁	15		
饭碗	磁	6个	震毁	12		
大汤碗	磁	2个	震毁	6		
蓝边盘子	磁	6个	震毁	24		
玻璃杯		4个	震毁	12		
被灾日期	1941年6月1、2、5日	被灾地点	和平路198号	房屋被炸或震塌	原支薪俸数目	120元	有无同居眷属	有

右（上）开物品确系因空袭被毁，谨呈
科长
局长
　转呈
市长吴

　　　　　　　　　　　　　填报人：职务　户地组第□班班长
　　　　　　　　　　　　　　　　　姓名　张垂恩
　　　　　　　　　　　　　　　　　三十年六月六日

附：曹含炘为奉查该局职员张垂恩空袭损失一案转呈财政局局长的文（1941年6月7日）

　　查该员住址和平路198号，确于六月一、二、五日先后在该处附近地投弹，致将该员住房震毁部分，所报震毁什物，确系属实。

　　　　　　　　　　　　　　　　　查对员　曹含炘
　　　　　　　　　　　　　　　　　三十年六月七日
　　　　　　　　　　　　　　　　　（0064—8—288）

133. 重庆市财政局职员徐富源等51人为报1941年6月初空袭损失私物报告表给上级的呈(1941年6月7日)

查潘家沟3号确于六月一日因附近投弹致将该处房屋震毁。该员工等住于此,曾经张垂恩班长证明无讹,各该员工等所报损失,自系属实。

查对员　曹含炘
三十年六月七日

附1:徐富源空袭损失私物报告表(1941年6月1日)

重庆市政府财政局员役空袭损失私物报告表

物品名称	品质	数量	损失程度	原价(元)	购置年月	备考
被里被面	布	1床	炸毁	61	1940年11月	
棉絮	棉	1床	炸毁	22	1940年11月	
线毯	线	1条	炸毁	28	1940年10月	
绿、青中山装	布	2套	炸毁	52	1940年7月	
衬衫	布	2件	炸毁	24	1941年2月	
棉袍	布	1件	炸毁	45	1939年12月	
棉裤	布	1件	炸毁	22	1939年12月	
夹背心	哔叽	1件	炸毁	18	1940年10月	
枕头	布	2个	炸毁	6.4	1940年10月	
皮鞋	皮	1双	炸毁	19	1940年12月	
布鞋	布	1双	炸毁	7	1941年3月	
面盆	搪瓷	1个	炸毁	12	1939年5月	
手巾	纱	1条	炸毁	2.5	1941年5月	
牙刷	骨	1把	炸毁	1.8	1941年5月	
被灾日期	1941年6月1日	被灾地点	潘家沟3号	房屋被炸或震塌	原支薪俸数目	27元	有无同居眷属	无

续表

```
    右〈上〉开物品确系因空袭被毁,谨呈
科长梅
局长刁
    转呈
市长吴
                                填报人:职务　测工
                                    姓名　徐富源
                                三十年六月一日
```

附2:陈拱三空袭损失私物报告表(1941年6月1日)

重庆市政府财政局员役空袭损失私物报告表

物品名称	品质	数量	损失程度	原价(元)	购置年月	备考
被里 被面	花白布	各1床	炸毁	24	1940年10月	
丝棉〔绵〕	丝	1床	炸毁	30	1940年10月	
中山服 工裤	安安布 安安布	各1件	炸毁	共50	1940年全月	
衬衫	白花布	1件	炸毁	24	1941年5月	
短裤	青哔叽 白哔叽	各1件	炸毁	7	1941年5月	
草席	草	1床	炸毁	4	1941年4月	
纱线	淡黄	上装1件	炸毁	42	1939年11月	
面巾	裕华厂	1张	炸毁	3	1941年5月	
皮鞋	黑皮	1双	炸毁	50	1941年2月	
布鞋	布	1双	炸毁	8	1941年5月	
被灾 日期	1941年 6月1日	被灾 地点	房屋被炸或 震塌	被炸	原支薪俸 数目	37元	有无同 居眷属

续表

右（上）开物品确系因空袭被毁，谨呈

科长梅

局长刁

　　转呈

市长吴

　　　　　　　　　　　　　　　　　　填报人：职务　测工

　　　　　　　　　　　　　　　　　　　　　　姓名　陈拱三

　　　　　　　　　　　　　　　　　　　　　　三十年六月一日

附3：黄国臣空袭损失私物报告表（1941年6月3日）

重庆市政府财政局员役空袭损失私物报告表

物品名称	品质	数量	损失程度	原价(元)	购置年月	备考
中式褂裤	布	2套	不见	84	1941年4月	
被	布	1床	破	40	1940年5月	
礼帽	呢	1顶	不见	15	1940年9月	
磁盆	磁	1个	全毁	12	1940年5月	
被灾日期	1941年6月1日	被灾地点	潘家沟3号	房屋被炸或震塌	被炸	原支薪俸数目	23元	有无同居眷属	无

右（上）开物品确系因空袭被毁，谨呈

科长梅

局长刁

　　转呈

市长吴

　　　　　　　　　　　　　　　　　　填填报人：职务　测工

　　　　　　　　　　　　　　　　　　　　　　姓名　黄国臣

　　　　　　　　　　　　　　　　　　　　　　三十年六月三日

附4：傅东空袭损失私物报告表（1941年6月3日）

重庆市政府财政局员役空袭损失私物报告表

物品名称	品质	数量	损失程度	原价(元)	购置年月	备考
制服	毛织品	1件	破碎	85	1941年2月	
衬衫	棉	1件	破碎	17	1941年3月	

续表

物品名称	品质	数量	损失程度	原价(元)	购置年月	备考
力士鞋	胶	1双	破损	23	1941年2月	
草席	草	1条	破坏	7	1941年5月	
牙膏		1支	破烂	3	1941年5月	
被灾日期	1941年6月1日	被灾地点	潘家沟3号	房屋被炸或震塌	震塌	原支薪俸数目	55元	有无同居眷属	

右〈上〉开物品确系因空袭被毁,谨呈

科长梅

局长刁

　　转呈

市长吴

　　　　　　　　　　　填报人:职务　测工

　　　　　　　　　　　　　　姓名　傅东

　　　　　　　　　　　　　　三十年六月三日

附5:贺锡元空袭损失私物报告表(1941年6月3日)

重庆市政府财政局员役空袭损失私物报告表

物品名称	品质	数量	损失程度	原价(元)	购置年月	备考
毯子	棉线	1床	全毁	28	1940年2月	
长衫	蓝布	1件	全毁	20	1940年10月	
长衫	毛蓝布	1件	全毁	18	1940年10月	
背心	毛线	1件	全毁	30	1940年8月	
衬衣	布	1件	全毁	16	1941年4月	
中山服	青布	1套	全毁	36	1941年1月	
被灾日期	1941年6月1日	被灾地点	潘家沟3号	房屋被炸或震塌	被炸	原支薪俸数目	25元	有无同居眷属	无

右〈上〉开物品确系因空袭被毁,谨呈

科长梅

局长刁

　　转呈

市长吴

　　　　　　　　　　　填报人:职务　测工

　　　　　　　　　　　　　　姓名　贺锡元

　　　　　　　　　　　　　　三十年六月三日

附6：陈良能空袭损失私物报告表（1941年6月4日）

重庆市政府财政局员役空袭损失私物报告表

物品名称	品质	数量	损失程度	原价（元）	购置年月	备考
被条	丝絮	1床	被炸失踪	80	1940年9月	
毯子	布	1床	全毁	25	1940年9月	
青制服	哈叽	1套	全毁	35	1941年1月	
反皮鞋	牛皮	1双	失踪	20	1941年5月	
衬衫	布	2件	全毁	每件14	1941年4月	
内裤	布	2条	失踪	每条4	1941年5月	
桶绒衣服	绒	1套	全毁	40	1941年2月	
被灾日期	1941年6月1、2日	被灾地点	潘家沟3号办公室	房屋被炸或震塌	被炸	原支薪俸数目	27元	有无同居眷属	无

右〈上〉开物品确系因空袭被毁，谨呈

科长梅

局长刁

　　转呈

市长吴

　　　　　　　　　　　　填报人：职务　测工

　　　　　　　　　　　　　　　　姓名　陈良能

　　　　　　　　　　　　三十年六月四日

附7：熊玉泉空袭损失私物报告表（1941年6月4日）

重庆市政府财政局员役空袭损失私物报告表

物品名称	品质	数量	损失程度	原价（元）	购置年月	备考
棉被	白布	1床	全炸	40	1940年6月	
卧毯	白布	1床	全炸	20	1940年8月	
中山线呢	麻色	2条下装	全炸	30	1941年1月	
制服	灰色	1件	全炸	20	1940年11月	
衬衫	白土布	1件	全炸	15	1941年3月	
棉紧身	青色	1件	全炸	25	1940年7月	
短裤	白色下装	2条	全炸	8	1941年4月	

续表

被灾日期	1941年6月1日	被灾地点	本市潘家沟3号	房屋被炸或震塌		原支薪俸数目	27元	有无同居眷属	

　　右〈上〉开物品确系因空袭被毁，谨呈
科长梅
局长刁
　　转呈
市长吴

　　　　　　　　　　　　　　　　　填报人：职务　测工
　　　　　　　　　　　　　　　　　　　　姓名　熊玉泉
　　　　　　　　　　　　　　　　　　　　三十年六月四日

附8：李正明空袭损失私物报告表（1941年6月4日）

重庆市政府财政局员役空袭损失私物报告表

物品名称	品质	数量	损失程度	原价（元）	购置年月	备考
棉盖	白布	1床	全炸	54	1940年12月	
长衫	青布	1件	全炸	18	1939年8月	
长衫	蓝色	1件	全损	25	1941年2月	
中山服	青色	1套	全损	42	1941年1月	
毛线汗衣	重12两上装	1件	全损	38	1940年11月	
木盆	木	1个	全损	3	1941年3月	
鞋子	帆布	1双	全损	12	1941年5月	

被灾日期	1941年6月1日	被灾地点	本市潘家沟3号	房屋被炸或震塌		原支薪俸数目	27元	有无同居眷属	

　　右〈上〉开物品确系因空袭被毁，谨呈
科长梅
局长刁
　　转呈
市长吴

　　　　　　　　　　　　　　　　　填报人：职务　测工
　　　　　　　　　　　　　　　　　　　　姓名　李正明
　　　　　　　　　　　　　　　　　　　　三十年六月四日

附9：高青云空袭损失私物报告表（1941年6月4日）

重庆市政府财政局员役空袭损失私物报告表

物品名称	品质	数量	损失程度	原价（元）	购置年月	备考
棉被盖	青花毛丝纶白布包单	1床	全损	63	1940年10月	
军服	草绿色	1套	全损	42	1940年3月	
中山服	人字呢及青布各一	2套	全损	90	1941年5月	
衬衫	条花白市布	2间	全损	32	1940年12月	
皮箱	黄色	1个	全损	35	1941年1月	
洋磁盆	花色	1个	全损	28	1941年1月	
被灾日期	1941年6月1日	被灾地点	本市潘家沟3号	房屋被炸或震塌	原支薪俸数目	30元	有无同居眷属

右〈上〉开物品确系因空袭被毁，谨呈

科长

局长

　转呈

市长吴

填报人：职务　测工

　　　　姓名　高青云

三十年六月四日

附10：王步云空袭损失私物报告表（1941年6月4日）

重庆市政府财政局员役空袭损失私物报告表

物品名称	品质	数量	损失程度	原价（元）	购置年月	备考
棉被盖	红色丝纶白色单	1床	全损	58	1940年7月	
军服	黄哔叽	上装1件下装2条	全损	62	1940年7月	

续表

物品名称	品质	数量	损失程度	原价（元）	购置年月	备考
毛线汗衣	笔尖色	1件重22两	全损	44	1940年9月	该毛衣慨〔概〕悉綦江米息镇友妻帮做无工支
衬衫	白布条花	2条	全损	26	1940年7月	
皮箱	黑色	2口	全损	24	1940年7月	
旧皮鞋	黄色	1双	全损	12	1941年4月	
西湖磁盆		1个	全损	38	1940年7月	
被灾日期	1941年6月1日	被灾地点	本市潘家沟3号	房屋被炸或震塌	原支薪俸数目 30元	有无同居眷属 无

右〈上〉开物品确系因空袭被毁，谨呈
科长
局长
　转呈
市长吴

填报人：职务　测工
　　　　姓名　王步云
　　　　三十年六月四日

附11：吴坤华空袭损失私物报告表（1941年6月4日）

重庆市政府财政局员役空袭损失私物报告表

物品名称	品质	数量	损失程度	原价（元）	购置年月	备考
棉被	花条布	1床	被炸	80	1940年	
行军床		1架	被炸	35	1941年	
中山服	斜纹布	2套	被炸	80	1940年	
手提箱	皮	1只	被炸	16	1941年	
大衣	灰哈吱〔叽〕	1件	被炸	60	1940年	
搪瓷脸盆		1只	被炸	30	1941年	
力士鞋		1双	被炸	22	1941年	

续表

被灾日期	1941年6月1、2日	被灾地点	潘家沟3号	房屋被炸或震塌		原支薪俸数目	29元	有无同居眷属	无
右〈上〉开物品确系因空袭被毁,谨呈									
科长梅									
局长刁									
转呈									
市长吴									
填报人:职务　测工									
姓名　吴坤华									
三十年六月四日									

附12:杨锡三空袭损失私物报告表(1941年6月4日)

重庆市政府财政局员役空袭损失私物报告表

物品名称	品质	数量	损失程度	原价(元)	购置年月	备考
棉被盖	白布	1床	全损	58	1940年12月	
制服	蓝色	1套	全损	45	1941年2月	
短棉衣	青色	1套	全损	42	1940年9月	
毯子	灰色	1床	全损	20	1941年1月	
长衫	蓝色	1件	全损	32	1941年2月	
中山服	青色	1套	全损	50	1941年4月	
磁盆	蓝色花	1个	全损	22	1941年1月	
被灾日期	1941年6月1日	被灾地点	潘家沟3号	房屋被炸或震塌		原支薪俸数目	27元	有无同居眷属	
右〈上〉开物品确系因空袭被毁,谨呈								
科长梅								
局长刁								
转呈								
市长吴								
填报人:职务　测工								
姓名　杨锡三								
三十年六月四日								

附13：蒋靖益空袭损失私物报告表（1941年6月4日）

重庆市政府财政局员役空袭损失私物报告表

物品名称	品质	数量	损失程度	原价(元)	购置年月	备考
棉被盖	白市布	1床	全毁	75	1940年1月	
军毯	灰色	1床	全毁	95	1940年8月	
衬衫	白市布	1件	全毁	15	1941年3月	
磁盆		1个	全毁	46	1940年9月	
操鞋	帆布	1双	全毁	14	1941年4月	
制服	蓝色	1套	全毁	45	1941年2月	
被灾日期	1941年6月1、2日	被灾地点	潘家沟3号	房屋被炸或震塌		原支薪俸数目	27元	有无同居眷属	无

右(上)开物品确系因空袭被毁,谨呈

科长梅

局长刁

　　转呈

市长吴

　　　　　　　　　　　　　　填报人：职务　测工

　　　　　　　　　　　　　　　　　　姓名　蒋靖益

　　　　　　　　　　　　　　　　　　三十年六月四日

附14：张汉卿空袭损失私物报告表（1941年6月4日）

重庆市政府财政局员役空袭损失私物报告表

物品名称	品质	数量	损失程度	原价(元)	购置年月	备考
单被	条布	1床	炸毁	56	1940年	
军毯		1床	炸毁	18	1940年	
中山装	灰哈叽〔叽〕	1套	炸毁	64	1941年	
衬衣	花条布	2件	炸毁	34	1941年	
力士鞋	黑色	1双	炸毁	22	1941年	
汗衫	白色	2件	炸毁	24	1941年	
面盆	搪瓷	1只	炸毁	28	1940年	
被灾日期	1941年6月1、2日	被灾地点	潘家沟3号	房屋被炸或震塌		原支薪俸数目	27元	有无同居眷属	无

续表

> 右〈上〉开物品确系因空袭被毁,谨呈
> 科长梅
> 局长刁局长刁
> 　　转呈
> 市长吴
>
> 　　　　　　　　　　填报人:职务　测工
> 　　　　　　　　　　　　　　姓名　张汉卿
> 　　　　　　　　　　　　　三十年六月四日

附15:闫杰空袭损失私物报告表(1941年6月4日)

重庆市政府财政局员役空袭损失私物报告表

物品名称	品质	数量	损失程度	原价(元)	购置年月	备考
被盖	白市布单红哔叽面	1床	全炸	65	1940年8月	
服装	青斜纹	1套	全炸	54	1941年2月	
军装	蓝色	1套	全炸	62	1941年1月	
衬衫	白市布	2件	全炸	41	1941年3月	
毯子	线	1床	全炸	23	1940年10月	
磁盆	西湖	1个	全炸	20	1940年7月	
毛线汗衣	红色重12两	1件	全炸	30	1940年12月	
被灾日期	1941年6月1、2日	被灾地点	潘家沟3号	房屋被炸或震塌	原支薪俸数目	27元	有无同居眷属

> 右〈上〉开物品确系因空袭被毁,谨呈
> 科长梅
> 局长刁
> 　　转呈
> 市长吴
>
> 　　　　　　　　　　填报人:职务　测工
> 　　　　　　　　　　　　　　姓名　闫杰
> 　　　　　　　　　　　　　三十年六月四日

附16：徐鑫洪空袭损失私物报告表（1941年6月4日）

重庆市政府财政局员役空袭损失私物报告表

物品名称	品质	数量	损失程度	原价（元）	购置年月	备考
棉被	条布	1	被炸	40	1940年	
军毯	棉料	1	被炸	18	1941年	
中山装	斜纹布	1套	被炸	52	1941年	
军装	草绿布	1套	被炸	42	1940年	损失不见
毛线衣	绒线	1件	被炸	64	1941年	损失不见
毛线裤	绒线	1条	被炸	52	1941年	损失不见
卫生衣	棉绒	1套	被炸	48	1941年	损失不见
藤篮		1只	被炸	12	1940年	损失不见
灰衬衣	布	1件	被炸	16	1941年	
白衬衣	布	1件	被炸	15	1941年	不堪用
便裤	帆布	2条	被炸	18	1935年	不堪用
木脸盆	木	1只	被炸	6	1941年	不堪用
被灾日期	1941年6月1、2日	被灾地点	潘家沟3号	房屋被炸或震塌	炸毁	原支薪俸数目	27元	有无同居眷属	无

右〈上〉开物品确系因空袭被毁，谨呈

科长梅

局长刁

　　转呈

市长吴

　　　　　　　　　　　填报人：职务　测工

　　　　　　　　　　　　　　　姓名　徐鑫洪

　　　　　　　　　　　　　　　三十年六月四日

附17：范和山空袭损失私物报告表（1941年6月4日）

重庆市政府财政局员役空袭损失私物报告表

物品名称	品质	数量	损失程度	原价(元)	购置年月	备考
棉被	白洋布	1床	炸毁	62	1940年	
白被单	花条布	1条	炸毁	21	1940年	

续表

物品名称	品质	数量	损失程度	原价(元)	购置年月	备考
中山服	青线布	2套	炸毁	70	1941年	
白衬衣	条布	3件	炸毁	42	1941年	
皮鞋	牛皮	1双	炸毁	32	1941年	
脸盆	搪瓷	1只	炸毁	18	1941年	
卫生衣	白色	1套	炸毁	76	1940年	
被灾日期	1941年6月1、2日	被灾地点	潘家沟3号	房屋被炸或震塌		原支薪俸数目	29元	有无同居眷属	无

右〈上〉开物品确系因空袭被毁,谨呈

科长梅

局长刁局长刁

　　转呈

市长吴

填报人:职务　测工

姓名　范和山

三十年六月四日

附18:杨永福空袭损失私物报告表(1941年6月4日)

重庆市政府财政局员役空袭损失私物报告表

物品名称	品质	数量	损失程度	原价(元)	购置年月	备考
脸盆	磁盆	1个	全毁	12	1940年5月2日	
草席		1床	全毁	5	1941年2月25日	
旧鞋	青色	1双	全毁	8	1941年2月16日	
衬衫	白色	1件	全毁	15	1940年8月13日	
面巾		1根	全毁	3	1940年10月4日	
被灾日期	1941年6月1日	被灾地点	潘家沟3号	房屋被炸或震塌	被炸	原支薪俸数目	28元	有无同居眷属	无

续表

右〈上〉开物品确系因空袭被毁,谨呈

科长梅

局长刁

　　转呈

市长吴

填报人:职务　测工

姓名　杨永福

三十年六月四日

附19:孙富之空袭损失私物报告表(1941年6月4日)

重庆市政府财政局员役空袭损失私物报告表

物品名称	品质	数量	损失程度	原价(元)	购置年月	备考
被盖	棉被	1床	全毁	30	1940年12月	
包单	布质	1床	全毁	20	1941年2月	
便衣	棉衣	1套	全毁	40	1941年元月	
衬衣	府绸	2件	全毁	34	1941年4月	
脸盆	白瓷	1个	全毁	20	1940年11月	
被灾日期	1941年6月1日	被灾地点	潘家沟3号外业办公处	房屋被炸或震塌	被炸	原支薪俸数目	40元	有无同居眷属

右〈上〉开物品确系因空袭被毁,谨呈

科长梅

局长刁

　　转呈

市长吴

填报人:职务　测工

姓名　孙富之

三十年六月四日

附20：汪德均空袭损失私物报告表（1941年6月4日）

重庆市政府财政局员役空袭损失私物报告表

物品名称	品质	数量	损失程度	原价(元)	购置年月	备考
被盖	布	1床	全毁	80	1940年7月	
毯子	线	1床	全毁	45	1940年10月	
中山服	布	1套	全毁	50	1941年1月	
青制服	布	1套	全毁	45	1941年2月	
白衬衣	市布	1件	全毁	15	1941年4月	
白衬衣	布	1件	全毁	16	1941年4月	
摇裤	布	2条	全毁	16	1941年4月	
被灾日期	1941年6月1日	被灾地点	潘家沟3号	房屋被炸或震塌	被炸	原支薪俸数目	23元	有无同居眷属	无

右〈上〉开物品确系因空袭被毁，谨呈

科长梅

局长刁

　　转呈

市长吴

填报人：职务　测工

姓名　汪德均

三十年六月四日

附21：张亚宣空袭损失私物报告表（1941年6月4日）

重庆市政府财政局员役空袭损失私物报告表

物品名称	品质	数量	损失程度	原价(元)	购置年月	备考
线毯	白蓝色	1件	炸坏	32	1940年9月	
胶鞋	黑色	1双	炸坏	28	1940年全月	
桶绒上下装	白色	1套	炸坏	40	1940年11月	
中式小汗衣	青布	1套	炸坏	29.6	1940年11月	
长衫	毛蓝布	1件	炸坏	32.4	1940年全月	
背心	毛线蓝色	1件	炸坏	47	1940年11月	
中山服	青哈叽	2套	炸坏	86.6	1941年11月	
衬衫	白市布	2件	炸坏	28	1941年2月	

续表

物品名称	品质	数量	损失程度	原价(元)	购置年月	备考
脸盆	洋磁	1个	炸坏	35	1941年1月	
西式短裤	黄哈叽	2条	炸坏	28	1941年3月	
内裤	白市布	2条	炸坏	8	1941年3月	
球鞋	青哈叽	1双	炸坏	7.5	1941年5月	
袜子	青色	2双	炸坏	9.2	1941年5月	
被灾日期	1941年6月1、2日	被灾地点	潘家沟	房屋被炸或震塌	被炸	原支薪俸数目	24元	有无同居眷属	无

右〈上〉开物品确系因空袭被毁,谨呈

科长梅

局长刁

　　转呈

市长吴

　　　　　　　　　　　　　填报人:职务　测工

　　　　　　　　　　　　　　　　　姓名　张亚宣

　　　　　　　　　　　　　　　　　三十年六月四日

附22:邓放尧空袭损失私物报告表(1941年6月4日)

重庆市政府财政局员役空袭损失私物报告表

物品名称	品质	数量	损失程度	原价(元)	购置年月	备考
棉被	白布	1床	炸坏	62	1940年冬月	
鸭绒	黄色	1件	炸坏	36	1940年全月	
毛毯	炭色	1床	炸坏	38	1941年1月	
毛线	青色	1套	炸坏	62	1941年1月	
衬衫	市布	1套	炸坏	32	1941年2月	
哈叽上下[装]	青色	2套	炸坏	68	1940年10月	
磁盆		1个	炸坏	27	1941年9月	
被灾日期	1941年6月1、2日	被灾地点	潘家沟	房屋被炸或震塌		原支薪俸数目	28元	有无同居眷属	无

续表

右〈上〉开物品确系因空袭被毁,谨呈 科长梅 　局长刁 　　转呈 市长吴 　　　　　　　　　　填报人:职务　测工 　　　　　　　　　　　　　姓名　邓放尧 　　　　　　　　　　　　　三十年六月四日	

附23:宗文全空袭损失私物报告表(1941年6月4日)

重庆市政府财政局员役空袭损失私物报告表

物品名称	品质	数量	损失程度	原价(元)	购置年月	备考
被卧	棉布	1床	全毁	80	1941年2月	
毯子		1床	全毁	28	1941年1月	
洋瓷盆		1个	全毁	28	1940年5月	
冲毛叽制服	布	1套	全毁	38	1941年5月	
白衬衣	布	2件	全毁	24	1940年10月	
蓝长衫	布	1件	全毁	25	1940年9月	
被灾日期	1941年6月1日	被灾地点	房屋被炸或震塌	被炸	原支薪俸数目	22元	有无同居眷属	无

右〈上〉开物品确系因空袭被毁,谨呈
科长梅
　局长刁
　　转呈
市长吴

　　　　　　　　　填报人:职务　测工
　　　　　　　　　　　　姓名　宗文全
　　　　　　　　　　　　三十年六月四日

附24：任邦明空袭损失私物报告表（1941年6月4日）

重庆市政府财政局员役空袭损失私物报告表

物品名称	品质	数量	损失程度	原价(元)	购置年月	备考
棉被	白洋布里绸面	1床	被炸全损	63	1940年10月	
军服	草绿布	1套	全损	42	1940年3月	
衬衫	白洋布	2件	全损	32	1940年11月	
皮箱	黄皮	1只	全损	35	1941年1月	
脸盆	红色搪瓷	1只	全损	28	1941年4月	
被灾日期	1941年6月1、2日	被灾地点	潘家沟	房屋被炸或震塌		原支薪俸数目	30元	有无同居眷属	无

右〈上〉开物品确系因空袭被毁，谨呈

科长梅

局长刁

　　转呈

市长吴

填报人：职务　测工

　　　　姓名　任邦明

　　　　三十年六月四日

附25：熊怀悯空袭损失私物报告表（1941年6月4日）

重庆市政府财政局员役空袭损失私物报告表

物品名称	品质	数量	损失程度	原价(元)	购置年月	备考
棉被	洋布	1床	炸坏	55	1940年	
皮鞋	牛皮	1双	炸坏	25	1941年	
中山服	土呢	1套	炸坏	40	1941年	
中山服	青布	1套	炸坏	50	1941年	
大衣	蓝布	1件	炸坏	80	1940年	
军毯	灰	1条	炸坏	24	1940年	
汗衣		1件	炸坏	16	1941年	
被灾日期	1941年6月1、2日	被灾地点	潘家沟	房屋被炸或震塌		原支薪俸数目	27元	有无同居眷属	无

续表

> 右〈上〉开物品确系因空袭被毁，谨呈
>
> 科长梅
>
> 局长刁
>
>   转呈
>
> 市长吴
>
>   填报人：职务 测工
>
>   姓名 熊怀悯
>
>   三十年六月四日

附26：章显培空袭损失私物报告表（1941年6月4日）

重庆市政府财政局员役空袭损失私物报告表

物品名称	品质	数量	损失程度	原价(元)	购置年月	备考
棉被	灰布	1床	炸毁	40	1941年2月	
中山服	土呢	2件	炸毁	40	1941年4月	
衬衣	白色	2件	炸毁	32	1941年4月	
短裤	白色	2件	炸毁	25	1941年5月	
线毯	灰色	1条	炸毁	22	1941年1月	
长裤	青色	2条	炸毁	15	1941年1月	
皮鞋	牛皮	1双	炸毁	36	1940年12月	
被灾日期	1941年6月1、2日	被灾地点	潘家沟3号	房屋被炸或震塌		原支薪俸数目	29元	有无同居眷属	无

> 右〈上〉开物品确系因空袭被毁，谨呈
>
> 科长梅
>
> 局长刁
>
>   转呈
>
> 市长吴
>
>   填报人：职务 测工
>
>   姓名 章显培
>
>   三十年六月四日

附27：谭焕章空袭损失私物报告表（1941年6月4日）

重庆市政府财政局员役空袭损失私物报告表

物品名称	品质	数量	损失程度	原价(元)	购置年月	备考
被盖	棉	1条	炸毁	54	1940年8月	
青制服	布	1套	无踪	40	1940年12月	
衬衫	布	1件	无踪	16	1940年9月	
布制服	布	1套	无踪	46	1941年1月	
青衬衫	布	1件	无踪	18	1941年1月	
毯子	线	1床	全毁	34	1940年8月	
被灾日期	1941年6月1日	被灾地点	潘家沟3号	房屋被炸或震塌	被炸	原支薪俸数目	22元	有无同居眷属	

右〈上〉开物品确系因空袭被毁，谨呈

科长梅

局长刁

  转呈

市长吴

         填报人：职务 测工

            姓名 谭焕章

         三十年六月四日

附28：刘玉廷空袭损失私物报告表（1941年6月4日）

重庆市政府财政局员役空袭损失私物报告表

物品名称	品质	数量	损失程度	原价(元)	购置年月	备考
棉短服	青布	1套	全损	72	1940年10月	
中山服	青布	1套	全损	45.5	1940年2月	
中衣	蓝布	2条	全损	23	1940年1月	
洋磁盆	青花	1个	全损	25	1940年4月	
被灾日期	1941年6月1日	被灾地点	潘家沟3号	房屋被炸或震塌		原支薪俸数目	27元	有无同居眷属	无

续表

> 右〈上〉开物品确系因空袭被毁,谨呈
> 科长梅
> 局长刁
> 　　转呈
> 市长吴
>
> 　　　　　　　　　　填报人:职务　测工
> 　　　　　　　　　　　　　　姓名　刘玉廷
> 　　　　　　　　　　　　　　三十年六月四日

附29:沈时彬空袭损失私物报告表(1941年6月4日)

重庆市政府财政局员役空袭损失私物报告表

物品名称	品质	数量	损失程度	原价(元)	购置年月	备考
单被	白布	1床	毁	50	1940年8月12日	
军毯	灰色	1床	毁	20	1940年3月4日	
军服	青色	1套	毁	40	1941年2月16日	
衬衣	白洋布	1件	毁	18	1941年4月4日	
面盆	绿磁	1个	毁	20	1931年1月14日	
力士鞋	青色	1双	毁	25	1941年3月10日	
毛巾	白色	2条	毁	6	1941年2月17日	
被灾日期	1941年6月2日	被灾地点	潘家沟3号办公处	房屋被炸或震塌	原支薪俸数目	29元	有无同居眷属	

> 右〈上〉开物品确系因空袭被毁,谨呈
> 科长梅
> 局长刁
> 　　转呈
> 市长吴
>
> 　　　　　　　　　　填填报人:职务　测工
> 　　　　　　　　　　　　　　姓名　沈时彬
> 　　　　　　　　　　　　　　三十年六月四日

附30：戚超伦空袭损失私物报告表（1941年6月4日）

重庆市政府财政局员役空袭损失私物报告表

物品名称	品质	数量	损失程度	原价(元)	购置年月	备考
被盖	布	1床	全毁	80	1940年10月	
毯子	线	1床	全毁	40	1940年9月	
灰制服	布	1套	全毁	45	1941年2月	
青冲哔叽中山服	布	1套	全毁	54	1941年3月	
白衬衣	麻纱	1件	全毁	26	1941年5月	
白衬衣	布	1套	全毁	20	1941年5月	
被灾日期	1941年6月1、2日	被灾地点	潘家沟3号	房屋被炸或震塌	被炸	原支薪俸数目	23元	有无同居眷属	无

右〈上〉开物品确系因空袭被毁，谨呈

科长梅

局长刁

　　转呈

市长吴

　　　　　　　　填报人：职务　测工

　　　　　　　　　　　　姓名　戚超伦

　　　　　　　　　　　　三十年六月四日

附31：左清祥空袭损失私物报告表（1941年6月4日）

重庆市政府财政局员役空袭损失私物报告表

物品名称	品质	数量	损失程度	原价(元)	购置年月	备考
被盖	布	1床	全毁	50	1940年1月	
灰制服	布	1套	全毁	32	1941年2月	
青制服	布	1套	全毁	30	1941年3月	
白衬衣	布	1件	全毁	12	1941年3月	
被灾日期	1941年6月1日	被灾地点	潘家沟3号	房屋被炸或震塌		原支薪俸数目		有无同居眷属	

续表

右〈上〉开物品确系因空袭被毁,谨呈

科长梅

局长刁

    转呈

市长吴

                    填报人:职务 测工

                          姓名 左清祥

                        三十年六月四日

附32:龚治平空袭损失私物报告表(1941年6月4日)

重庆市政府财政局员役空袭损失私物报告表

物品名称	品质	数量	损失程度	原价(元)	购置年月	备考
被盖	白色	1床	炸毁	50	1931年9月	
学生服	灰哈叽	1套	炸毁	36	1931年9月	
毯子	白哈叽	1床	炸毁	28	1931年9月	
力士鞋	青色	1双	炸毁	10	1941年	
枕头	白色	1个	炸毁	16	1941年	
面盆	白色	1个	炸毁	20	1941年	
衬衣	白色	1件	炸毁	10	1941年	
被灾日期	1941年6月1日	被灾地点	潘家沟3号	房屋被炸或震塌		原支薪俸数目	22元	有无同居眷属	

右〈上〉开物品确系因空袭被毁,谨呈

科长梅

局长刁

    转呈

市长吴

                      填报人:职务 测工

                          姓名 龚治平

                        三十年六月四日

附33：赵文福空袭损失私物报告表(1941年6月4日)

重庆市政府财政局员役空袭损失私物报告表

物品名称	品质	数量	损失程度	原价(元)	购置年月	备考
线被	白布	1床	炸毁	40	1940年3月	
毛毯	炭色	1床	炸毁	16	1940年9月	
哈叽	青色	1套	炸毁	30	1940年9月	
汗衫	蓝色	1套	炸毁	24	1940年10月	
服装	炭色	1套	炸毁	27	1941年8月	
哈叽短裤	黄色		炸毁	15	1941年8月	
制服	□色	1套	炸毁	20	1941年1月	
被灾日期	1941年6月1、2号	被灾地点	潘家沟3号	房屋被炸或震塌		原支薪俸数目	27元	有无同居眷属	无

右〈上〉开物品确系因空袭被毁，谨呈

科长梅

局长刁

　　转呈

市长吴

　　　　　　　　　　　　　　　　填报人：职务　测工

　　　　　　　　　　　　　　　　　　　　姓名　赵文福

　　　　　　　　　　　　　　　　　　　三十年六月四日

附34：郭荣钢空袭损失私物报告表(1941年6月4日)

重庆市政府财政局员役空袭损失私物报告表

物品名称	品质	数量	损失程度	原价(元)	购置年月	备考
被里 被面	白市布 冲哗叽	1床	炸毁	30 21	1940年8月	
絮棉	棉	1床	炸毁	25	1940年8月	
磁盆		1个	炸毁	40	1940年2月	
制服	黄哈叽	2套	炸毁	60	1940年5月	
青制服	布	1套	炸毁	24	1940年7月	
线毯	线	1床	炸毁	36	1941年5月	
毛线汗衣	毛	1件	炸毁	50	1940年9月	

续表

物品名称	品质	数量	损失程度	原价(元)	购置年月	备考
礼帽	呢	1顶	炸毁	30	1940年8月	
夹衫	织贡呢	1件	炸毁	46	1940年10月	
棉大衣	青布	1件	炸毁	36	1939年10月	
衬衣	土布	2件	炸毁	30	1941年4月	
短裤	土布	2条	炸毁	20	1941年4月	
被灾日期	1941年6月1日	被灾地点	潘家沟3号	房屋被炸或震塌		原支薪俸数目	40元	有无同居眷属	

右〈上〉开物品确系因空袭被毁,谨呈

科长梅

局长刁

　　转呈

市长吴

填报人:职务　测工

姓名　郭荣钢

三十年六月四日

附35:刘文卿空袭损失私物报告表(1941年6月4日)

重庆市政府财政局员役空袭损失私物报告表

物品名称	品质	数量	损失程度	原价(元)	购置年月	备考
毯子	白哈叽	1床	全毁	48.9	1940年8月	
中山服	芝麻呢	1套	全毁	48.3	1941年1月	
衬衫	市布	2件	全毁	25	1941年2月	
长衫	裕华布	1件	全毁	31	1939年7月	
毛线紧身	黄色	1件	全毁	67	1940年9月	
学生服	青哈叽	1套	全毁	44	1940年10月	
被灾日期	1941年6月1、2日	被灾地点	潘家沟3号	房屋被炸或震塌	被炸	原支薪俸数目	28元	有无同居眷属	无

续表

右〈上〉开物品确系因空袭被毁,谨呈 科长梅 局长刁 　转呈 市长吴	填报人:职务　测工 　　　姓名　刘文卿 　　　三十年六月四日

附36:陈乐山空袭损失私物报告表(1941年6月4日)

重庆市政府财政局员役空袭损失私物报告表

物品名称	品质	数量	损失程度	原价(元)	购置年月	备考
被盖	棉白市布	1	炸毁	54	1941年5月	
毛毯	毛,游客毯	1	炸后无踪	45	1940年3月	
学生服	棉,黄色咔叽	2套	全毁	94	1941年4月	
衬衫	棉,白色	2件	炸毁	29	1941年4月	
西式短裤	棉,黄色咔叽	2条	炸毁	28	1941年5月	
黄皮鞋	皮,黄色	1双	炸后无踪	40	1940年10月	
皮箱	皮,黑色全皮	1口	全毁	48	1941年1月	
被灾日期	1941年6月1日	被灾地点	潘家沟3号	房屋被炸或震塌	原支薪俸数目	22元	有无同居眷属	无

右〈上〉开物品确系因空袭被毁,谨呈
科长梅
局长刁
　转呈
市长吴

　　　　　　　　　　　　　　填报人:职务　测工
　　　　　　　　　　　　　　　　姓名　陈乐山
　　　　　　　　　　　　　　　　三十年六月四日

附37：陈于淦空袭损失私物报告表（1941年6月4日）

重庆市政府财政局员役空袭损失私物报告表

物品名称	品质	数量	损失程度	原价(元)	购置年月	备考
盖被	面绿花绫 包被印花 棉絮5斤	1 1 1	全炸毁	150	1940年10月	
垫被	面花布 包被土布 棉絮4斤	1 1 1	全炸毁	50	1940年10月	
灰毛质毯	毛质	1床	炸毁	50	1940年10月	
青哗叽中山服	哗叽	1套	炸毁	200	1940年11月	
大面盆	洋磁	1个	全炸毁	25	1940年10月	
黑皮鞋		1双	炸毁	75	1941年3月	
衬衫	府绸	2件	炸毁	60	1941年3月	
被灾日期	1941年6月1日	被灾地点	潘家沟3号驻所	房屋被炸或震塌	房屋炸毁	原支薪俸数目	90元	有无同居眷属

右〈上〉开物品确系因空袭被毁，谨呈

队长蒋

科长梅

局长刁

　转呈

市长吴

　　　　　　　　　　　填报人：职务　测量员

　　　　　　　　　　　　　　姓名　陈于淦

　　　　　　　　　　　　　三十年六月四日

附38：秦增翰空袭损失私物报告表（1941年6月4日）

重庆市政府财政局员役空袭损失私物报告表

物品名称	品质	数量	损失程度	原价(元)	购置年月	备考
被单	印花二号被单棉质	1床	炸失	42	1941年3月	
呢帽	呢子	1顶	炸失	35	1940年9月	
黑皮鞋	纹皮	1双	炸失	56	1940年4月	

续表

物品名称	品质	数量	损失程度	原价(元)	购置年月	备考
绒线衣	羊毛	1件	炸失	48	1940年8月	头绳每磅32元自织
磁盆	洋磁	1只	炸毁	32	1941年3月	
冲毛呢中山装	棉布	1套	炸毁	65	1940年9月	
衬衫	府绸	2件	炸毁	44	1941年4月	
被灾日期	1941年6月1日	被灾地点	潘家沟3号	房屋被炸或震塌	房屋炸毁	原支薪俸数目	90元	有无同居眷属	无

　　右〈上〉开物品确系因空袭被毁,谨呈

队长蒋

科长梅

局长刁

　　转呈

市长吴

　　　　　　　　　　　填报人:职务　测量员

　　　　　　　　　　　　　　姓名　秦增翰

　　　　　　　　　　　　　　三十年六月四日

附39:高甘霖空袭损失私物报告表(1941年6月)

重庆市政府财政局员役空袭损失私物报告表

物品名称	品质	数量	损失程度	原价(元)	购置年月	备考
衣箱	木	1口	炸毁	4	1938年	
被褥	棉	1床	损坏	58	1939年	
卧单	布	1床	损坏	18	1939年	
毯子	线	1条	损坏	16	1938年	
帐子	布	1床	损坏	24	1938年	
制服	布	3件	炸失	46	1939年	
衬衣	布	2件	炸失	22	1939年	
短裤	布	2件	炸失	20	1939年	
礼帽	呢	1顶	炸失	28	1939年	

续表

物品名称	品质	数量	损失程度	原价(元)	购置年月	备考
脸盆	磁	1个	损坏	25	1940年	
磁缸	磁	1个	炸破		1941年	
皮鞋	皮	1双	炸失	60		
被灾日期	1941年6月1日	被灾地点	潘家沟3号	房屋被炸或震塌	被炸	原支薪俸数目	80元	有无同居眷属	

右〈上〉开物品确系因空袭被毁，谨呈

队长蒋

科长梅

局长刁

　　转呈

市长吴

填报人：职务　调查员

姓名　高甘霖

三十年六月　日

附40：龚泽润空袭损失私物报告表(1941年6月)

重庆市政府财政局员役空袭损失私物报告表

物品名称	品质	数量	损失程度	原价(元)	购置年月	备考
中山装	哔叽	1套	被破片炸成小洞数十不堪用	218	1940年7月	
被面	缎	1幅	被破片炸成小洞数十不堪用	40	1940年4月	
棉絮		1床	被破片炸成小洞数十不堪用	20	1940年12月	
口盂	磁	1个	炸毁	13	1941年4月	
面盆	磁	1个	炸毁	36	1940年11月	
毯子	布	1床	被破片炸成小洞数十不堪用	46	1940年12月	
呢帽		1顶	炸失	38	1940年9月	
被灾日期	1941年6月1日	被灾地点	房屋被炸或震塌	炸毁	原支薪俸数目	80元	有无同居眷属	无

续表

右〈上〉开物品确系因空袭被毁,谨呈 队长蒋 科长梅 局长刁 　　转呈 市长吴	填报人:职务　测量员 　　　　姓名　龚泽润 三十年六月　日

附41:周殿安空袭损失私物报告表(1941年6月)

重庆市政府财政局员役空袭损失私物报告表

物品名称	品质	数量	损失程度	原价(元)	购置年月	备考
毛绒线衣	毛	1件	炸失	90	1940年	
衬衫	布	2件	炸失	36	1940年	
礼帽	呢	1顶	炸坏	37	1939年	
皮鞋	皮	1双	炸失	48	1941年	
玻璃杯	玻璃	1个	炸破	8	1941年	
制服	布	1套	炸失	54	1940年	
被灾日期	1941年6月1日	被灾地点	潘家沟3号	房屋被炸或震塌	被炸	原支薪俸数目	55元	有无同居眷属

右〈上〉开物品确系因空袭被毁,谨呈 队长蒋 科长梅 局长刁 　　转呈 市长吴	填报人:职务　测工 　　　　姓名　周殿安 三十年六月　日

附42：罗明远空袭损失私物报告表

重庆市政府财政局员役空袭损失私物报告表

物品名称	品质	数量	损失程度	原价(元)	购置年月	备考
油布	黄	1床	炸坏	16	1941年4月	
□绒	灰	1件	炸飞	32	1940年10月	
长衫	蓝	1件	炸飞	14	1939年10月	
毛□光鞋子	青	1双	炸飞	6	1941年4月	
灰中山福〔服〕		1件	炸飞	18	1940年腊月	
被灾日期	1941年6月1、2日	被灾地点	潘家沟3号	房屋被炸或震塌		原支薪俸数目	27元	有无同居眷属	

右〈上〉开物品确系因空袭被毁，谨呈

科长

局长

　转呈

市长吴

填报人：职务　测工

　　　　姓名　罗明远

　　　　年　月　日

附43：刘琼丰空袭损失私物报告表

重庆市政府财政局员役空袭损失私物报告表

物品名称	品质	数量	损失程度	原价(元)	购置年月	备考
被盖	白市布	1床	炸破	46	1939年10月	
线毯	洋灰布	1床	炸毁	8	1936年9月	
皮鞋	汉皮	1双	炸失踪	52.5	1940年10月	
呢鞋	毛织	1双	炸失	22	1941年1月	
夹裤	毛葛	1条	炸失	37	1940年2月	
驼绒夹衫	灰色毛葛	1件	炸失	62	1939年9月	
毛线汗衣	毕炎色	1件	炸失	36	1936年11月	
包帕	白布	1张	炸失	3.2	1939年12月	
簟席	草编	1床	炸坏	5.2	1940年6月	
被灾日期	1941年6月1日	被灾地点	潘家沟	房屋被炸或震塌		原支薪俸数目	30元	有无同居眷属	无

续表

```
    右〈上〉开物品确系因空袭被毁,谨呈
科长梅
局长刁
    转呈
市长吴

                              填报人:职务   测工
                                    姓名   刘琼丰
                                    年   月   日
```

附44：李号金空袭损失私物报告表

重庆市政府财政局员役空袭损失私物报告表

物品名称	品质	数量	损失程度	原价(元)	购置年月	备考
棉被	白洋布	1床	被炸飞	48	1940年8月	
箱子	皮	1口	被炸飞	28	1941年3月	
芝麻呢		1套	炸飞	31	1941年2月	
脸盆	白磁	1个	炸坏	3	1941年1月	
灰制服		1套	炸飞	42	1941年4月	
衬衣	花白	2件	炸飞	31	1940年冬月	
棉毯	花	1床	炸飞	19	1940年7月	
短裤	青白	2条	无踪	16	1940年8月	
长衫	蓝	1件	无踪	22	1940年5月	
黄制服		1套	无踪	38	1940年10月	
毛背心		1件	无踪	22	1940年9月	
鞋子	青	1双	无踪	14	1941年1月	
磁盅		1个	无踪	18	1940年3月	
草绿制服		1件	无踪	17	1940年6月	
被灾日期	1941年6月1、2日	被灾地点	潘家沟3号	房屋被炸或震塌		原支薪俸数目	29元	有无同居眷属

续表

右〈上〉开物品确系因空袭被毁,谨呈

科长

局长

  转呈

市长吴

         填报人:职务 测工

           姓名 李号金

           年 月 日

附45:黄海廷空袭损失私物报告表

重庆市政府财政局员役空袭损失私物报告表

物品名称	品质	数量	损失程度	原价(元)	购置年月	备考
被盖	白布	1床	全毁	38	1940年10月	
毯子	白布	1根	全毁	20	1940年2月	
汗衣	蓝布	1件	全毁	12	1941年2月	
面巾	白	1块	全毁	3	1941年3月	
裤子	蓝布	1条	全毁	5	1941年1月	
被灾日期	1941年6月1日	被灾地点	潘家沟3号办公处	房屋被炸或震塌	被炸	原支薪俸数目	22元	有无同居眷属	无

右〈上〉开物品确系因空袭被毁,谨呈

科长梅

局长刁

  转呈

市长吴

         填报人:职务 测工

           姓名 黄海廷

           年 月 日

附46：汤春访空袭损失私物报告表

重庆市政府财政局员役空袭损失私物报告表

物品名称	品质	数量	损失程度	原价(元)	购置年月	备考
棉絮		1床	被炸	42	1940年	
被面	花条	1	被炸	28	1940年	
被芯	花格	1	被炸	25	1940年	
面盆	白	1	被炸	16	1940年	
青制服		1套	被炸	36	1941年	
棉制服		1套	被炸	52	1940年	
衬衫	蓝	2件	被炸	36	1950年[①]	
青布鞋子		1	被炸	16	1941年	
毛巾	白	1条	被炸	3	1941年	
军毯	灰	1	被炸	26	1940年	
被单	白	1	被炸	22	1940年	
青袜子		2双	被炸	6	1941年	
芝麻呢制服		1套	被炸	56	1941年	
短裤头	白	2件	被炸	6	1941年	
被灾日期	1941年6月1、2日	被灾地点	潘家沟3号	房屋被炸或震塌		原支薪俸数目	30元	有无同居眷属	

右〈上〉开物品确系因空袭被毁，谨呈

科长梅

局长刁

　　转呈

市长吴

　　　　　　　　　　　填填报人：职务　测工

　　　　　　　　　　　　　　姓名　汤春访

　　　　　　　　　　　　　　年　月　日

---

① 原档为民国三十九年，应为笔误。

附47：徐守全空袭损失私物报告表

重庆市政府财政局员役空袭损失私物报告表

物品名称	品质	数量	损失程度	原价(元)	购置年月	备考
长衫	青布	1件	全毁	38	1941年1月	
绸衣	白市布	2件	全毁	23	1941年4月	
长裤	花布	2条	损坏	18	1941年1月	
毛巾	白	1块	全毁	3	1941年2月	
草席		1根	炸坏	4	1941年1月	
牙刷		1个	全没	3	1941年1月	
棉絮		1床	炸坏	47	1940年2月	
被灾日期	1941年6月1、2日	被灾地点	潘家沟3号	房屋被炸或震塌	炸坏	原支薪俸数目	22元	有无同居眷属	无

右〈上〉开物品确系因空袭被毁，谨呈

科长梅

局长刁

　　转呈

市长吴

　　　　　　　　　　　　　填报人：职务　测工

　　　　　　　　　　　　　　　　姓名　徐守全

　　　　　　　　　　　　　　　　年　月　日

附48：陈昌贵空袭损失私物报告表

重庆市政府财政局员役空袭损失私物报告表

物品名称	品质	数量	损失程度	原价(元)	购置年月	备考
棉絮	白	1	被炸	43	1940年	
包被	白	1	被炸	28	1940年	
被芯	花格	1	被炸	26	1940年	
衬衫	市布	2件	被炸	32	1941年	
安安布	蓝	2条	被炸	7	1941年	
鞋子	青	1双	被炸	16	1941年	
毛巾	白	1条	被炸	3	1941年	
被灾日期	1941年6月1、2日	被灾地点	潘家沟3号	房屋被炸或震塌		原支薪俸数目		有无同居眷属	

续表

右〈上〉开物品确系因空袭被毁,谨呈 局科长 局长 　转呈 市长吴 　　　　　　　　　　　　　　填报人:职务　测工 　　　　　　　　　　　　　　　　　姓名　陈昌贵 　　　　　　　　　　　　　　　　　年　月　日

附49:王定江空袭损失私物报告表

重庆市政府财政局员役空袭损失私物报告表

物品名称	品质	数量	损失程度	原价(元)	购置年月	备考
棉被	棉	1	炸毁一部分	50	1940年10月	
草席	草	1	全毁	3	1941年4月	
短裤	棉	1	全毁	12	1941年4月	
汗衣	棉	1	全毁	15	1941年4月	
背心	棉	1	全毁	10	1941年1月	
长衫	棉	1	全毁	20	1941年5月	
毛巾	棉	1	全毁	3	1941年1月	
被灾日期	1941年6月1日	被灾地点	潘家沟3号	房屋被炸或震塌		原支薪俸数目	23元	有无同居眷属	无

右〈上〉开物品确系因空袭被毁,谨呈

科长梅

局长刁

　转呈

市长吴

　　　　　　　　　　　　　　填报人:职务　测工
　　　　　　　　　　　　　　　　　姓名　王定江
　　　　　　　　　　　　　　　　　年　月　日

附50：卢昌祥空袭损失私物报告表

重庆市政府财政局员役空袭损失私物报告表

物品名称	品质	数量	损失程度	原价(元)	购置年月	备考
棉絮	白	1	被炸	41	1940年9月	
被面	花格	1	被炸	32	1940年9月	
背心	花格	1	被炸	26	1940年冬月	
面盆	花	1	被炸	28	1940年2月	
棉制服	青	1套	被炸	54	1941年3月	
衬衫	白	2件	被炸	34	1941年4月	
灰制服	单	1套	被炸	58	1941年3月	
毛巾	白	2条	被炸	4	1941年5月	
军毯	灰	1床	被炸	26	1940年8月	
被单	条	1幅	被炸	18	1940年9月	
袜子	白	2双	被炸	7	1941年9月	
鞋子	青	2双	被炸	24	1941年2月	
短裤头	白	2件	被炸	7	1941年1月	
芝麻呢制服	单	1套	炸飞	42	1940年8月	
被灾日期	1941年6月1、2日	被灾地点	潘家沟	房屋被炸或震塌		原支薪俸数目	22元	有无同居眷属

右〈上〉开物品确系因空袭被毁，谨呈
科长梅
局长刁
　　转呈
市长吴

填报人：职务　测工
　　　　姓名　卢昌祥
　　　　　年　月　日

附51：萧圣国空袭损失私物报告表

重庆市政府财政局员役空袭损失私物报告表

物品名称	品质	数量	损失程度	原价(元)	购置年月	备考
棉絮		1	被炸	45	1940年	
被面		1	被炸	31	1940年	

续表

物品名称	品质	数量	损失程度	原价(元)	购置年月	备考
被芯		1	被炸	25	1940年	
军毯		1	被炸	24	1940年	
翻[毛]皮鞋	黄	1	被炸	22	1941年	
被单	白	1幅	被炸	23	1940年	
制服	灰	1套	被炸	6	1940年	
被灾日期	1941年6月1、2日	被灾地点	潘家沟3号	房屋被炸或震塌		原支薪俸数目	28元	有无同居眷属	无

右〈上〉开物品确系因空袭被毁，谨呈

科长梅

局长刁

    转呈

市长吴

填报人：职务　测工

姓名　萧圣国

三十年六月四日

(0064—8—288)

134. 重庆市财政局职员刘卓立为报1941年6月5日空袭损失私物报告表给上级的呈(1941年6月7日)

　　窃职所住本市莲花池正街第5号内附3号之房,不幸于本月五日夜全部被敌机投弹炸毁。职所有衣被用具等物完全损失,无力再买以资急用。现职不但地无立锥,而家人更无处安置,迫不得已特将被炸情形呈请钧长鉴核饬员查勘,并恳垂悯苦况迅赐救济,实沾德便。当否,伏候示遵。

　　谨呈

主任李

    转呈

科长梅

    转呈

局长刁

附呈被炸证明书1份、损失报告表2份

职　刘卓立

六月七日

附1：

重庆市政府财政局员役空袭损失私物报告表

物品名称	品质	数量	损失程度	原价(元)	购置年月	备考
棉被	新	1床	炸得极烂	86	本年3月	
线毯	新	1床	炸得极烂	36	本年3月	
油布	新	1床	炸得极烂	18	本年3月	
夏布帐子	半新	1笼	炸得极烂不见	95	1940年4月	
市布衬衫裤	新	2套	炸得极烂不见	70	本年4月	
青呢制服	半新	1套	炸失不见	224	1940年11月	
被灾日期	1941年6月5日夜	被灾地点	莲花池正街5号内	房屋被炸或震塌	房屋被炸全部	原支薪俸数目 60元	有无同居眷属	无

右〈上〉开物品确系因空袭被毁，谨呈

科长

局长

　转呈

市长吴

填报人：职务　书记

姓名　刘卓立

三十年六月七日

附2：曹含炘为奉查该局职员刘卓立空袭损失一案转呈财政局局长的文（1941年6月13日）

　　查该员住于莲花池正街5号附3号，确于六月五日夜间房屋全部被炸，并经该管区警察分所暨保甲等证明前来，所报自系属实。

查对员　曹含炘

三十一年六月十三日

（0064—8—288）

135. 重庆市财政局职员魏一鸣为报1941年6月7日空袭损失私物报告表给上级的呈(1941年6月9日)

敬呈者：窃职宿址民族路172号，于六月七日下午不幸遭敌机轰炸，屋中心正落一重量炸弹，屋房化为墟墟。职行李用具损失殆尽，可怜流亡斯地，欲想添置衣物已颇非不易。恳祈钧座恩准援例发给损失费以资救济，实沾德无涯矣。

谨呈

组长

股长

主任

局长

职　魏一鸣

六月九日

附1：

重庆市政府财政局员役空袭损失私物报告表

物品名称	品质	数量	损失程度	原价（元）	购置年月	备考
铺盖	棉织品	1	屋中正遭一弹已粉细如麻	60	1940年10月	
被单		1	屋中正遭一弹已粉细如麻	30	1940年10月	
絮		1	屋中正遭一弹已粉细如麻	5	1939年9月	
竹床		1	屋中正遭一弹已粉细如麻	5	1939年9月	
面盆		1	屋中正遭一弹已粉细如麻	35	1941年1月	
瓷缸		1	屋中正遭一弹已粉细如麻	1	1938年1月	
皮箱		1	屋中正遭一弹已粉细如麻	75	1940年4月	

续表

物品名称	品质	数量	损失程度	原价（元）	购置年月	备考
长衫	丝织品	2件	屋中正遭一弹已粉细如麻	30	1936年3月	
制服	棉织品	2套	屋中正遭一弹已粉细如麻	25	1938年12月	
呢帽		1顶	屋中正遭一弹已粉细如麻	35	1941年1月	
袜	丝	3双	屋中正遭一弹已粉细如麻	3	1937年12月	
衬衫	丝	2件	屋中正遭一弹已粉细如麻	40	1940年5月	
被灾日期	1941年6月7日下午	被灾地点	民族路172号	房屋被炸或震塌	被炸	原支薪俸数目	55元	有无同居眷属	无

右〈上〉开物品确系因空袭被毁，谨呈

科长

局长

　转呈

市长吴

　　　　　　　　　　　　　　填报人：职务　事务员
　　　　　　　　　　　　　　　　　　姓名　魏一鸣
　　　　　　　　　　　　　　　　三十年六月九日

附2：曹含炘为奉查该局职员魏一鸣空袭损失一案转呈财政局局长的文（1941年6月13日）

　　查该员住址民族路172号，确于六月七日午后因投弹正中，房屋全部炸毁属实。惟应具之保甲证明单仅盖保图记及保长名章，未陈明被炸事实，格式殊属不合。拟请转饬该员另具保甲证明单，以凭汇转。

　　　　　　　　　　　　　　　　　　查对员　曹含炘
　　　　　　　　　　　　　　　　　　三十年六月十三日

（0064—8—288）

136. 重庆市财政局职员江厚祥为报1941年6月7日空袭损失私物报告表给上级的呈(1941年6月9日)

窃职眷属于三月底由本市过街楼30号迁居通远门保节院后街90号居住,讵料本月七日午后一时左右敌机空袭市区,在通远门保节院后街、七星岗一带投下大量燃烧弹,以致该处一带炸烧灾区甚广。职之寓所被烧成一片焦土,幸职正在搬移下乡(新桥双碑)住居,所有尚未搬运之木器及厨房用具一部均付之一炬。兹特填就空袭损失报告表2份附呈外,恳请钧长恩予救济,先垫发薪水一个月,俟于审核后救济费中扣除,不胜迫切感祷之至。

谨呈

技正并

队长李

科长梅

　　核转

　　　　　　　　　　　　　　局长刁

　　　　　　　　　　　　　职　江厚祥

　　　　　　　　　　　　　　六月九日

附1:

重庆市政府财政局员役空袭损失私物报告表

物品名称	品质	数量	损失程度	原价(元)	购置年月	备考
四尺西式棕床	木	1副	全被烧毁	62	1941年1月	
三抽书桌	木	1张	全被烧毁	25	1941年1月	
方凳	木	2张	全被烧毁	14	1941年1月	
方桌	竹	1张	全被烧毁	12	1941年1月	
条凳	木	2条	全被烧毁	8	1941年1月	
炉	洋铁	1个	全被烧毁	7.2	1941年1月	
锅	铁	1口	全被烧毁	17	1941年1月	
被灾日期	1941年6月7日午后	被灾地点	通远门保节院后街90号	房屋被炸或震塌	全被烧毁	原支薪俸数目	120元	有无同居眷属	有

续表

> 右（上）开物品确系因空袭被毁，谨呈
>
> 技正李
> 科长梅
> 局长刁
>   转呈
> 市长吴
>
>   填报人：职务　技佐
>   姓名　江厚祥
>   三十年六月九日

附2：曹含炘为奉查该局职员江厚祥空袭损失一案转呈财政局局长的文（1941年6月13日）

    查该员住于通远门保节院后街90号，确于六月七日午后因附近投弹，致该处房屋全部烧毁，所报损失自系属实。

                                查对员　曹含炘
                                三十年六月十三日

                                （0064—8—288）

137. 重庆市财政局职员达伟凤为报1941年6月7日空袭损失私物报告表给上级的呈文稿（1941年6月9日）

    窃职及眷属原住中一路50号，于本年六月七日渝市遭受空袭，该处中敌燃烧弹，遂致延烧。是时职正在东水门本局防空洞避难未及赶往施救致职私物全部被焚。谨特造具空袭损失报告表2份，恳请援例迅予以救济并恳预借薪津1月，实为德便。

    谨呈
技正井
队长李
科长梅

核转

局长刁

职　达伟凤

六月九日

附1：

重庆市政府财政局员役空袭损失私物报告表

物品名称	品质	数量	损失程度	原价(元)	购置年月	备考
军毯		1件	烧毁	8	1938年4月	
被		2件	烧毁	190	1939年12月	
线毯		1件	烧毁	30	1940年4月	
棕床连架		1张	烧毁	65	1941年3月	
桌子(方桌及三抽各1)		2张	烧毁	54	1941年3月	
椅子(木2藤1)		3张	烧毁	40	1941年3月	
30寸皮箱		1只	烧毁	55	1940年5月	
靛青哔叽中山服		1套	烧毁	180	1940年10月	
派力司西服		1套	烧毁	150	1940年6月	
纺绸衬衫		2件	烧毁	80	1940年5月	
真珠罗蚊帐		1顶	烧毁	62	1941年4月	
女香云纱大褂		1件	烧毁	40	1940年5月	
女皮鞋		1双	烧毁	45	1941年4月	
条子府绸衬衣		2件	烧毁	31	1940年9月	
标准布衬衣		3件	烧毁	51	1941年2月	
丝袜线袜		3双	烧毁	25	1941年5月	
领带		3条	烧毁	20	1940年11月	
女布长衫		2件	烧毁	40	1940年8月	
女绸夹袍		1件	烧毁	130	1941年2月	
女布夹袍		1件	烧毁	40	1940年10月	
女衬衣		绸2件 布4件	烧毁	75	1940年8月	
小孩单衣服		布3套 绸2套	烧毁	75	1941年4月	
煤炉		1个	烧毁	10	1941年3月	

续表

物品名称	品质	数量	损失程度	原价(元)	购置年月	备考
煤炭		各50斤	烧毁	30	1941年5月	
木柴		10捆	烧毁	21	1941年5月	
面盆		大小各1	烧毁	50	1941年3月	
水瓶		1个	烧毁	56	1941年1月	
碗及水缸其他用是〔什〕			烧毁	160	1941年3月	
杂什书籍及文具等			烧毁	约200		
被灾日期	1941年6月7日	被灾地点	中一路50号	房屋被炸或震塌	被焚	原支薪俸数目	120元	有无同居眷属	妻儿各1人

右〈上〉开物品确系因空袭被毁,谨呈

主任卓

技正李

科长梅

局长刁

　　转呈

市长吴

填报人：职务　技佐
姓名　达伟凤
三十年六月九日

附2：曹含炘为奉查该局职员达伟凤空袭损失一案转呈财政局局长的文（1941年6月17日）

　　查该技佐住于中一路50号,确于六月七日因该处中弹房屋全部焚毁,并经该保保长出具证明书前来,经查所报属实。

查对员　曹含炘
三十年六月十七日

（0064—8—288）

138. 重庆市财政局职员李治平为报1941年6月7日空袭损失私物报告表给上级的呈(1941年6月11日)

重庆市政府财政局员役空袭损失私物报告表

物品名称	品质	数量	损失程度	原价(元)	购置年月	备考
毛呢长衫	毛织品	1件	坏	35	1936年9月	
毛呢大衣	毛织品	1件	坏	130	1939年10月	
蓝哔叽制服	毛织品	1套	坏	320	1941年3月	
花府绸衬衣		2件	坏	76	1941年3月	
白玉饭碗		10个	坏	12	1939年2月	
白玉菜碗		10个	坏	18	1939年2月	
面盆	磁	1个	坏	14	1931年7月	
座钟		1口	坏	38	1938年6月	
棉被		2床	坏	110	1940年10月	
鸭毛背心		1件	坏	55	1940年12月	
木床		2间	坏	70	1940年3月	
茶杯		10套	坏	42	1939年10月	
国货茶瓶		1个	坏	28	1941年3月	
磁茶杯		1把	坏	4.5	1939年11月	
白市布帐子		1笼	坏	32	1940年6月	
白印花毯子		1床	坏	30	1940年7月	
蓝布衫		3件	坏	64	1941年2月	
被灾日期	1941年6月7日	被灾地点	和平路管家巷23号	房屋被炸或震塌	原支薪俸数目 55元	有无同居眷属 有

右(上)开物品确系因空袭被毁,谨呈

主任

局长

 转呈

市长吴

         填报人:职务 办事员

            姓名 李治平

         三十年六月十一日

附：曹含炘为奉查该局职员李治平空袭损失一案转呈财政局局长的文（1941年6月16日）

　　查该员住于和平路管家巷23号，确于六月七日因附近投弹，致将该员住房震毁甚巨，已不可居人，所报自系属实。

查对员　曹含炘

三十年六月十六日

（0064—8—288）

139. 重庆市财政局职员冯玉森为报1941年6月29日空袭损失私物报告表给上级的呈（1941年6月29日）

重庆市政府财政局员役空袭损失私物报告表

物品名称	品质	数量	损失程度	原价（元）	购置年月	备考
立柜	全木	2	全毁	80	1937年8月	
木床	有架	1	全毁	40	1937年8月	
棉被盖	布	1	破烂	20	1938年9月	
锦缎面被盖	丝	1	破烂	40	1939年10月	
茶壶	江西瓷	1套	全毁	16	1940年3月	
厨具		全套	全毁	48	1940年8月	锅1只，江西瓷饭碗12个，菜碗8个，水缸2口，计共值48元
米 米缸		2斗 1个	全毁	51	1941年6月	
被灾日期	1941年6月29日	被灾地点	三教堂庙内第5号附4号	房屋被炸或震塌	原支薪俸数目 55元	有无同居眷属 妻子

续表

右〈上〉开物品确系因空袭被毁,谨呈 组长周 　主任严 　科长 　局长 　　转呈 市长吴 　　　　　　　　　　　填报人:职务　事务员 　　　　　　　　　　　　　　　姓名　冯玉森 　　　　　　　　　　　　三十年六月二十九日

附:曹含炘为奉查该局职员冯玉森空袭损失一案转呈财政局局长的文(1941年7月2日)

查该员住于三教堂庙内第5号附4号,确于六月二十九日因敌机在该处后面投弹致将该员所住楼房震毁甚巨,所报损失什物自系属实。

　　　　　　　　　　　　　　　　　查对员　曹含炘
　　　　　　　　　　　　　　　　　三十年七月二日

(0064—8—288)

140. 重庆市财政局职员傅焕章为报1941年6月29日空袭损失私物报告表给上级的呈(1941年6月30日)

敬签呈者:窃职住居本市蹇家镇临江门戴家巷香水顺城街第38号,自业于六月二十九敌机袭渝之时将房屋炸去三分之二,其余残余之房破烂不堪,并毁烂物件甚多。今特报请备案请予调查,并乞照例准予发给恤金以便移居整修。兹由保甲长出具证明随同表报一并赍呈鉴核示遵。理合签呈

所长韩
　转呈
主任田

核转

局长刁

　　　　　　　　　　　　　调查员　傅焕章

　　　　　　　　　　　　　三十年六月三十日

附1：

重庆市政府财政局员役空袭损失私物报告表

物品名称	品质	数量	损失程度	原价（元）	购置年月	备考
单学生服	蓝哔叽	1套	炸毁	220	1940年6月	
毛蓝布衫	蓝布	1件	炸烂	15	1939年12月	
白绸汗衫	白绸	1套	炸毁	52	1939年6月	
大床	红油漆白木床	1间	炸烂	160	1938年5月	
桌子	黑漆桌子	1张	炸烂	10	1936年4月	
凳子	黑漆	1个	炸烂	5	1937年3月	
椅子	白木黑漆	2把	炸烂	20	1937年7月	
被灾日期	1941年6月29日	被灾地点	蹇家镇香水顺城街38号	房屋被炸或震塌	被炸三分之二其余破烂残屋	原支薪俸数目	60元	有无同居眷属		自住

右〈上〉开物品确系因空袭被毁，谨呈

科长

局长

　　转呈

市长吴

　　　　　　　　　　　填报人：职务　调查员

　　　　　　　　　　　　　　　姓名　傅焕章

　　　　　　　　　　　　　　　三十年六月三十日

附2：曹含炘为奉查该局职员傅焕章空袭损失一案转呈财政局局长的文（1941年7月2日）

　　查该员住于香水顺城街38号，确于六月二十九日因敌机投弹将该处房屋炸去三分之二以上，残余部分实已破烂不堪，亟待修整始可居人。并经该保甲长等出具证明前来，所报者自系属实。

查对员　曹含炘
三十年七月二日

（0064—8—288）

141. 重庆市财政局职员张垂恩为报1941年6月29日空袭损失私物报告表给上级的呈（1941年6月30日）

窃职眷属原住和平路198号，于本年六月一、二、五日被震，于七日中弹被炸业已报请救济，蒙钧座赐予由局垫发1个月薪120元在案。孰料本月二十九日敌机又炸本市上南区马路一带（职因请假送眷属回贵阳未获批准，暂在燕喜洞附近上南区马路163号楼上租小房间1间暂住），职之住所又中弹燃烧损失殆尽。职之不幸一再被炸实难维持现状，拟恳钧座按《空袭损害暂行救济办法》第9条"各机关员役在同年度被炸损失私物两次以上者，如第一次被炸如已领足最高额救济费则第二次以后概不发给，如未领足者可继续呈请救济以补足救济费之最高额为度"，准予继续垫发2个月洋240元以示体恤。是否有当，俯乞示遵。

谨呈
组长江
队长李
科长梅
局长刁

调查员　张垂恩
三十年六月三十日

附1：

重庆市政府财政局员役空袭损失私物报告表

物品名称	品质	数量	损失程度	原价(元)	购置年月	备考
西装	呢	1套	烧毁	120	1940年2月	
夹大衣	华达呢	1件	烧毁	80	1940年2月	
布中山服	布	1套	烧毁	28	1940年2月	
夹女长衫	麻布	1件	烧毁	38	1940年5月	
驼绒袍	线春绸	1件	烧毁	45	1940年2月	
蚊帐	夏布	1顶	烧毁	22	1940年1月	
竹床	竹子	1床	烧毁	18	1941年6月	
被灾日期	1941年6月29日	被灾地点	上南区路163号	房屋被炸或震塌	原支薪俸数目 120元	有无同居眷属 有

右〈上〉开物品确系因空袭被毁，谨呈

队长李

科长梅

局长刁

　　转呈

市长吴

　　　　　　　　　　　　填报人：职务　测量队
　　　　　　　　　　　　　　户地组第二班班长
　　　　　　　　　　　　　　姓名　张垂恩
　　　　　　　　　　　　三十年六月三十日

附2：曹含炘为奉查该局职员张垂恩空袭损失一案转呈财政局局长的文（1941年7月5日）

　　查该班长住于上南区马路163号楼上，确于六月二十九日因中弹燃烧，损失甚重，并经该保甲长等出具证明书前来，所报自系属实。

　　　　　　　　　　　　　　　　查对员　曹含炘
　　　　　　　　　　　　　　　　三十年七月五日

（0064—8—288）

142. 重庆市财政局职员胡建中为报1941年6月29日空袭损失私物报告表给上级的呈(1941年6月30日)

窃职住居南纪门猪行街90号,于本年六月二十九日被炸片炸毁职屋,除损失各物另表填报暨该管保甲证明前来外,理合连同报表及保甲证明单签请钧长鉴核示遵。

谨呈

股长

主任

科长

局长

市三区房捐征收员　胡建中
三十年六月三十日

附1：

重庆市政府财政局员役空袭损失私物报告表

物品名称	品质	数量	损失程度	原价(元)	购置年月	备考
男大衣	青呢	1件	损烂数洞	180	1939年12月	
男衬衣	府绸	1件	损烂数块	26	1941年4月	
呢博士[①]	枣色	1件	损烂半边无形	36	1939年10月	
女旗袍	府绸	1件	损烂数块	31	1941年4月	
女汗衣	花丁	1件	损烂数块	18	1941年4月	
花线毯	上色	1床	损烂两节	79	1940年9月	
被盖	锦缎	1床	损烂三分之一	48	1939年8月	
米缸	瓦	1个	完全损坏	17	1941年1月	
水缸	瓦	1个	完全损坏	18.4	1941年1月	
凉床	竹	1间	完全损坏	24	1941年4月	
茶壶	磁	1个	完全损坏	8	1940年5月	
茶杯	磁	2个	完全损坏	1.6	1940年5月	
照镜	玻砖	1口	完全损坏	12	1940年4月	

---

① 疑缺字。

续表

物品名称	品质	数量	损失程度	原价(元)	购置年月	备考
洋磁盆	夹料	1口	完全损坏	20	1940年4月	
碗盏	粗料细料	7个	完全损坏	3.8	1939年8月	
被灾日期	1941年6月29日	被灾地点	房屋被炸或震塌	被震动破片损坏	原支薪俸数目	95元	有无同居眷属	有

右〈上〉开物品确系因空袭被毁,谨呈

局长刁

    转呈

市长吴

填报人:职务　房捐征收员

姓名　胡建中

三十年六月三十日

附2：曹含炘为奉查该局职员胡建中空袭损失一案转呈财政局局长的文(1941年7月9日)

　　查该员住于南纪门猪行街90号,六月二十九日敌机投弹距该房尚远,虽遭破片略有损伤,但经核与《空袭受灾救济条例》不合,似难转请予以救济以重公帑。再该保长邹金言、甲长张炳呈等未经查实,竟敢出具证明书前来证明不虚,实属非是。拟请函准该上级机关传令伸斥以昭炯戒。

查对员　曹含炘

三十年七月九日

(0064—8—288)

143. 重庆市财政局职员周子良为报1941年6月29日空袭损失私物报告表给上级的呈(1941年7月1日)

　　窃职家居江北刘家台感应寺侧,因离局弯远住返不便,本局各宿舍均因人满无地可容,故暂借南纪门外南纪正街47号荣丰玻璃号作为行寓。不幸于六月二十九日被敌机炸毁,损失约计200余元正。拟呈报间,不料江北刘家台寓所亦遭震毁甚烈。除刘家台寓所损失情形俟取得本保证明送核外,理合先将南纪门损失情形列表,检同该保证明送请调查办理。

  谨呈

主任徐

科长□

  转呈

局长刁

周子良

三十年七月一日

附1：

重庆市政府财政局员役空袭损失私物报告表

物品名称	品质	数量	损失程度	原价(元)	购置年月	备考
被盖	被面包单棉絮	1床	全烂	60	1938年7月	
线毯		1床	全烂	25	1939年3月	
中山服	布	1套	全烂	50	1939年10月	
衬衫	麻纱	1件	炸失	15	1940年5月	
短裤	麻纱	1条	炸失	10	1940年5月	
缎鞋		1双	炸失	20	1941年3月	
拖鞋	皮	1双	炸失	14	1941年2月	
洗脸盆	磁	1个	全毁	15	1939年8月	
洗脸帕		1根	炸失	3	1941年4月	
牙膏	黑人	1瓶	失	3	1941年5月	
漱口盅	玻璃	1个	失	11.5	1941年1月	
电筒		1根	失	8	1941年5月	
被灾日期	1941年6月29日	被灾地点	南纪门正街47号	房屋被炸或震塌	全部炸坏	原支薪俸数目	有无同居眷属	暂借居故无眷

续表

> 右〈上〉开物品确系因空袭被毁，谨呈
> 科长
> 局长
> 　　转呈
> 市长吴
>
> 　　　　　　　　　　　　填报人：职务　事务员
> 　　　　　　　　　　　　　　　　姓名　周子良
> 　　　　　　　　　　　　　　　　三十年七月一日

附2：曹含炘为奉查该局职员周子良空袭损失一案转呈财政局局长的文（1941年7月2日）

　　查该员寄住于南纪门正街47号荣丰玻璃号内，确于六月二十九日遭敌机投弹致将该处房屋全部炸毁，所报损失当系属实。

　　　　　　　　　　　　　　　　　　　　　查对员　曹含炘
　　　　　　　　　　　　　　　　　　　　　三十年七月二日

　　　　　　　　　　　　　　　　　　　　　（0064—8—288）

144. 重庆市财政局职员梅光复为报1941年6月29日空袭损失私物报告表给上级的呈（1941年7月1日）

　　窃职现住保安路川盐一里7号楼上，不幸曾于六月七日被炸损失未报，又复于六月二十九日被炸，将屋墙震坍，屋顶门窗屋内用具震毁压毁颇多，损失重大。除另开清单呈核外，理合签请准予先行借支薪水1月以资救济。

　　谨呈
局长刁

　　　　　　　　　　　　　　　　　　　　　职　梅光复
　　　　　　　　　　　　　　　　　　　　　三十年七月一日

附1：

重庆市政府财政局员役空袭损失私物报告表

物品名称	品质	数量	损失程度	原价(元)	购置年月	备考
铁锅	铁	1口	破	18	1941年2月	
菜碗	瓷	5个	破	10	1941年2月	
饭碗	瓷	7个	压破	14	1941年2月	
水缸	瓦	1口	打破	22	1941年6月	
瓦钵	瓦	2个	打破	6	1941年2月	
小圆桌	木	1张	打坏脚部	10	1941年4月	
方桌	木	1张	打破	15	1941年6月	
长方桌	木	1张	打破	30	1941年6月	
竹窗帘	竹	2张	打破	28	1941年6月	
开水壶	白铁	1把	压破	8	1941年4月	
砂锅	瓦	2口	压破	6	1941年5月	
电灯泡		1个	震破	12	1941年6月	
炉缸	瓦	1口	打破	15	1941年4月	
水桶	木	1挑	压破	16	1941年3月	
小水桶	木	1个	压破	5	1941年3月	
玻璃茶杯		8个	震破	20	1941年6月	
瓷茶杯	瓷	2个	震破	6	1941年6月	
玻璃凉水壶		1个	震破	14	1941年5月	
雨伞	纸伞	1把	震破	8	1941年5月	
小木床	木	1间	打破床边	22	1940年12月	
竹床	竹	1间	压破	12	1941年3月	
靠背椅	木	2把	打破	24	1941年6月	
江安竹簧匣子	竹	1个	震破	12	1940年	
蓝布女旗袍	布	1件	打破1块	20	1941年1月	
其他油盐酱醋匙等零件		10余件	压毁	10	1941年	
被灾日期	1941年6月29日	被灾地点	保安路川盐一里7号	房屋被炸或震塌	砖墙震塌	原支薪俸数目	320元	有无同居眷属	有

续表

右（上）开物品确系因空袭被毁，谨呈 科长 　局长 　　转呈 市长吴 　　　　　　　　　　　　填报人：职务　第三科科长 　　　　　　　　　　　　　　　　姓名　梅光复 　　　　　　　　　　　　　　三十年六月三十日

附2：曹含炘为奉查该局职员梅光复空袭损失一案转呈财政局局长的文（1941年7月5日）

　　查梅科长住于川盐一里7号楼上，确于六月二十九日因敌机投弹将该房砖墙震坍，屋顶门窗亦震毁甚巨，并经该保保长叶南村出具证明书前来，所报损失当系属实。

　　　　　　　　　　　　　　　　　　　　　　　查对员　曹含炘
　　　　　　　　　　　　　　　　　　　　　　　三十年七月五日

　　　　　　　　　　　　　　　　　　　　　　　（0064—8—288）

145. 重庆市财政局职员陈及奎等三人为报1941年6月29日空袭损失私物报告表给上级的呈（1941年7月1日）

　　窃六月二十九日敌机袭渝，临江城外之房屋多被炸毁几无完整者。职等办公室之屋梁亦被炸断。除票据随身携带外，私人寄放楼上之被服已被炸毁，是以呈请钧座俯予存查。

　　谨呈
组长
股长
主任
局长

征收员　陈及奎
调查员　田世新
税　警　史裕如
三十年七月一日

附1：

1) 重庆市政府财政局员役空袭损失私物报告表

物品名称	品质	数量	损失程度	原价(元)	购置年月	备考
被盖		1床	毁烂	50	1940年10月	
青呢服		1套	毁烂	138	1940年11月	
油布		1床	毁烂	32	1940年8月	
呢帽		1顶	毁烂	56	1940年11月	
被灾日期	1941年6月29日	被灾地点	丁横街16号	房屋被炸或震塌	被炸	原支薪俸数目	55元	有无同居眷属

右〈上〉开物品确系因空袭被毁，谨呈

科长

局长

　　转呈

市长吴

填报人：职务　征收员

姓名　陈及奎

三十年七月一日

2) 重庆市政府财政局员役空袭损失私物报告表

物品名称	品质	数量	损失程度	原价(元)	购置年月	备考
被盖		1床	毁烂	48	1940年8月	
毛毯		1床	毁烂	50	1940年8月	
呢服		1套	毁烂	180	1940年10月	
被灾日期	1941年6月29日	被灾地点	丁横街16号	房屋被炸或震塌	被炸	原支薪俸数目	60元	有无同居眷属

续表

右〈上〉开物品确系因空袭被毁,谨呈

科长

局长

　　转呈

市长吴

　　　　　　　　　　　　填报人:职务　调查员

　　　　　　　　　　　　　　　　姓名　田世新

　　　　　　　　　　　　　　　三十年七月一日

3)重庆市政府财政局员役空袭损失私物报告表

物品名称	品质	数量	损失程度	原价(元)	购置年月	备考
被盖		1床	毁烂	46	1940年8月	
布大衣		1件	毁烂	70	1940年10月	
呢帽		1顶	毁烂	30	1940年9月	
被灾日期	1941年6月29日	被灾地点	丁横街16号	房屋被炸或震塌	被炸	原支薪俸数目	18元	有无同居眷属	

右〈上〉开物品确系因空袭被毁,谨呈

科长

局长

　　转呈

市长吴

　　　　　　　　　　　　填报人:职务　税警

　　　　　　　　　　　　　　　　姓名　史裕如

　　　　　　　　　　　　　　　三十年七月一日

附2:曹含炘为奉查该局职员陈及奎等三人空袭损失一案转呈财政局局长的文(1941年7月5日)

　　查该员警等三人,均住于临江丁横街16号屠税经收处内,确于六月二十九日因敌机投空中爆炸弹致将该房之屋梁瓦桷炸断,破烂不堪,并经该保甲长出具证明单前来,该员警等所报损失自系属实。

　　　　　　　　　　　　　　　　　查对员　曹含炘

三十年七月五日

(0064—8—288)

146. 重庆市财政局职员王志明为报1941年6月29日空袭损失私物报告表给上级的呈(1941年7月2日)

重庆市政府财政局员役空袭损失私物报告表

物品名称	品质	数量	损失程度	原价(元)	购置年月	备考
被盖	棉	1床	已炸无踪	80	1940年8月	
卧单	布	1根	已炸无踪	25	1940年7月	
棉袄	布	1件	已炸无踪	32	1939年10月	
长衫	布	2件	已炸无踪	45	1940年11月	
雨伞	纸	1把	已炸无踪	4	1941年2月	
面巾	布	1张	已炸无踪	2	1941年4月	
蚊帐	布	1笼	已炸无踪	20	1940年5月	
被灾日期	1941年6月29日午前11时	被灾地点	房屋被炸或震塌	被炸全毁	原支薪俸数目	38元	有无同居眷属	无(因疏散特暂回璧山)

右〈上〉开物品确系因空袭被毁,谨呈

科长

局长

　转呈

市长吴

　　　　　　　　　填报人:职务　南三区税警

　　　　　　　　　　　　姓名　王志明

　　　　　　　　　　　　三十年七月二日

附:曹含炘为奉查该局职员王志明空袭损失一案转呈财政局局长的文(1941年7月4日)

查该警住于海棠溪盐店湾26号,确于六月二十九日因敌机投弹,将该处房屋全部炸毁,并经该房屋主暨保甲长证明前来,所报损失什物自系属实。

查对员 曹含炘
三十年七月四日

(0064—8—288)

147. 重庆市财政局职员刘受三为报1941年6月30日空袭损失私物报告表给上级的呈(1941年7月1日)

窃职住家江北城内六事局巷第2号院内,不幸于昨(六月三十日)被敌机在邻近投重磅炸弹多枚,将家中什物毁损甚巨。兹遵规填具空袭损失报告表并检具保甲证明书一并签请核转恳予救济,实为德便。

谨呈

股长童

　　核转

主任田

局长刁

附呈空袭损失报告表2份保甲证明书1份

第一股屠税组组长 刘受三
三十年七月一日

附1:

重庆市政府财政局员役空袭损失私物报告表

物品名称	品质	数量	损失程度	原价(元)	购置年月	备考
敞床	楠木	1间	损毁	80	1940年2月	
温水瓶		1个	损毁	35	1940年10月	
灯泡		1个	损毁	5	1941年1月	
白玉中碗		5个	损毁	10	1941年1月	
白玉饭碗		4个	损毁	4	1941年1月	
座钟		1架	损毁	70	1936年1月	

续表

物品名称	品质	数量	损失程度	原价(元)	购置年月	备考
椅子	楠木	1把	损毁	15	1941年2月	
玻片		10张	损毁	10	1940年10月	
磁瓶		1个	损毁	20	1940年6月	
白磁高装灯		1盏	损毁	10	1936年1月	
磁坛		1对	损毁	15	1936年1月	
瓦钵		2个	损毁	12	1936年2月	
水缸		1个	损毁	25	1941年2月	
梳妆台		1只	损毁	90	1940年2月	
茶杯		3只	损毁	1.5	1940年2月	
被灾日期 1941年6月30日	被灾地点	江北六事局2号	房屋被炸或震塌 震毁	原支薪俸数目 100元	有无同居眷属	有

right(上)开物品确系因空袭被毁,谨呈

科长

局长

　转呈

市长吴

填报人:职务　组长

姓名　刘受三

三十年七月一日

附2：曹含炘为奉查该局职员刘受三空袭损失一案转呈财政局局长的文(1941年7月2日)

　　查该组长住于江北城内六事局巷第2号院内,确于六月三十日敌机在邻近投弹多枚,致将该员住房震毁甚巨,所报损失什物自系属实。

查对员　曹含炘

三十年七月二日

(0064—8—288)

148. 重庆市财政局职员罗四维为报1941年6月30日空袭损失私物报告表给上级的呈（1941年7月1日）

窃传达家住江北县金沙街4号，于六月三十日敌军炸毁江北，传达家遭不幸亦在同其被难中，所有衣物家具均遭被炸，均有当地保甲人员证明，特此开单证明呈报恳祈借查以资救济。是否有当特此专呈

班长匡

  转呈

组长周

  签转

主任严

  签转

科长何

局长刁

附呈损失单2件

         传达 罗四维

         三十年七月一日

附1：

重庆市政府财政局员役空袭损失私物报告表

物品名称	品质	数量	损失程度	原价(元)	购置年月	备考
旧式木床		1间	全损坏	25	1939年6月	
白布被盖		1床	全损坏	12	1939年1月	
大锅小锅		2口	全损坏	10	1937年1月	
水缸		1口	全损坏	7	1940年8月	
青制服		1套	全损坏	30	1940年10月	
单黄色衬衫		1件	全损坏	12	1939年5月	
被灾日期	1941年6月30日正午	被灾地点	江北金沙街4号	房屋被炸或震塌	屋后全震塌	原支薪俸数目 38元	有无同居眷属	3人

续表

```
         右〈上〉开物品确系因空袭被毁,谨呈
科长
   局长
      转呈
市长吴
                                填报人:职务  传达
                                    姓名  罗四维
                                  三十年七月一日
```

附2:曹含炘为奉查该局职员罗四维空袭损失一案转呈财政局局长的文(1941年7月2日)

　　查该工友住于江北金沙街4号,确于六月三十日敌机在该处附近地点投弹,致将该4号房屋震毁甚巨,所报损失经查属实。

查对员　曹含炘
三十年七月二日

(0064—8—288)

149. 重庆市财政局职员阳永康为报1941年6月30日空袭损失私物报告表给上级的呈(1941年7月1日)

　　窃职住家江北石塘口街1号,于六月三十日敌机轰炸江北将职住房屋全部震塌,所有损失各物开列详单随鉴呈请钧座鉴核,并附呈本保甲长证明一纸。

　　谨呈
组长
股长
主任
　　核转
局长刁

北一区征收员　阳永康

三十年七月一日

附1：

重庆市政府财政局员役空袭损失私物报告表

物品名称	品质	数量	损失程度	原价(元)	购置年月	备考
木床	木	1间	全毁	52	1940年8月	
竹凉床	竹	1间	全毁	9	1941年4月	
木桌子	木	3张	半损坏	36	1940年9月	
梳妆台	木	1张	全毁	40	1940年10月	
洗脸架	木	1个	全毁	10	1940年10月	
篾席	篾	1根	损坏	12	1941年4月	
木挑箱	木	2口	损坏	20	1940年10月	
蓝布衫子	布	1件	破片损坏	39.8	1941年1月	
白市布西式汗衣	布	1套	破片损坏	39	1941年4月	
麻布女汗衣	麻	1件	破片损坏	8	1940年6月	
印花麻纱女衫	麻	2件	破片损坏	66	1941年4月	
铁锅	铁	1口	全毁	16	1940年7月	
立柜	木	2个	打烂	17	1940年8月	
碗盏	磁质	大小10个	打烂	15	1940年6月	
厨房什物	木、瓦	共16件	打烂	50	1940年6月	
被灾日期	1941年6月30日	被灾地点	江北石塘口街1号	房屋被炸或震塌	震塌	原支薪俸数目	60元	有无同居眷属	有

右〈上〉开物品确系因空袭被毁，谨呈

科长

局长

　转呈

市长吴

填报人：职务　征收员

　　　　姓名　阳永康

　　　　三十年七月一日

附2：曹含炘为奉查该局职员阳永康空袭损失一案转呈财政局局长的文（1941年7月7日）

　　查该员住于江北石塘口街1号，确于六月三十日遭敌机轰炸，将该处房屋全部震塌，并经该保甲长等出具证明书前来，所报损失自系属实。

　　　　　　　　　　　　　　　　　　　　　查对员　曹含炘
　　　　　　　　　　　　　　　　　　　　　三十年七月七日

　　　　　　　　　　　　　　　（0064—8—288）

150. 重庆市财政局职员周子良为报1941年6月30日空袭损失私物报告表给上级的呈（1941年7月2日）

　　窃职江北寓所因炸受损，昨经呈报在案。兹将损失表填齐，检同本保证明报请鉴核派员调查办理。

　　谨呈

主任徐

科长何

　　核转

局长刁

　　　　　　　　　　　　　　　　　　　　　职　周子良
　　　　　　　　　　　　　　　　　　　　　三十年七月一日

附1：

重庆市政府财政局员役空袭损失私物报告表

物品名称	品质	数量	损失程度	原价(元)	购置年月	备考
挂钟		1架	全毁	60	1939年5月	
窗片	广玻璃	30张	全震烂	75	1939年5月	
水缸	瓦	2口	破片击烂	12	1940年1月	
磁器碗	磁	大4个 中5个 小7个	全毁	20	1939年3月	

续表

物品名称	品质	数量	损失程度	原价(元)	购置年月	备考
花瓶	磁	大小4对	全毁	25	1938年10月	
电灯磁盖	磁	6个	全烂	12	1940年前后均有	
电灯泡子	磁	5个	全烂	20	1940年前后均有	
木桌	木	1张	震烂	8	1939年9月	
玻璃糖缸	玻璃	3个	全烂	7	1940年2月	
被灾日期	1941年6月30日	被灾地点	刘家台感应寺左侧	房屋被炸或震塌	震坏	原支薪俸数目		有无同居眷属	同眷3人

右〈上〉开物品确系因空袭被毁,谨呈

科长

局长

 转呈

市长吴

       填报人:职务 事务员

         姓名 周子良

        三十年七月二日

附2:曹含炘为奉查该局职员周子良空袭损失一案转呈财政局局长的文(1941年7月2日)

  查该员自业住宅于江北刘家台感应寺左侧洋房内,确于六月三十日敌机在该处周围投弹颇多,致将该员住宅震毁甚巨,并经该保甲长等证明前来,所报当系属实。

           查对员 曹含炘

           三十年七月二日

            (0064—8—288)

151. 重庆市财政局职员张志雅为报1941年7月4日空袭损失私物报告表给上级的呈(1941年7月7日)

窃职住居江北城内宝盖寺街40号,于三十年七月四日午间敌机空袭,间壁前后落弹多枚,住屋瓦片桷梁被震碎塌,室内什物除轻便衣被幸携出外所有木器炊具碗盏等全遭损坏。兹照规造具损失表2份,理合将被炸损失情形签请鉴核。

谨呈

股长

主任

核转

局长

市五区房捐征收员　张志雅
三十年七月七日

附1：

重庆市政府财政局员役空袭损失私物报告表

物品名称	品质	数量	损失程度	原价(元)	购置年月	备考
厂床	楠木	1架	损坏	90	1940年8月	
圆凳	楠木	1个	损坏	8	1940年8月	
椅子	楠木	2把	损坏	16	1940年8月	
锅	铁	1口	损坏	16	1941年1月	
痰盂	磁	1个	损坏	10	1940年9月	
洗面盆	搪磁〔瓷〕	1个	损坏	28	1939年7月	
甑子	锑铁	1个	损坏	16	1940年1月	
茶壶	磁	2个	损坏	18	1940年9月	
花磁坛	磁	1个	损坏	9	1939年9月	
口子	磁	1个	损坏	8	1939年9月	
灯台	花磁	1盏	损坏	12	1940年8月	
大水缸	瓦	1个	损坏	15	1940年10月	
朱砂香炉	磁	1个	损坏	6	1939年3月	

续表

物品名称	品质	数量	损失程度	原价(元)	购置年月	备考
兰花香炉	磁	2个	损坏	8	1939年3月	
茶盅	玻璃	1个	损坏	4	1941年1月	
大米坛	瓦	6个	损坏	6	1939年9月	
菜碗	白磁	6个	损坏	18	1940年11月	
茶杯	洋磁	1个	损坏	4	1939年89月	
饭碗	磁	5个	损坏	15	1940年10月	
调羹	磁	6只	损坏	4.8	1940年10月	
大碗	磁	2个	损坏	6	1940年10月	
碟子	磁	2个	损坏			
被灾日期	1941年7月4日	被灾地点	江北宝盖寺40号	房屋被炸或震塌	震毁	原支薪俸数目	70元	有无同居眷属	有

右〈上〉开物品确系因空袭被毁,谨呈

科长梅

局长刁

　　转呈

市长吴

　　　　　　　　　　　　填报人:职务　征收员

　　　　　　　　　　　　　　　　姓名　张志雅

　　　　　　　　　　　　　三十年七月五日

附2:曹含炘为奉查该局职员张志雅空袭损失一案转呈财政局局长的文(1941年7月19日)

　　查该员住于江北城内宝盖寺街40号,确于七月四日因敌机在该处附近前投弹多枚,致将该员住房震毁甚巨,并经该保长焦荫铨出具证明书前来,所报损失什物当系属实。

　　　　　　　　　　　　　　　　　查对员　曹含炘

　　　　　　　　　　　　　　　　　三十年七月八日

(0064—8—288)

152. 重庆市财政局职员熊仲虚为报1941年7月5日空袭损失私物报告表给上级的呈(1941年7月5日)

窃职家眷住寓书帮会所61号,今日午后敌机袭渝时房屋被炸,衣物行李概遭炸毁,一时楼宿无所。拟恳钧座俯念下情准予援照《公务员眷属被炸损失救济条例》转请救济,并恳俯赐先行垫发俾资补置各物,实不胜感祷之至。

谨呈

班长张

  转呈

组长江

  转呈

技正李

  转呈

科长梅

  转呈

局长刁

测量员　熊仲虚
三十年七月五日

附1:

重庆市政府财政局员役空袭损失私物报告表

物品名称	品质	数量	损失程度	原价(元)	购置年月	备考
床	木	1	压断	70	1941年5月	
帐子	布	1	破	30	1940年2月	
锅		1	破	20	1941年5月	
水缸	瓦	1	破	20	1941年5月	
水桶	木	1	破	5	1941年5月	
菜饭碗	瓷	14	破	11	1941年5月	
暖水瓶	玻璃	1	破	35	1941年5月	
茶壶	瓷	1	破	5	1941年5月	

续表

物品名称	品质	数量	损失程度	原价(元)	购置年月	备考
茶碗	瓷	6	破	8	1941年5月	
洗面用具		2套	破或失	30		
米缸	瓦	1	破	10	1941年6月	
绘图仪	铜	1盒	破或失	70	1935年2月	
米		1斗	散失一部其余污不可食	25	1941年6月	
被灾日期	1941年7月5日	被灾地点	书帮公所61号	房屋被炸或震塌	震坏	原支薪俸数目	90元	有无同居眷属	有

右〈上〉开物品确系因空袭被毁,谨呈

科长梅

局长刁

　转呈

市长吴

　　　　　　　　　　　　　填报人:职务　测量员

　　　　　　　　　　　　　　　　姓名　熊仲虚

　　　　　　　　　　　　　　三十年七月七日

附2:曹含炘为奉查该局职员熊仲虚空袭损失一案转呈财政局局长的文(1941年7月8日)

查该员住于书帮公所61号,确于七月五日因敌机投弹落于该院极近地点,致将该员住房震毁甚巨。虽部分柱架犹存,而门穿壁烂,业已不可居人,经职两次往查并经该保甲长等证明不虚,所报自系属实。

　　　　　　　　　　　　　　　查对员　曹含炘

　　　　　　　　　　　　　　三十年七月八日

　　　　　　　　　　　　　　(0064—8—288)

153. 重庆市财政局职员兰凤起为报1941年7月8日空袭损失私物报告表给上级的呈(1941年7月10日)

查本月八日上午十时许敌机袭渝,职住所对面中弹两枚,又邻近警察分驻所亦中弹两枚,致职住处房屋全部震毁,损失过巨。拟请援照各机关救济被炸员工办法俯赐鉴核,是否有当,理合签请鉴核。

谨呈

组长

　　转呈

股长

　　核转

主任

　　核转

局长

南纪区牛捐征收员　兰凤起

三十年七月十日

附：

重庆市政府财政局员役空袭损失私物报告表

物品名称	品质	数量	损失程度	原价(元)	购置年月	备考
厂床		1间	炸烂	54	1940年9月2日	
睡柜		1个	炸烂	32	1940年9月2日	
衣柜		2个	炸烂	60	1940年9月2日	
大锅		1口	炸烂	28	1940年9月4日	
耳锅		1口	炸烂	15	1940年9月4日	
白玉中碗		8个	炸烂	31	1940年9月4日	
白玉饭碗		10个	炸烂	30	1940年9月4日	
红花大碗		6个	炸烂	9.6	1940年9月4日	
土小用具		20个	炸烂	3.2	1940年9月4日	
水缸		1口	炸烂	13	1940年9月4日	
棉长袍	青洋布	1件	炸烂	123	1940年11月10日	

续表

| 被灾日期 | 1941年7月8日 | 被灾地点 | 凤凰台街第47号 | 房屋被炸或震塌 | 震炸 | 原支薪俸数目 | 75元 | 有无同居眷属 | 有 |

右〈上〉开物品确系因空袭被毁,谨呈

科长

局长

　　转呈

市长吴

　　　　　　　　　　　填报人：职务　征收员

　　　　　　　　　　　　　　　姓名　兰凤起

　　　　　　　　　　　　　　　三十年七月

（0064—8—288）

154. 重庆市财政局职员温校如等30人为报1941年7月8日空袭损失私物报告表给上级的呈（1941年7月22日）

查该员工等30人俱住在下南区马路50号测量队办公处内,确于七月八日因敌机投烧夷弹致将该处房屋全部燃烧,所有什物悉行焚毁属实。

　　　　　　　　　　　　　　　查对员　曹含炘

　　　　　　　　　　　　　　　三十年七月二十二日

附1：温校如空袭损失私物报告表（1941年7月）

重庆市政府财政局员役空袭损失私物报告表

物品名称	品质	数量	损失程度	原价(元)	购置年月	备考
被盖	白布单花布心棉花	1床	完全烧毁	62	1940年11月	
面盆	洋磁	1个	完全烧毁	25	1940年10月	
漱口盅	洋磁	1个	完全烧毁	2	1940年10月	
箱子	皮	1口	完全烧毁	30	1941年1月	
青衣服	洋布	1套	完全烧毁	32	1941年3月	
洋汗衣	线	1套	完全烧毁	25	1941年5月	
线毯	线	1床	完全烧毁	25	1940年8月	
面巾	洋纱	1张	完全烧毁	2	1941年6月	
皮鞋	土皮	1双	完全烧毁	25	1940年8月	

续表

被灾日期	1941年7月8日	被灾地点	下南区马路50号	房屋被炸或震塌	烧毁	原支薪俸数目	29元	有无同居眷属	无

右〈上〉开物品确系因空袭被毁,谨呈

科长梅

局长刁

　　转呈

市长吴

　　　　　　　　　　　　　　　　　　填报人:职务　测工

　　　　　　　　　　　　　　　　　　　　姓名　温校如

　　　　　　　　　　　　　　　　　　　　三十年七月

附2:范正华空袭损失私物报告表(1941年7月)

重庆市政府财政局员役空袭损失私物报告表

物品名称	品质	数量	损失程度	原价(元)	购置年月	备考
被盖	白洋布花线布棉花	1床	完全烧毁	64	1941年2月	
卧单	白洋布	1床	完全烧毁	21	1941年3月	
青制服	青布	1套	完全烧毁	25		
油布	黄	1床	完全烧毁	15	1941年元月	
衬衣	白洋布	1件	完全烧毁	14	1941年4月	
短裤	青线布	1件	完全烧毁	10	1941年5月	
胶鞋	力士	1双	完全烧毁	22	1941年6月	
被灾日期	1941年7月8日	被灾地点	下南区马路50号	房屋被炸或震塌	烧毁	原支薪俸数目	27元	有无同居眷属	无

右〈上〉开物品确系因空袭被毁,谨呈

科长梅

局长刁

　　转呈

市长吴

　　　　　　　　　　　　　　　　　　填报人:职务　测工

　　　　　　　　　　　　　　　　　　　　姓名　范正华

　　　　　　　　　　　　　　　　　　　　三十年七月

附3：程孝昌空袭损失私物报告表（1941年7月）

重庆市政府财政局员役空袭损失私物报告表

物品名称	品质	数量	损失程度	原价（元）	购置年月	备考
被盖	白布单花布心土花	1床	完全烧毁	60	1940年9月	借用
箱子	皮	1口	完全烧毁	20	1940年6月	
芝麻呢服	布	1套	完全烧毁	24	1940年9月	
白衬衣	市布	2件	完全烧毁	每件16	1941年5月	
毯子	线	1床	完全烧毁	15	1940年8月	
油布	绿色	1张	完全烧毁	8	1940年4月	
卫生衣	绒	1套	完全烧毁	28	1940年4月	
漱口盅	磁	1个		4	1941年1月	
棉絮	土花	1床	完全烧毁	10	1939年10月	
皮鞋	土皮	1双	完全烧毁	10	1941年3月	
袜子	洋纱	2双	完全烧毁	每双3.5	1941年5月	
席子		1床	完全烧毁	8	1941年6月	
面盆	洋磁	1个	完全烧毁	25	1940年2月	
被灾日期	1941年7月8日	被灾地点	下南区马路50号	房屋被炸或震塌	烧毁	原支薪俸数目	30元	有无同居眷属	无

右(上)开物品确系因空袭被毁，谨呈

科长梅

局长刁

　　转呈

市长吴

　　　　　　　　　　　　　填报人：职务　测工

　　　　　　　　　　　　　　　　　姓名　程孝昌

　　　　　　　　　　　　　　　　　三十年七月

附4：周海泉空袭损失私物报告表（1941年7月）

重庆市政府财政局员役空袭损失私物报告表

物品名称	品质	数量	损失程度	原价(元)	购置年月	备考
被盖	白洋布花被面棉花	1床	完全烧毁	60	1940年8月	
花毯	花线	1条	完全烧毁	12	1939年8月	
皮箱	白牛皮	1口	完全烧毁	12	1940年6月	
卫生衣	洋绒	1件	完全烧毁	16	1940年10月	
咔叽制服	咔叽布	1套	完全烧毁	42	1941年4月	
衬衣	白洋布	1套	完全烧毁	15	1941年6月	
短裤头	草绿布	1条	完全烧毁	10	1941年5月	
被灾日期	1941年7月8日	被灾地点	下南区马路50号	房屋被炸或震塌	烧毁	原支薪俸数目	27元	有无同居眷属	无

右〈上〉开物品确系因空袭被毁，谨呈

科长梅

局长刁

　转呈

市长吴

填报人：职务　测工

姓名　周海泉

三十年七月

附5：侯文中空袭损失私物报告表（1941年7月）

重庆市政府财政局员役空袭损失私物报告表

物品名称	品质	数量	损失程度	原价(元)	购置年月	备考
被盖	白哔叽花斜纹心棉花	1床	完全烧毁	63	1940年2月	
线毯子	花线	1条	完全烧毁	18.5	1940年4月	
被单	白线布	1床	完全烧毁	23	1941年2月	
青制服	青市布	1套	完全烧毁	28	1941年3月	
衬衣	白府绸	1件	完全烧毁	21	1940年7月	
青衬衣	青市布	1套	完全烧毁	15	1940年10月	
凉席子	竹青	1床	完全烧毁	12	1941年7月	

续表

物品名称	品质	数量	损失程度	原价（元）	购置年月	备考
胶鞋	力士	1双	完全烧毁	22	1941年元月	
面盆	搪瓷	1个	完全烧毁	28	1941年5月	
短裤头	线布	1条	完全烧毁	14	1941年6月	
被灾日期	1941年7月8日	被灾地点	下南区马路50号	房屋被炸或震塌	烧毁	原支薪俸数目	30元	有无同居眷属	无

右〈上〉开物品确系因空袭被毁，谨呈

科长梅

局长刁

 转呈

市长吴

         填报人：职务 测工

             姓名 侯文中

             三十年七月

附6：贺建生空袭损失私物报告表（1941年7月）

重庆市政府财政局员役空袭损失私物报告表

物品名称	品质	数量	损失程度	原价（元）	购置年月	备考
被盖	白布单棉絮	1床	完全烧毁	47	1940年8月	
工人服蓝布衣	裕华布	1套	完全烧毁	38	1941年1月	
洗澡毛巾	裕华布	1条	完全烧毁	3.2	1941年5月	
布毯	洋布	1床	完全烧毁	28	1940年10月	
布袋	白洋布	1个	完全烧毁	5.8	1941年2月	
布鞋	帆布	1双	完全烧毁	7	1941年6月	
被灾日期	1941年7月8日	被灾地点	下南区马路50号	房屋被炸或震塌	烧毁	原支薪俸数目	28元	有无同居眷属	无

右〈上〉开物品确系因空袭被毁，谨呈

科长梅

局长刁

 转呈

市长吴

         填报人：职务 测工

             姓名 贺建生

             三十年七月

附7：熊国斌空袭损失私物报告表（1941年7月8日）

重庆市政府财政局员役空袭损失私物报告表

物品名称	品质	数量	损失程度	原价(元)	购置年月	备考
被盖卧被	白布	1床	完全烧毁	75	1940年11月	
中山服	黄咔叽	套	完全烧毁	30	1941年2月	
睡裤	白洋布	2件	完全烧毁	12	1941年4月	
衬衣	白府绸	2件	完全烧毁	36	1940年5月	
洋磁盆		1个	完全烧毁	40	1940年3月	
被灾日期	1941年7月8日	被灾地点	下南区马路50号	房屋被炸或震塌	烧毁	原支薪俸数目	27元	有无同居眷属	无

右〈上〉开物品确系因空袭被毁，谨呈

科长梅

局长刁

　转呈

市长吴

填报人：职务　测工

　　　　姓名　熊国斌

三十年七月八日

附8：闻家成空袭损失私物报告表（1941年7月）

重庆市政府财政局员役空袭损失私物报告表

物品名称	品质	数量	损失程度	原价(元)	购置年月	备考
被盖		1床	烧毁	50	1939年8月	
毯子	毛	1床	烧毁	20	1939年10月	
衬衣	白布	4件	烧毁	每件8	1940年5月	
中山服	青布	1套	烧毁	20	1940年4月	
中山服	青布	1套	烧毁	32	1941年2月	
裤头	白布	2条	烧毁	16	1941年5月	
大衣	棉	1件	烧毁	50	1941年1月	
被灾日期	1941年7月8日	被灾地点	下南区马路50号	房屋被炸或震塌	烧毁	原支薪俸数目	27元	有无同居眷属	无

续表

> 右〈上〉开物品确系因空袭被毁,谨呈
>
> 科长梅
>
> 局长刁
>
>   转呈
>
> 市长吴
>
>   填报人:职务 测工
>
>   姓名 闻家成
>
>   三十年七月

附9:张友连空袭损失私物报告表(1941年7月8日)

重庆市政府财政局员役空袭损失私物报告表

物品名称	品质	数量	损失程度	原价(元)	购置年月	备考
被盖	白布花布	1床	烧毁	63	1940年8月	
被毯		1床	烧毁	18	1941年3月	
夏布帐		1件	烧毁	22	1938年8月	
毛绒□		1件	烧毁	35	1939年7月	
磁面盆		1个	烧毁	12	1940年6月	
青中山服		1套	烧毁	42	1941年2月	
黄中山服		1套	烧毁	36	1940年8月	
青衬衣		2件	烧毁	22	1941年2月	
蓝短裤		2件	烧毁	12	1940年9月	
靴子		1双	烧毁	12	1940年8月	
单背心		2件	烧毁	5	1941年6月	
被灾日期	1941年7月8日	被灾地点	下南区马路50号	房屋被炸或震塌	烧毁	原支薪俸数目	30元	有无同居眷属	无

> 右〈上〉开物品确系因空袭被毁,谨呈
>
> 科长梅
>
> 局长刁
>
>   转呈
>
> 市长吴
>
>   填报人:职务 测工
>
>   姓名 张友连
>
>   三十年七月八日

附10：马学魁空袭损失私物报告表（1941年7月8日）

重庆市政府财政局员役空袭损失私物报告表

物品名称	品质	数量	损失程度	原价(元)	购置年月	备考
衬衣	棉布	2件	完全烧毁	每件13	1941年4月	
芝麻呢服	布	1套	完全烧毁	30	1941年2月	
绿军服	布	1套	完全烧毁	35	1940年4月	
裤子	洋布	1条	完全烧毁	10	1939年5月	
摇裤	洋布	2条	完全烧毁	每条5	1941年5月	
下庄〔装〕	咔叽	1条	完全烧毁	10	1941年5月	
毛线衣	毛	1件	完全烧毁	20	1939年10月	
被灾日期	1941年7月8日	被灾地点	下南区马路50号	房屋被炸或震塌	烧毁	原支薪俸数目		有无同居眷属	无

右〈上〉开物品确系因空袭被毁，谨呈

科长梅

局长刁

　转呈

市长吴

　　　　　　　　　　　　　　　　　填报人：职务　测工

　　　　　　　　　　　　　　　　　　　　　姓名　马学魁

　　　　　　　　　　　　　　　　　　　　　三十年七月八日

附11：吴开华空袭损失私物报告表（1941年7月8日）

重庆市政府财政局员役空袭损失私物报告表

物品名称	品质	数量	损失程度	原价(元)	购置年月	备考
被盖	白布棉花	1床	完全烧毁	32	1940年10月	
青学生服	青布	1套	完全烧毁	30	1940年8月	
便衣褂	白市布	2件	完全烧毁	7	1938年4月	
便衣裤	白市布	2件	完全烧毁	12	1940年6月	
白衬衣	市布	1件	完全烧毁	13	1941年6月	
短裤	黄色	1件	完全烧毁	5	1941年6月	
席子	苏〔草〕	1床	完全烧毁	12	1941年6月	
被灾日期	1941年7月8日	被灾地点	下南区马路50号	房屋被炸或震塌	烧毁	原支薪俸数目	30元	有无同居眷属	无

续表

右〈上〉开物品确系因空袭被毁,谨呈 科长梅 　局长刁 　　转呈 市长吴 　　　　　　　　　　　　　　填报人:职务　测工 　　　　　　　　　　　　　　　　　姓名　吴开华 　　　　　　　　　　　　　　　　三十年七月八日

附12:邢会全空袭损失私物报告表(1941年7月)

重庆市政府财政局员役空袭损失私物报告表

物品名称	品质	数量	损失程度	原价(元)	购置年月	备考
被盖	白市布	1床	烧毁	50	1940年11月	
下庄〔装〕	青布	1条	烧毁	12	1941年4月	
便衣裤	青布	3条	烧毁	共35	1940年4月	
汗衣	青布 白布	2件 1件	烧毁	27	1940年4月	
包衣布	棉	1张	烧毁	5	1941年2月	
中山服	洋布	1套	烧毁	35	1941年6月	
鞋子	青	1双	烧毁	8	1941年6月	
被灾日期	1941年7月8日	被灾地点	下南区马路50号	房屋被炸或震塌	烧毁	原支薪俸数目	30元	有无同居眷属	无

　　右〈上〉开物品确系因空袭被毁,谨呈
科长梅
　局长刁
　　转呈
市长吴

　　　　　　　　　　　　　填报人:职务　测工
　　　　　　　　　　　　　　　姓名　邢会全
　　　　　　　　　　　　　　　三十年七月

附13：王积庆空袭损失私物报告表（1941年7月）

重庆市政府财政局员役空袭损失私物报告表

物品名称	品质	数量	损失程度	原价(元)	购置年月	备考
被子	白线布 花线布 棉花	1床	完全烧毁	65	1940年10月	
白被单	白市布	1床	完全烧毁	17	1939年11月	
衬衣	白府绸	1件	完全烧毁	24	1941年4月	
短裤	青市布	2件	完全烧毁	22	1941年6月	
衬裤	白市布	2件	完全烧毁	9	1941年6月	
青夹衣	青市布	1套	完全烧毁	36	1938年8月	
棉裤	青布	1条	完全烧毁	15	1940年10月	
呢裤	青	1条	完全烧毁	22	1939年8月	
翻[毛]皮鞋	黄色	1双	完全烧毁	31	1941年4月	
席子	苏	1床	完全烧毁	13	1941年6月	
被灾日期	1941年7月8日	被灾地点	下南区马路50号	房屋被炸或震塌	烧毁	原支薪俸数目	30元	有无同居眷属	无

右〈上〉开物品确系因空袭被毁，谨呈

科长梅

局长刁

　　转呈

市长吴

　　　　　　　　　　　　　　填填报人：职务　测工

　　　　　　　　　　　　　　　　　　　姓名　王积庆

　　　　　　　　　　　　　　　　　　　　　三十年七月

附14：宋钧儒空袭损失私物报告表（1941年7月）

重庆市政府财政局员役空袭损失私物报告表

物品名称	品质	数量	损失程度	原价(元)	购置年月	备考
被条	白市布花布心棉絮	1床	完全烧毁	45	1937年9月	
线毯子	花色	1床	完全烧毁	23	1937年9月	

续表

物品名称	品质	数量	损失程度	原价（元）	购置年月	备考
绒汗衣	白色	2件	完全烧毁	36	1939年9月	
青中山服	上身	2件	完全烧毁	26	1940年5月	
蓝下庄〔装〕		1条	完全烧毁	14	1940年5月	
灰下庄〔装〕		1条	完全烧毁	14	1940年5月	
青汗衣		1件	完全烧毁	15	1940年4月	
白腰〔摇〕裤 绿腰〔摇〕裤		各1条	完全烧毁	8	1941年4月	
棉背心		1件	完全烧毁	9	1938年9月	
面盆	洋磁	1个	完全烧毁	12	1939年8月	
被灾日期	1941年7月8日	被灾地点	下南区马路50号	房屋被炸或震塌	烧毁	原支薪俸数目	29元	有无同居眷属	

右〈上〉开物品确系因空袭被毁，谨呈

科长梅

　局长刁

　　转呈

　　　市长吴

填报人：职务　测工

姓名　宋钧儒

三十年七月

附15：傅天荣空袭损失私物报告表（1941年7月）

重庆市政府财政局员役空袭损失私物报告表

物品名称	品质	数量	损失程度	原价（元）	购置年月	备考
被盖	白洋布单花斜纹心湖南花	1床	完全烧毁	59	1940年10月	
红呢毯	毛	1床	完全烧毁	35	1936年5月	
箱子	皮	1口	完全烧毁	20	1939年6月	
衬衣	白市布	3件	完全烧毁	每件13	1940年5月 1941年5月	
棉背心	洋布	1件	完全烧毁	15	1940年8月	

续表

物品名称	品质	数量	损失程度	原价(元)	购置年月	备考
灰上庄〔装〕	咔叽	1件	完全烧毁	13.5	1940年7月	
工裤	洋布	1条	完全烧毁	16	1940年7月	
摇裤	阴丹	3条	完全烧毁	每条4	1940年7月 1941年4月	
蓝色皮	阴丹	1张	完全烧毁	3.5	1940年10月	
面盆	洋磁	1个	完全烧毁	35	1940年4月	
漱口盂	洋磁	1个	完全烧毁	3	1940年4月	
面巾	线	1张	完全烧毁	3	1941年3月	
力士鞋	帆布	1双	完全烧毁	12.5	1940年12月	
青操鞋	咔叽	1双	完全烧毁	8	1941年3月	
牙膏	黑人	1盒	完全烧毁	3	1941年7月	
牙刷	骨	1把	完全烧毁	2.5	1941年4月	
西式摇裤	咔叽	1条	完全烧毁	12	1941年5月	
袜子	线	2双	完全烧毁	每双3.5	1941年2月	
被灾日期	1941年7月8日	被灾地点	下南区马路50号	房屋被炸或震塌	烧毁	原支薪俸数目 29元	有无同居眷属

右〈上〉开物品确系因空袭被毁,谨呈

科长梅

局长刁

　　转呈

市长吴

填报人:职务　测工
姓名　傅天荣
三十年七月

附16:潘香珊空袭损失私物报告表(1941年7月8日)

重庆市政府财政局员役空袭损失私物报告表

物品名称	品质	数量	损失程度	原价(元)	购置年月	备考
被盖	白洋布	1床	被焚全毁	50	1939年10月	
中山服	青哈叽 绿哈叽	各1套	被焚全毁	70	1940年4月	
衬衣	条子	2件	被焚全毁	24	1941年4月	

续表

物品名称	品质	数量	损失程度	原价(元)	购置年月	备考
线背心	绒	1件	被焚全毁	32	1940年10月	
棉服	绿布	1套	被焚全毁	45	1939年全月	
面盆	磁	1口	被焚全毁	23	1939年3月	
短球裤	白洋布	2条	被焚全毁	8	1941年4月	
腰〔摇〕裤	黄哈叽	1条	被焚全毁	12	1940年5月	
漱口盅	磁	1个	被焚全毁	5	1940年元月	
席子	草	1床	被焚全毁	8	1941年5月	
被灾日期	1941年7月8日	被灾地点	下南区马路50号	房屋被炸或震塌	焚毁	原支薪俸数目	32元	有无同居眷属	无

右〈上〉开物品确系因空袭被毁,谨呈

科长梅

局长刁

　　转呈

市长吴

填报人:职务　测工

姓名　潘香珊

三十年七月八日

附17:陈新炎空袭损失私物报告表(1941年7月8日)

重庆市政府财政局员役空袭损失私物报告表

物品名称	品质	数量	损失程度	原价(元)	购置年月	备考
被卧	白洋布 花洋布	1床	被焚全毁	18	1939年10月	
被毯	白线毯	1床	被焚全毁	8	1938年2月	
大衣	青线布	1件	被焚全毁	20	1939年冬月	
棉袄棉裤	平光呢	1套	被焚全毁	23	1938年冬月	
军服	草绿线布	1套	被焚全毁	26	1940年2月	
夹袄夹裤	青丝布	1套	被焚全毁	18	1938年2月	
中山服	青哔叽	1套	被焚全毁	16	1938年4月	
衫衣	白府绸蓝洋布	2件 1件	被焚全毁	36 10.8	1941年4月 1940年5月	
毛绒褂	酱色毛绒	1件	被焚全毁	10	1937年8月	

续表

物品名称	品质	数量	损失程度	原价(元)	购置年月	备考
便衣褂裤	白洋布 青府绸	各样1套	被焚全毁	18 21	1939年3月 1939年6月	
短裤子	青洋布 白洋布 蓝洋布	1件 1件 1件	被焚全毁	12	1941年6月	
皮箱	黄色	1口	被焚全毁	10	1938年9月	
皮鞋	青色	1双	被焚全毁	32	1941年正月	
球鞋	青色	1双	被焚全毁	18	1940年5月	
袜子	白色 青色	1双 2双	被焚全毁	1.5 8.6	1940年5月 1941年3月	
席子	草席	1床	被焚全毁	4	1941年5月	
脸盆	黄铜	1个	被焚全毁	3	1937年10月	
被灾日期	1941年7月8日	被灾地点	下南区马路50号	房屋被炸或震塌	炸烧	原支薪俸数目	30元	有无同居眷属	无

右〈上〉开物品确系因空袭被毁，谨呈

科长梅

局长刁

转呈

市长吴

填报人：职务　测工

姓名　陈新炎

三十年七月八日

附18：张绍荣空袭损失私物报告表(1941年7月)

重庆市政府财政局员役空袭损失私物报告表

物品名称	品质	数量	损失程度	原价(元)	购置年月	备考
被盖	白洋布	1床	烧毁	55	1940年11月	
衬衣	白市布	2件	烧毁	36	1941年5月	
油布	布	1床	烧毁	20	1941年1月	
短裤	黑哈叽	2件	烧毁	22	1941年4月	
青中山服	青哈叽	1套	烧毁	38	1940年10月	
鞋子	哔叽	1双	烧毁	13	1941年2月	

续表

物品名称	品质	数量	损失程度	原价(元)	购置年月	备考
袜子	棉线	2双	烧毁	7	1941年3月	
漱口盂	磁	1个	烧毁	8.5	1940年4月	
簟席	竹	1床	烧毁	5.8	1940年6月	
牙刷	骨	1把	烧毁	2.4	1941年1月	
被灾日期 1941年7月8日	被灾地点	下南区马路50号	房屋被炸或震塌	炸烧	原支薪俸数目 32元	有无同居眷属 无

右〈上〉开物品确系因空袭被毁,谨呈

科长梅

局长刁

　转呈

市长吴

　　　　　　　　　　　　　填报人:职务　测工

　　　　　　　　　　　　　　　　姓名　张绍荣

　　　　　　　　　　　　　　　　三十年七月

附19:冯树清空袭损失私物报告表(1941年7月8日)

重庆市政府财政局员役空袭损失私物报告表

物品名称	品质	数量	损失程度	原价(元)	购置年月	备考
被盖	白洋布棉絮	1床	完全烧毁	80	1940年8月	
蓝中山服	哈叽	1套	完全焚毁	35	1941年正月	
便衣褂子	洋布	3件	完全烧毁	40	1940年4月	
灰便衣裤	洋布	1条	完全焚毁	10	1940年4月	
蓝摇裤黄摇裤	斜纹	2条	完全烧毁	24	1941年4月	
黄制服	哈叽	1套	完全焚毁	36	1940年3月	
白衬衣	洋布	1件	完全焚毁	40	1941年3月	
席子	草	1床	完全焚毁	5	1940年9月	
帆布操鞋	布	1双	完全烧毁	8	1941年5月	
被灾日期 1941年7月8日	被灾地点	菜园坝下南区马路50号	房屋被炸或震塌	焚烧	原支薪俸数目 30元	有无同居眷属 无

续表

右〈上〉开物品确系因空袭被毁,谨呈 科长梅 局长刁 　　转呈 市长吴 　　　　　　　　　　　　　　填报人:职务　测工 　　　　　　　　　　　　　　　　　　姓名　冯树清 　　　　　　　　　　　　　　三十年七月八日

附20:王明德空袭损失私物报告表(1941年7月8日)

重庆市政府财政局员役空袭损失私物报告表

物品名称	品质	数量	损失程度	原价（元）	购置年月	备考
被盖	白市布包单黑花哈叽芯子湖南棉花	1床	烧毁	52	1940年3月	
线背心	棉	1件	烧毁	15.5	1940年10月	
棉衣	黑哈叽	1件	烧毁	25	1939年10月	
短裤头	白帆布	1件	烧毁	13.9	1941年4月	
衬衣	白哈叽	2件	烧毁	36	1941年5月	1941年6月又购1件
青中山服	哈叽	1套	烧毁	38.7	1940年10月	
鞋子	线哔叽	1双	烧毁	15.3	1941年5月	
袜子	棉线子	2双	烧毁	6	1941年5月	
篾席	竹	1床	烧毁	8.7	1941年6月	
漱口盂	磁	1个	烧毁	7	1940年7月	
牙刷	骨	1把	烧毁	2.4	1941年2月	
面巾	线	1张	烧毁	2.4	1941年4月	
内衣摇裤	棉	1件	烧毁	3.5	1941年6月	
被灾日期	1941年7月8日	被灾地点	下南区马路50号	房屋被炸或震塌	炸烧	原支薪俸数目	30元	有无同居眷属	无

续表

> 右〈上〉开物品确系因空袭被毁，谨呈
> 科长梅
> 局长刁
> 　　转呈
> 市长吴
>
> 　　　　　　　　　　　填报人：职务　测工
> 　　　　　　　　　　　　　　　姓名　王明德
> 　　　　　　　　　　　　　　　三十年七月八日

附21：董永福空袭损失私物报告表（1941年7月）

重庆市政府财政局员役空袭损失私物报告表

物品名称	品质	数量	损失程度	原价(元)	购置年月	备考
被盖	白光布花洋布芯棉絮	1床	烧毁	54	1939年9月	
被单	蓝花	1床	烧毁	12	1939年9月	
被毯	线	1床	烧毁	16	1938年冬月	
棉衣棉裤	青布	1套	烧毁	39	1940年冬月	
夹衣夹裤	蓝布	1套	烧毁	25	1939年8月	
中山服	青线布	1套	烧毁	20	1939年7月	
上庄〔装〕	咔叽	1件	烧毁	13	1940年3月	
线衣	黄色	1件	烧毁	8	1938年9月	
便衣下庄〔装〕	白条	1件	烧毁	7	1939年5月	
白衬衣	条子布	1件	烧毁	16	1941年4月	
球鞋	黄色	1双	烧毁	25	1941年5月	
棉背心	青布	1件	烧毁	9	1939年冬月	
面盆	洋磁	1个	烧毁	12	1938年8月	
箱子	木	1口	烧毁	8	1940年7月	
被灾日期	1941年7月8日	被灾地点	下南区马路50号	房屋被炸或震塌	烧毁	原支薪俸数目	35元	有无同居眷属	无

续表

右〈上〉开物品确系因空袭被毁,谨呈 科长梅 局长刁 　　转呈 市长吴 　　　　　　　　　　　填报人:职务　测工 　　　　　　　　　　　　　　姓名　董永福 　　　　　　　　　　　　　　　　三十年七月

附22:罗填海空袭损失私物报告表(1941年7月8日)

重庆市政府财政局员役空袭损失私物报告表

物品名称	品质	数量	损失程度	原价（元）	购置年月	备考
被子	白石〔市〕布包单花斜纹棉花	1床	完全烧毁	64	1940年11月	
毛毯	毛	1床	完全烧毁	24	1939年9月	
棉背心	驼绒	1件	完全烧毁	8	1938年1月	
蓝衬衣	蓝布	1件	完全烧毁	14	1941年4月	
白衬衣	府绸	1件	完全烧毁	28	1941年2月	
黄腰〔摇〕裤	黄市布	1件	完全烧毁	12	1941年4月	
白腰〔摇〕裤	白洋布	1件	完全烧毁	9	1941年3月	
青短裤	洋哔叽	1条	完全烧毁	16	1940年5月	
包衣布	白市布	1条	完全烧毁	5	1939年3月	
青布褂	青咔叽	1件	完全烧毁	35	1941年2月	
麻色褂	青呢	1件	完全烧毁	26	1938年9月	
面盆	磁	1件	完全烧毁	16	1940年3月	
苏席	黄色	1床	完全烧毁	12	1941年5月	
被灾日期	1941年7月8日	被灾地点	下南区马路50号	房屋被炸或震塌	烧毁	原支薪俸数目	34元	有无同居眷属	无

续表

```
        右〈上〉开物品确系因空袭被毁,谨呈
科长梅
局长刁
       转呈
市长吴
                        填填报人:职务  测工
                                  姓名  罗填海
                             三十年七月八日
```

附23：史宝楚空袭损失私物报告表（1941年7月8日）

重庆市政府财政局员役空袭损失私物报告表

物品名称	品质	数量	损失程度	原价(元)	购置年月	备考
被卧	白洋布	1床	被焚全毁	73	1940年10月	
被毯	白洋布	1床	被焚全毁	21	1940年8月	
军服	线哈叽	1套	被焚全毁	30	1940年冬月	
中山服	青哗叽	1套	被焚全毁	52	1941年元月	
衬衣	白府绸 蓝洋布	各1件	被焚全毁	34	1941年3月	
短裤	绿哈叽	2条	被焚全毁	22	1941年4月	
棉袄 棉裤	青哈叽	1套	被焚全毁	62	1939年冬月	
脸盆	磁	1口	被焚全毁	26	1941年2月	
油布	绿	1张	被焚全毁	12	1940年全月	
睡絮	蓝	1床	被焚全毁	12	1940年9月	
席子	草	1床	被焚全毁	8	1941年4月	
漱口盅	磁	1口	被焚全毁	5	1941年4月	
被灾日期	1941年7月8日	被灾地点	下南区马路50号	房屋被炸或震塌	全毁	原支薪俸数目	40元	有无同居眷属	无

续表

右〈上〉开物品确系因空袭被毁,谨呈 科长梅 局长刁 　　转呈 市长吴 　　　　　　　　　　　　　　　填报人:职务　测工 　　　　　　　　　　　　　　　　　　姓名　史宝楚 　　　　　　　　　　　　　　　　　三十年七月八日

附24:黄宝炎空袭损失私物报告表(1941年7月10日)

重庆市政府财政局员役空袭损失私物报告表

物品名称	品质	数量	损失程度	原价(元)	购置年月	备考
被面	锦缎	1床	完全焚毁	35	1940年10月	
被里	花洋布	1床	完全焚毁	34	1940年10月	
棉絮	棉	1床	完全焚毁	25	1940年11月	
衬衣	绸	2件	完全焚毁	80	1940年11月	
制服	华达呢	1套	完全焚毁	25	1940年11月	
脸盆	磁	1个	完全焚毁	35	1940年7月	
被灾日期	1941年7月8日	被灾地点	下南区马路50号	房屋被炸或震塌	焚	原支薪俸数目	120元	有无同居眷属	无

右〈上〉开物品确系因空袭被毁,谨呈 科长梅 局长刁 　　转呈 市长吴 　　　　　　　　　　　　　　　填报人:职务　测绘员 　　　　　　　　　　　　　　　　　　姓名　黄宝炎 　　　　　　　　　　　　　　　　　三十年七月十日

附25：应元礼空袭损失私物报告表（1941年7月）

重庆市政府财政局员役空袭损失私物报告表

物品名称	品质	数量	损失程度	原价(元)	购置年月	备考
衬衫裤	布	2套	焚毁	44	1941年4月	
绒线衫	毛	1件	焚毁	80	1940年11月	
卫生衫	棉	1件	焚毁	20	1940年10月	
夹袍	哈达呢	1件	焚毁	60	1937年9月	
棉袍	蓝布	1件	焚毁	65	1940年11月	
鞋	织贡呢	1双	焚毁	20	1941年6月	
胶鞋	胶	1双	焚毁	25	1941年6月	
皮鞋	文皮	1双	焚毁	70	1943年	
洗面盆	搪瓷	1个	焚毁	40	1943年	
蚊帐	纱	1顶	焚毁	45	1940年5月	
棉絮小	棉	1床	焚毁	14	1940年8月	
棉絮大	棉	1床	焚毁	42	1940年10月	
被里	白布	1床	焚毁	15	1940年8月	
被面小	线呢	1床	焚毁	10	1940年8月	
被里大	白布	1床	焚毁	28	1940年10月	
被面大	冲毛葛	1床	焚毁	30	1940年10月	
被灾日期	1941年7月8日	被灾地点	下南区马路50号	房屋被炸或震塌	在警报中焚毁	原支薪俸数目	70元	有无同居眷属	无

右〈上〉开物品确系因空袭被毁，谨呈

科长梅

局长刁

　　转呈

市长吴

　　　　　　　　　　　　　　　　　　填报人：职务　事务员

　　　　　　　　　　　　　　　　　　　　　　姓名　应元礼

　　　　　　　　　　　　　　　　　　　　　三十年七月

附26：黄镜同空袭损失私物报告表（1941年7月）

重庆市政府财政局员役空袭损失私物报告表

物品名称	品质	数量	损失程度	原价(元)	购置年月	备考
被面	红锦缎	1	焚毁	30.3	1940年10月	
被里	白布	1	焚毁	30	1940年10月	
卧单	花布	1	焚毁	28	1940年10月	
棉絮	棉	2	焚毁	70	1940年11月	
线毯	棉	1	焚毁	40	1940年12月	
呢毯	呢	1	焚毁	50	1941年1月	
枕头	布	2	焚毁	12	1940年11月	
蚊帐	夏布	1	焚毁	40	1940年5月	
中山服	棉	1套	焚毁	45	1940年10月	
中山服	哔叽	1套	焚毁	130	1939年8月	
中山服	布	1套	焚毁	62	1941年2月	
衬衣	绸	2	焚毁	70	1940年5月	
衬裤	布	2	焚毁	15	1941年5月	
袜子	线	4	焚毁	20	1941年5月	
鞋子	皮	1	焚毁	70	1941年6月	
鞋子	布	1	焚毁	18	1941年5月	
面盆	洋瓷	1	焚毁	40	1941年1月	
漱口盂	洋瓷	1	焚毁	12	1941年2月	
皮箱	红皮	1	焚毁	50	1939年9月	
救国公债		2张	焚毁	15	1938年6月	
被灾日期	1941年7月8日	被灾地点	下南区马路50号	房屋被炸或震塌	全部被焚	原支薪俸数目	80元	有无同居眷属	无

右〈上〉开物品确系因空袭被毁，谨呈
科长梅
局长刁
　转呈
市长吴

　　　　　　　　　　　　　填报人：职务　测量员
　　　　　　　　　　　　　　　　姓名　黄镜同
　　　　　　　　　　　　　　　　　三十年七月

附27：严幼铭空袭损失私物报告表（1941年7月）

重庆市政府财政局员役空袭损失私物报告表

物品名称	品质	数量	损失程度	原价(元)	购置年月	备考
被面	绸	1	焚毁	35	1940年6月	
被里	布	1	焚毁	25	1940年6月	
卧单	布	1	焚毁	21	1940年5月	
棉絮	棉	2	焚毁	18	1939年10月	
枕头	布	1	焚毁	11	1941年4月	
毯子	线	1	焚毁	41	1941年4月	
棉中山服	布	1件	焚毁	40	1940年12月	
中山服	布	1	焚毁	63	1941年2月	
中山服	呢	1	焚毁	350	1940年10月	
西裤	布	1	焚毁	25	1940年10月	
衬衫	绸	2	焚毁	98	1941年5月	
衬裤	布	2	焚毁	10	1941年5月	
袜子	棉纱	3	焚毁	12	1941年5月	
鞋子	纹皮	1	焚毁	90	1940年11月	
鞋子	布	2	焚毁	32	1941年4月	
方形手表	钢	1	焚毁	75	1940年10月	损坏待修
面盆	洋瓷	1	焚毁	35	1940年7月	
漱口碗	瓷	1	焚毁	8	1941年1月	
蚊帐	夏布	1	焚毁	42	1941年5月	
皮箱	皮	1	焚毁	20	1938年10月	
被灾日期	1941年7月8日	被灾地点	下南区马路50号	房屋被炸或震塌	焚	原支薪俸数目	90元	有无同居眷属	无

右〈上〉开物品确系因空袭被毁，谨呈

科长梅

局长刁

　转呈

市长吴

填报人：职务　测量员

姓名　严幼铭

三十年七月

附28：杨正谊空袭损失私物报告表（1941年7月10日）

重庆市政府财政局员役空袭损失私物报告表

物品名称	品质	数量	损失程度	原价（元）	购置年月	备考
牙刷	骨毛	1支	完全焚毁	1.8	1941年5月	
毛巾	线	2条	完全焚毁	5.2	1941年6月	
拖鞋	皮	1双	完全焚毁	8	1941年5月	
洋袜	电光线	2双	完全焚毁	7	1941年6月	
通草帽	通草	1顶	完全焚毁	25	1940年7月	
胶鞋	胶	1双	完全焚毁	25	1941年5月	
漱口盂	磁	1个	完全焚毁	5	1941年5月	
被面	锦缎	1床	完全焚毁	32	1941年元月	
被里	洋布	1床	完全焚毁	32	1941年元月	
棉絮	棉	1床	完全焚毁	20	1940年11月	
薄丝棉絮	丝棉〔绵〕	1床	完全焚毁	18	1941年3月	
卧单	洋布	1床	完全焚毁	28	1940年11月	
线毯	洋线	1床	完全焚毁	30	1941年2月	
洗脸盆	洋磁	1个	完全焚毁	48.5	1941年5月	
行军床	木架帆布面	1床	完全焚毁	30.5	1939年8月	
蚊帐	洋布	1床	完全焚毁	28	1941年5月	
行军床架	铁	1架	完全焚毁	8	1939年8月	
皮鞋	纹皮	1双	完全焚毁	8	1940年7月	
呢帽	呢	1顶	完全焚毁	52	1940年11月	
篾席	细篾	1床	完全焚毁	27.5	1941年5月27日	
衬衫	小纺府绸	2件	完全焚毁	62.5	1941年6月18日	小纺1件计40.5元府绸1件22元
背心	洋线	2件	完全焚毁	16	1941年4月	每件8元
布短裤	洋布	2条	完全焚毁	12.8	1941年7月1日	每条6.4元共如上
制服	线布	1套	完全焚毁	34	1940年4月	

续表

物品名称	品质	数量	损失程度	原价(元)	购置年月	备考
呢裤	哔叽	1条	完全焚毁	95	1940年5月	
木箱	楠木	1口	完全焚毁	18	1941年1月	
油布	布	1床	完全焚毁	18	1940年8月	
军毯	灰粗呢	1床	完全焚毁	20	1940年8月	
大地测量学	精装	1套	完全焚毁	6.4	1940年6月	
盖氏对数表	精装	1本	完全焚毁	4	1940年6月	
测量讲义	石印纸	3本	完全焚毁	15	1938年5月	
春秋左传	本装	8本	完全焚毁	8	1940年5月	
古文观止	洋装	6本	完全焚毁	6	1940年5月	
被灾日期	1941年7月8日	被灾地点	下南区马路50号	房屋被炸或震塌	完全焚毁	原支薪俸数目	115元	有无同居眷属	无

右〈上〉开物品确系因空袭被毁，谨呈

科长梅

局长刁

　　转呈

市长吴

　　　　　　　　　　　　　　　　　填报人：职务　测绘员

　　　　　　　　　　　　　　　　　　　　　　姓名　杨正谊

　　　　　　　　　　　　　　　　　　　　　三十年七月十日

附29：何培孝空袭损失私物报告表（1941年7月10日）

重庆市政府财政局员役空袭损失私物报告表

物品名称	品质	数量	损失程度	原价（元）	购置年月	备考
被面大	灰雪花呢	1	焚毁	30	1939年11月	
被里大	白斜纹布	1	焚毁	28	1939年11月	
被面小	花格子呢	1	焚毁	10	1938年10月	
被里小	白斜纹布	1	焚毁	10	1938年10月	
被絮大	丝棉〔绵〕	1	焚毁	57.5	1939年11月	
被絮小	棉	1	焚毁	7.2	1938年10月	
被单	白色棉质	1	焚毁	24	1940年10月	

续表

物品名称	品质	数量	损失程度	原价（元）	购置年月	备考
蚊帐	夏布	1	焚毁	80	1941年5月	
毯子	灰色毛质	1	焚毁	50	1941年1月	
行军床	厚灰帆布	1	焚毁	24	1940年5月	
行军袋	灰帆布	1	焚毁	7.4	1940年5月	
中山装	常青哔叽	1套	焚毁	280	1940年8月	
衬衫	白府绸	2件	焚毁	46	1941年4月	每件单价23元
汗衫	麻纱	2件	焚毁	48	1941年5月	每件单价24元
背心	麻纱	1	焚毁	10	1941年6月	
短裤	白竹布	2	焚毁	8.4	1941年6月	每件4.2元
短裤	蓝布	1	焚毁	2.4	1940年6月	
枕套	府绸	1	焚毁	8	1941年1月	
枕心	木棉	1	焚毁	18	1941年1月	
套鞋	橡胶	1	焚毁	25	1941年4月	
鞋子	布面胶底	1	焚毁	24	1941年4月	
面盆	搪瓷	1	焚毁	30	1940年1月	
牙杯	搪瓷	1	焚毁	12	1940年1月	
皂盒	胶质	1	焚毁	4	1940年8月	
镜子	玻质	1	焚毁	3.2	1940年5月	
保险剃刀	钢	1	焚毁	8.4	1939年8月	
被灾日期	1941年7月8日	被灾地点	下南区马路50号	房屋被炸或震塌	在警报中焚毁	原支薪俸数目	120元	有无同居眷属	无

右〈上〉开物品确系因空袭被毁，谨呈

科长梅

局长刁

　　转呈

市长吴

　　　　　　　　　　　　　　填报人：职务　检查员

　　　　　　　　　　　　　　　　　姓名　何培孝

　　　　　　　　　　　　　　三十年七月十日

附30：邱陵空袭损失私物报告表（1941年7月10日）

重庆市政府财政局员役空袭损失私物报告表

物品名称	品质	数量	损失程度	原价(元)	购置年月	备考
被面	灰花呢	1	焚毁	25	1939年9月	
被里	白足布	1	焚毁	24.5	1939年9月	
卧单	白足布	1	焚毁	30	1940年7月	
棉絮	半丝棉〔绵〕	1	焚毁	40	1939年9月	
棉絮	棉	1	焚毁	30	1941年1月	
毯子	灰呢	1	焚毁	55	1941年1月	
棉制服	线布	1套	焚毁	85	1940年10月	
夹制服	哔叽呢	1套	焚毁	280	1940年8月	
蚊帐	假珍珠纱	1	焚毁	46	1941年4月	
衬衫	白府绸	2	焚毁	56	1941年5月	
汗衫	白麻纱	2	焚毁	42	1941年5月	
短衬裤	白机布	2	焚毁	10	1941年6月	
裙子	青毛西呢	1双	焚毁	29	1941年6月	
袜子	麻纱	2双	焚毁	12	1941年6月	
面盆	洋磁	1	焚毁	45	1940年11月	
漱口盂	洋磁	1	焚毁	12	1940年11月	
被灾日期	1941年7月8日	被灾地点	下南区马路50号	房屋被炸或震塌	焚烧	原支薪俸数目	90元	有无同居眷属

右〈上〉开物品确系因空袭被毁，谨呈
科长梅
局长刁
 转呈
市长吴

      填报人：职务 检查员
         姓名 邱陵
       三十年七月十日

(0064—8—288)

155. 重庆市财政局职员周绍文为报1941年7月29日空袭损失私物报告表给上级的呈（1941年8月1日）[①]

重庆市政府财政局员役空袭损失私物报告表

物品名称	品质	数量	损失程度	原价（元）	购置年月	备考
神龛		1座	檐子花槅子打烂	21	前清制	
凉床		1间	打烂	5	1939年6月	
铁锅		1口	打烂	20	1941年1月	
瓦		3000匹		201	于7月8日轰炸社会局两次损失	昨夜落雨满屋成河请派员查勘以便修整
朗〔琅〕磁面盆		1个	遗失	18	1940年2月	因门窗户格震倒由屋后窃去
皮鞋		1双	遗失	45	1940年冬月	
被盖	丝棉〔绵〕内外包单	1床	遗失	56	1939年10月	
水瓶		1个	遗失	16	1940年3月	
阴丹洋布衫		1件	遗失	32	1940年全月	
线毯		1床	遗失	15	1940年9月	
雨伞		1把	遗失	5	1941年5月	
被灾日期	1941年7月29日午后2钟	被灾地点	神仙洞上石板坡150号	房屋被炸或震塌	破片乱石打烂震毁	原支薪俸数目	55元	有无同居眷属	无

右〈上〉开物品确系因空袭被毁，谨呈
科长
 局长
  转呈
市长吴

       填报人：职务 事务员
          姓名 周绍文
        三十年八月一日

[①] 该损失报告表最终核签意见为"经查所请于章不合拟不予救济"。

附：曹含炘为奉查该局职员周绍文空袭损失一案转呈财政局局长的文（1941年8月5日）

查该员住于神仙洞上石板坡150号，七月二十九日敌机袭渝，该员住房虽略有损伤并无倒塌，经核与本府《员役受空袭损害救济办法》第8条不合，似难转请予以救济，以重公帑。

查对员　曹含炘

三十年八月五日

（0064—8—288）

156. 重庆市财政局职员杨树林为报1941年7月30日空袭损失私物报告表给上级的呈（1941年7月30日）

重庆市政府财政局员役空袭损失私物报告表

物品名称	品质	数量	损失程度	原价(元)	购置年月	备考
被盖	棉	1床	全损	36	1940年2月	
大衣		1件	全损	20	1939年9月	
棉紧身	毛口	1件	全损	18	1938年9月	
女长棉衣	毛口	1件	全损	46	1940年9月	
女长旗袍	毛蓝	2件	全损	30	1940年冬月	
蓝布下衣	布	2条	全损	20	1940年冬月	
小人棉衣	青哔叽	1件	全损	16	1941年1月	
小人棉袄	青棉袄	2件	全损	12	1941年1月	
耳锅	铁	1口	全损	16	1940年2月	
水缸	瓦	1口	全损	14	1940年1月	
木床		1件	全损	19	1940年2月	
被灾日期	1941年7月30日	被灾地点	醋房院28号	房屋被炸或震塌	全毁	原支薪俸数目	28元	有无同居眷属	3[人]

续表

右〈上〉开物品确系因空袭被毁,谨呈 科长梅 局长刁 　转呈 市长吴 　　　　　　　　　　　　填报人:职务　传达 　　　　　　　　　　　　　　　姓名　杨树林 　　　　　　　　　　　　三十年七月三十日

附:曹含炘为奉查该局职员杨树林空袭损失一案转呈财政局局长的文(1941年8月5日)

　　查该工友住本市醋房院街28号附2号,确于七月三十日因敌机投弹致将该工友住房全部炸毁,并经该保甲长等缮具证明书前来,所报损失自系属实。

　　　　　　　　　　　　　　　　　查对员　曹含炘
　　　　　　　　　　　　　　　　　三十年八月五日

　　　　　　　　　　　　　(0064—8—288)

157. 重庆市财政局职员汪德钧为报1941年7月30日空袭损失私物报告表给上级的呈(1941年7月30日)

　　窃工于七月三十日敌机袭渝,窒息时急,所有家内动用器具全未搬出,在解除后工家被炸,而邻居之高墙抑下,竟将已未运之物,完全累积全损,并无余一物可堪[用]。工勿〔无〕奈恳祈钧局府〔俯〕念炸毁而无□身之惨,如蒙慈思济世,补助燃眉之生路,实沾德感无涯矣。

　　谨呈
班长张
　　转呈
组长江
　　转呈

队长

科长

   详转呈

局长刁

                                       测工 汪德钧

                            三十年七月三十日

附：

重庆市政府财政局员役空袭损失私物报告表

物品名称	品质	数量	损失程度	原价(元)	购置年月	备考
被盖	市布	2床	全损	120	1938年7月	
帐子	夏布	1笼	全损	40	1938年7月	
棉布甲〔夹〕衣	蓝色	1件	全损	30	1939年9月	
女棉甲〔夹〕衣	蓝色	1件	全损	31	1939年9月	
男女衫各3件		共6件	全损	100	1940年10月	
磁盆	白色	1个	全损	12	1940年10月	
汗衣	白色	1套	全损	15	1940年6月	
被灾日期	1941年7月30日	被灾地点	东水门醋房院街28号	房屋被炸或震塌	炸	原支薪俸数目	28元	有无同居眷属	有

右〈上〉开物品确系因空袭被毁，谨呈

科长

局长

   转呈

市长吴

                        填报人：职务 测工

                               姓名 汪德钧

                            三十年七月三十日

附：曹含炘为奉查该局职员汪德钧空袭损失一案转呈财政局局长的文（1941年8月5日）

    查该测工住本市醋房街28号，确于七月三十日因敌机投弹致将该处房屋全部炸毁，并经该保甲等出具证明前来，所报损失自系属实。

查对员　曹含炘

三十年八月五日

(0064—8—288)

158. 重庆市财政局职员宋德明为报1941年7月30日空袭损失私物报告表给上级的呈(1941年7月30日)

重庆市政府财政局员役空袭损失私物报告表

物品名称	品质	数量	损失程度	原价(元)	购置年月	备考
洋瓷盆	广	2个	炸毁	44	1939年10月	每个22元
竹箱	土①	1口	全毁	8	1939年7月	
大碗	土	4个	全毁	2.4	1939年6月	
饭碗	土	4个	全毁	1.6	1939年6月	
缸钵	土	2个	全毁	3.6	1939年6月	
人字呢大衣	绒呢	1件	破烂	35	1939年9月	
竹床	土	2间	全毁	24	1939年5月	每间12元
写字台	土	1张	全烂	15	1939年4月	
水缸	土	1口	全烂	11	1939年6月	
锅	土	1口	全烂	15	1939年5月	
火钩	土	1把	烂不堪用	3.6	1939年5月	
炉桥	土	1个	烂不堪用	2.4	1939年5月	
锅铲	土	1个	烂不堪用	2.5	1939年5月	
菜刀	土	1把	烂不堪用	6.5	1939年5月	
被盖	棉布	1床	炸毁	3.6	1939年9月	
线毯	土	1床	炸毁	2.4	1939年9月	

---

① 该表之损失物品之品质多为"土",原档照录。

续表

物品名称	品质	数量	损失程度	原价（元）	购置年月	备考
女旗袍长旗袍	毛蓝布	2件	炸毁	3.2	1939年8月	
下装	毛蓝布	2条	炸毁	20	1939年9月	
小人长衫	毛蓝布	2件	炸毁	24	1939年7月	
小人下装	青	2条	炸毁	12	1939年8月	
被灾日期	1941年7月30日	被灾地点	醋房院子街28号附1号	房屋被炸或震塌	全炸	原支薪俸数目	每月薪饷25元	有无同居眷属	有

右〈上〉开物品确系因空袭被毁，谨呈

科长

局长

　　转呈

市长吴

　　　　　　　　　　　填报人：职务　传达

　　　　　　　　　　　　　　姓名　宋德明

　　　　　　　　　　　三十年七月三十日

附：曹含炘为奉查该局职员宋德明空袭损失一案转呈财政局局长的文（1941年8月5日）

　　查该工友住本市醋房街28号附1号，确于七月三十日因敌机投弹致将该工友住房全部炸毁，并经该保甲长等缮具证明前来，所报损失自系属实。

　　　　　　　　　　　　　　查对员　曹含炘

　　　　　　　　　　　　　　三十年八月五日

　　　　　　　　　　　　　（0064—8—288）

159. 重庆市财政局职员向海山为报1941年7月30日空袭损失私物报告表给上级的呈（1941年7月31日）

重庆市政府财政局员役空袭损失私物报告表

物品名称	品质	数量	损失程度	原价（元）	购置年月	备考
铁小锅	铁	1口	不堪用	95	1941年4月	
水缸	陶	1口	不堪用	7	1941年4月	
大小土碗	陶	各1付	不堪用	14	1941年4月	
菜刀	铁	1把	不堪用	5.5	1941年4月	
被盖	棉布	1床	不堪用	63	1941年4月	
蓝布男长衫	布	1件	不堪用	23.5	1940年11月	
蓝布男汗衣 蓝布小汗衣	布	1件 1条	不堪用	17	1940年2月	
蓝布女长衫 蓝布女短裤		共4件	不堪用	42	1941年4月	来渝时购置
黄制服		1套（领公物）	不堪用		1940年10月	本局发
木床		1间	不堪用	16	1941年月	来渝时购置
食米		市斗	不堪用	24	1941年7月	因本局平价米未发，在区分所购买
被灾日期 1941年7月30日	被灾地点 醋房院子第4号	房屋被炸或震塌	炸坏	原支薪俸数目	工饷20元	有无同居眷属	妻一子

右〈上〉开物品确系因空袭被毁，谨呈
科长
局长
　转呈
市长吴

　　　　　　　　　　　　　　　　填报人：职务　工友
　　　　　　　　　　　　　　　　　　　　姓名　向海山
　　　　　　　　　　　　　　　　三十年七月三十一日

附：曹含炘为奉查该局职员向海山空袭损失一案转呈财政局局长的文（1941年8月5日）

　　查该工友住本市醋房院街4号，确于七月三十日因敌机投弹，致将该工友住房全部炸毁，并经该保甲长等缮具证明书前来，所报损失自系属实。

　　　　　　　　　　　　　　　　　　　　　　　　查对员　曹含炘
　　　　　　　　　　　　　　　　　　　　　　　　三十年八月五日

　　　　　　　　　　　　　　　　　　　　　　　　（0064—8—288）

160. 重庆市财政局职员田永昌为报1941年7月30日空袭损失私物报告表给上级的呈（1941年7月31日）

　　敬呈者：窃员于本年五月二十五日奉令派调菜园坝工作，住宿该区太平桥50号楼上房1间，被昨日敌机投弹邻近受破片炸毁各物列表造报，合并保甲证明单一纸粘呈备查，并恳借支一月薪水65元以便购置急需，俯祈赏准不胜感激。

　　谨呈
组长
　　转请
股长
主任
局长鉴核！

　　　　　　　　　　　　　　　　　　　　　菜园区屠税调查员　田永昌
　　　　　　　　　　　　　　　　　　　　　　　三十年七月三十一日

附：

重庆市政府财政局员役空袭损失私物报告表

物品名称	品质	数量	损失程度	原价(元)	购置年月	备考
桐油座灯	瓦	1盏	炸烂3节	2.4	1941年5月	铁灯碗在价内炸失不现
白玉茶壶	江西磁	1把	损成渣块	12.5	1941年6月	
白玉茶盅	江西磁	1个	失无现	1.2	1941年6月	
凉板	竹木	1张	损失半节	19	1941年5月	
方凳	杂木	2个	损毁半数	共2	1937年置	
面巾	线	1张	损失无现	2.4	1941年7月	
白洋汗衣	线	1件	烂渣	12	1941年7月	
青线袜子	棉线	1双	炸无现	3	1941年7月	
水瓶	三星牌	1个	炸成渣	38	1941年2月	
竹凉椅	竹木	1把	炸断	17	1941年2月	
被灾日期	1941年7月30日午后三时	被灾地点	菜园坝	房屋被炸或震塌	板壁及天上瓦角均炸烂	原支薪俸数目	65元	有无同居眷属	有

右〈上〉开物品确系因空袭被毁,谨呈

科长

局长

 转呈

市长吴

填报人：职务 调查员
姓名 田永昌
三十年七月三十一日

附：曹含炘为奉查该局职员田永昌空袭损失一案转呈财政局局长的文(1941年8月5日)

  查该员住于菜园坝太平桥50号楼上,七月三十日菜园坝虽遭敌机投弹,但该员住房仅小受破片波及,衣物并无重大损伤,所报损失经核与救济条例不合,似难转请救济,以重公帑。

查对员　曹含炘
三十年八月五日

(0064—8—288)

161. 重庆市财政局职员李杰为报1941年7月30日空袭损失私物报告表给上级的呈(1941年7月)

重庆市政府财政局员役空袭损失私物报告表

物品名称	品质	数量	损失程度	原价（元）	购置年月	备考
被盖	丝质 棉质	1床	全毁	60	1938年	面子印度绸包单白市布
咔叽被子	棉质	1床	全毁	16	1939年	
线毯	棉质	1床	全毁	20	1940年	
棉絮	棉质	1床	全毁	15	1940年	
男蓝布长衫 女蓝布长衫	棉质	4件	全毁	80	1940年	
绸汗衣上装	棉质	2件	全毁	40	1940年	
青呢大衣	毛质	1件	全毁	80	1939年	
男青哔叽夹衫 女青哔叽夹衫	棉质	2件	全毁	60	1939年	
皮箱	皮	1只	全毁	10	1938年	
男花布汗衣 女花布汗衣	棉质	4套	全毁	80	1940年	
线呢短中山服	棉质	1套	全毁	60	1940年	
毛线汗衣	毛质	1套	全毁	100	1940年	
被灾日期	1941年7月30日	被灾地点	赣江街69号3保8甲	房屋被炸或震塌	炸毁	原支薪俸数目	60元	有无同居眷属	有

续表

```
    右〈上〉开物品确系因空袭被毁,谨呈
科长
局长
    转呈
市长吴
                              填报人:职务  书记
                                     姓名  李杰
                                     三十年七月
```

附:曹含炘为奉查该局职员李杰空袭损失一案转呈财政局局长的文(1941年8月5日)

　　查该员住于赣江街69号,确于七月三十日因敌机投弹,致将该员住房全部炸毁,并经该保甲长等缮具证明书前来,所报损失自系属实。

查对员　曹含炘
三十年八月五日

(0064—8—288)

162. 重庆市财政局职员张德焰为报1941年7月30日空袭损失私物报告表给上级的呈(1941年8月1日)

重庆市政府财政局员役空袭损失私物报告表

物品名称	品质	数量	损失程度	原价(元)	购置年月	备考
温水瓶		1个	打碎	46	1940年12月	
白玉茶碗		7个	打碎	70	1941年1月	
白玉花瓶		2个	打碎	40	1941年3月	
白玉碗		5个	打碎	40	1940年12月	
白磁调羹		8把	打碎	10	1940年12月	
四方亮小钟		1个	打碎	60	1941年2月	

续表

物品名称	品质	数量	损失程度	原价(元)	购置年月	备考
磁油壶		1个	打碎	3	1940年12月	
磁茶壶		1个	打碎	15	1941年5月	
玻杯		4个	打碎	10	1941年5月	
磁像片		1块	打碎	80	1941年1月	
玻砖镜		1方	打碎	48	1941年1月	
玻璃金鱼小水缸		1个	打碎	26	1941年2月	
铁锅		1口	打碎	36	1940年11月	
水缸		1口	打碎	24	1940年12月	
白绸汗衣		1件	打碎	15	1941年5月	
白绸长衫		1件	打碎	35.5	1941年5月	
女香云纱袍		1件	打碎	96	1941年5月	
颜字帖		2本	打碎	20	1941年5月	
磁漱口盂		1个	打碎	5	1940年12月	
牙刷		3把	打碎	6	1941年7月	
被灾日期	1941年7月30日	被灾地点	余家巷25号	房屋被炸或震塌	震塌	原支薪俸数目	180元	有无同居眷属	有

右〈上〉开物品确系因空袭被毁,谨呈

□□林

局长刁

　　转呈

市长吴

填报人:职务　秘书室机要股

主任科员

姓名　张德焆

三十年八月一日

附:曹含炘为奉查该局职员张德焆空袭损失一案转呈财政局局长的文(1941年8月2日)

　　查该员住于余家巷街25号,确于七月三十日因敌机在该处左右极近地点投弹多枚,致将该员住房震毁甚巨,虽柱架犹存而墙倾屋漏,与门窗户格悉行损坏不可居人,并经该保甲长证明前来,所报自系属实。

查对员　曹含炘
三十年八月二日

(0064—8—288)

163. 重庆市财政局职员张思达等6人为报1941年7月30日空袭损失私物报告表给上级的呈(1941年8月6日)①

查该测工等均住本局后面四宿舍内,七月三十日虽敌机在附近地点投弹,致将邻家砖墙震塌,一部倾倒于该宿舍内,但屋上瓦桷损伤并不重大,并未全部倒塌,复经该宿舍看门者蒋克光称:每遇空袭该测工等必将衣物先放库中或背入防空洞内。等情。据此,查所列损失中,瓦瓷之类小型物品,想系损坏属实。惟棉皮质衣履类物品,未见丝毫破烂证件〔明〕,核与救济条例不合,似难转请救济,以重公帑。

查对员　曹含炘
三十年八月六日

附1:张思达空袭损失私物报告表

重庆市政府财政局员役空袭损失私物报告表

物品名称	品质	数量	损失程度	原价(元)	购置年月	备考
中山制服	中山呢	1套	全毁	56	1941年3月	
脸帕		1张	全毁	1.4	1941年2月	
洗脸盆	洋磁	1个	全毁	19	1940年6月	
学生制服	青咔叽	下装1条	全毁	16	1940年2月	
草席			全毁	5	1941年4月	
漱口盂	洋磁	洋磁	全毁	5	1941年6月	
被灾日期	1941年7月30日	被灾地点	本局四宿舍	房屋被炸或震塌	震塌	原支薪俸数目	有无同居眷属

测工　张思达
三十年七月三十一日

---

① 该损失报告表最终核签意见为"拟不予救济以重公帑"。

附2：陈述思空袭损失私物报告表

重庆市政府财政局员役空袭损失私物报告表

物品名称	品质	数量	损失程度	原价(元)	购置年月	备考
制服	芝麻呢	1件	全毁	25	1941年1月	
皮鞋	皮	1双	全毁	35	1940年12月	
洗面盆子	洋磁	1个	全毁	32	1940年10月	
刷口盒子	洋磁	1个	全毁	3	1940年7月	
席子	竹	1床	全毁	7	1941年5月	
洗面帕子	毛巾	1张	全毁	2	1941年6月	
被灾日期	1941年7月30日	被灾地点	本局四宿舍	房屋被炸或震塌	震塌	原支薪俸数目		有无同居眷属	

测工　陈述思

三十年七月三十一日

附3：童长发空袭损失私物报告表

重庆市政府财政局员役空袭损失私物报告表

物品名称	品质	数量	损失程度	原价(元)	购置年月	备考
皮鞋		1双	全毁	34	1941年2月	
布鞋		1双	全毁	7	1941年7月	
牙刷		1只	全毁	2	1941年7月	
漱口盂	洋磁	1个	全毁	4	1940年10月	
牙膏	黑人	1个	全毁	3	1941年7月	
短裤	白洋布	1条	全毁	4	1941年4月	
被灾日期	1941年7月30日	被灾地点	本局四宿舍	房屋被炸或震塌	被炸	原支薪俸数目	29元	有无同居眷属	

测工　童长发

三十年八月一日

附4：洪喜空袭损失私物报告表

重庆市政府财政局员役空袭损失私物报告表

物品名称	品质	数量	损失程度	原价(元)	购置年月	备考
制服	黑咔叽	1套	完全损失	32	1941年5月	
面盆	磁器	1个	完全损失	31	1941年3月	
漱口盂	磁器	1个	完全损失	5	1941年5月	
草席		1床	完全损失	9	1941年5月	
胶鞋		1双	完全损失	36	1941年6月	
洗面帕	毛巾	1张	完全损失	3	1940年6月	
被灾日期	被灾地点	房屋被炸或震塌		原支薪俸数目	有无同居眷属	

测工 洪喜

三十年八月一日

附5：田朝治空袭损失私物报告表

重庆市政府财政局员役空袭损失私物报告表

物品名称	品质	数量	损失程度	原价(元)	购置年月	备考
制服1套	青布	2件	完全损失	42	1941年5月	
草席		1床	完全损失	2	1940年4月	
漱水盅	洋磁	1个	完全损失	1	1939年10月	
布鞋	青布	1双	完全损失	6	1941年6月	
牙刷	牛骨	1把	完全损失	1	1941年7月	
袜子	灰色	1双	完全损失	4	1941年7月	
肥皂	利民牌	2块	完全损失	1.4	1941年7月	
被灾日期	1941年7月30日	被灾地点	本局四宿舍	房屋被炸或震塌	被炸	原支薪俸数目	38元	有无同居眷属

测工 田朝治

三十年八月一日

附6：刘庆福空袭损失私物报告表

重庆市政府财政局员役空袭损失私物报告表

物品名称	品质	数量	损失程度	原价(元)	购置年月	备考
黄制服	咔叽	1套	全毁	40	1940年8月	
短裤	咔叽	1条	全毁	22	1941年6月	
面巾		1条	全毁	2.4	1941年6月	
漱口盅	洋磁	1个	全毁	3	1941年1月	
草席		1床	全毁	4.5	1941年4月	
布鞋	布	1双	全毁	12	1941年7月	
被灾日期	1941年7月30日	被灾地点	本局四宿舍	房屋被炸或震塌	被炸	原支薪俸数目	30元	有无同居眷属	

测工 刘庆福

三十年八月一日

（0064—8—288）

164. 重庆市财政局职员王友善为报1941年7月30日空袭损失私物报告表给上级的呈（1941年8月）

重庆市政府财政局员役空袭损失私物报告表

物品名称	品质	数量	损失程度	原价(元)	购置年月	备考
木床	木质	1间	打坏	90	1939年1月	
被盖	棉质	2床	压烂	80	1940年8月	
玻砖柜子	木质	1个	打破	100	1939年10月	
茶壶	细磁	3个	打碎	25	1940年5月	
皮鞋	纹皮	1双	压烂	100	1940年8月	
雨伞	洋纱	1把	压坏	12	1940年8月	
线毯	棉质	1床	压烂	30	1940年9月	
被灾日期	1941年7月30日	被灾地点	重庆市会府街第3号	房屋被炸或震塌	震毁	原支薪俸数目	75元	有无同居眷属	有

续表

> 右〈上〉开物品确系因空袭被毁,谨呈
>
> 科长
> 局长
>   转呈
> 市长吴
>
> 填报人:职务　事务员
> 　　　　姓名　王友善
> 　　　　三十年八月

附:曹含炘为奉查该局职员王友善空袭损失一案转呈财政局局长的文(1941年8月6日)

　　查该员住于会府街3号,确于七月三十日敌机在附近地点投弹,致将该员住房震毁甚巨,并经该保甲长等缮具证明书前来,所报损失自系属实。

　　　　　　　　　　　　　　　　查对员　曹含炘
　　　　　　　　　　　　　　　　三十年八月六日

(0064—8—288)

165. 重庆市财政局职员杨世禄为报1941年8月8日空袭损失私物报告表给上级的呈(1941年8月9日)

　　窃工友家住江北城内布壳街4号,不幸于本年八月八日被敌机投弹,致将住宅炸塌,所有家具用器悉遭炸毁。除将损失各物列表呈报外,理合签请鉴核。

　　谨呈
组长周
主任严
科长何
　　核转
局长刁

工友　杨世禄

三十年八月九日

附1：

重庆市政府财政局员役空袭损失私物报告表

物品名称	品质	数量	损失程度	原价(元)	购置年月	备考
床	木	2间	炸烂	72	1936年	
饭锅	铁	1口	炸烂	22	1940年3月	
水缸	瓦	1口	炸烂	3	1939年1月	
帐子	麻布	1床	破烂	8	1937年2月	
土碗		23个	全烂	11.5	1940年1月	
米	新斗	1斗5升	全被土掩	37.8	1941年8月6日	
被灾日期	1941年8月8日	被灾地点	江北布壳街4号	房屋被炸或震塌	震塌	原支薪俸数目	43元	有无同居眷属	有

右〈上〉开物品确系因空袭被毁，谨呈

科长何

局长刁

　转呈

市长吴

填报人：职务　工友

姓名　杨世禄

三十年八月九日

附2：曹含炘为奉查该局职员杨世禄空袭损失一案转呈财政局局长的文（1941年8月16日）

　　查该工友住于江北布壳街4号，确于本月八日被敌机投弹，致将该住宅全部炸塌，并经该保甲长等缮具证明书前来，所报损失自系属实。

查对员　曹含炘

三十年八月十六日

（0064—8—288）

166. 重庆市财政局职员戴鹏淦为报1941年8月8日空袭损失私物报告表给上级的呈(1941年8月11日)

窃工友家住江北城内布壳街14号,于本年八月八日敌机来袭时不幸房屋被炸,家中所有之家具完全炸毁,损失奇重。工友服务本局已历数月,工饷低微,今遭此难,家内父母兄弟数人无处栖身。恳请钧座施仁慈之德,援例补救工友,世世永远实沾恩德无涯。填具损失报告表2份呈请鉴核。

谨呈

主任卓

主任严

 转呈

科长梅

科长何

 转呈

局长刁

工友　戴鹏淦
三十年八月十一日

附1:

重庆市政府财政局员役空袭损失私物报告表

物品名称	品质	数量	损失程度	原价(元)	购置年月	备考
有顶大圆床	柏木	1床	全毁	70	1938年2月	
小木床	柏木	1床	全毁	35	1938年6月	
黑漆立柜	木	1个	全毁	35	1938年6月	
白蓝帐子	白市布蓝麻布	各1顶	全毁	40	1939年1月	每顶原价20元合计如上数
棉被	面花布底白市布	2床	全毁	80	1939年11月	每床原价40元合计如上数
瓷缸	白瓷	1对	全毁	16.5	1936年4月	

续表

物品名称	品质	数量	损失程度	原价（元）	购置年月	备考
花瓶	白瓷	1对	全毁	6.4	1936年5月	
帽筒	白瓷	1对	全毁	6.4	1936年5月	
木柜	木	1个	全毁	6.3	1935年7月	
木椅	木	3张	全毁	9.6	1937年2月	
锅	铁	1个	全毁	12	1937年8月	
水缸	土瓷	1个	全毁	6	1937年3月	
红漆麻匠梳头盒	木	1架	全毁	8.3	1938年7月	
被灾日期	1941年8月8日	被灾地点	江北布壳街14号	房屋被炸或震塌	被炸	原支薪俸数目	22元	有无同居眷属	有

右〈上〉开物品确系因空袭被毁,谨呈

主任卓

主任严

科长梅

科长何

局长刁

  转呈

市长吴

填报人：职务 工友
姓名 戴鹏淦
三十年八月十一日

附2：曹含炘为奉查该局职员戴鹏淦空袭损失一案转呈财政局局长的文（1941年8月16日）

  查该工友住于江北布壳街14号，确于本月八日被敌机投弹，将该宅炸毁，并经该保甲长等缮具证明书前来，所报损失自系属实。

查对员 曹含炘
三十年八月十六日

（0064—8—288）

167. 重庆市财政局职员周吉萱为报1941年8月8日空袭损失私物报告表给上级的呈（1941年8月11日）

重庆市政府财政局员役空袭损失私物报告表

物品名称	品质	数量	损失程度	原价(元)	购置年月	备考
人字呢大衣	棉	1件	全损失	70	1939年9月	
酱色棉袍	棉	1件	损烂	32	1938年8月	
蓝布长衫	棉	1件	损烂	20	1940年2月	
青夹衫	棉	1件	全损失	24	1938年9月	
芝麻条子中山服	棉	2套	损烂	37	1939年3月	
衬衫	棉	1件	全损失	15	1940年4月	
灰呢帽	呢	1顶	全损失	16	1939年1月	
黑皮箱		2口	全损失	16	1938年6月	
黄女皮鞋		2双	全损失	52	1940年4月	
毛线衣		1件	损烂	20	1938年9月	
毛葛女棉袍	丝	1件	全损失	36	1939年8月	
条子女棉袍	棉	1件	损烂	25	1939年8月	
冲呢女夹衫	棉	2件	损烂	44	1939年2月	
蓝布女罩衫	棉	3件	全损失	48	1940年3月	
印花毯子	棉	1床	全损失	20	1938年1月	
白帐子	棉	1笼	全损失	28	1938年4月	
被灾日期	1941年8月8日	被灾地点	江北沙井街34号	房屋被炸或震塌	全炸	原支薪俸数目	85元	有无同居眷属	有

右〈上〉开物品确系因空袭被毁，谨呈
科长
局长
　转呈
市长吴

　　　　　　　　　　　　　　　填报人：职务　事务员
　　　　　　　　　　　　　　　　　　姓名　周吉萱
　　　　　　　　　　　　　　　三十年八月十一日

附：曹含炘为奉查该局职员周吉萱空袭损失一案转呈财政局局长的文（1941年8月16日）

　　查该员住于江北沙井街34号，确于本月八日因敌机投弹，致将该员住宅全部炸毁，并经该保甲长等证明前来，所报属实。

查对员　曹含炘
三十年八月十六日

（0064—8—288）

168. 重庆市财政局职员余海洲为报1941年8月8日空袭损失私物报告表给上级的呈（1941年8月12日）

　　窃工友家住江北布壳街2号，于本年八月八日敌机来袭时不幸投弹致将住宅炸塌，所有家具半遭损失。除将损失各物列表呈报外，理合签请鉴核。

　　谨呈

主任严

　　转呈

科长何

　　转呈

局长刁

工友　余海洲
三十年八月十二日

附1：

重庆市政府财政局员役空袭损失私物报告表

物品名称	品质	数量	损失程度	原价(元)	购置年月	备考
木厂床	木	1架	全烂	58	1938年7月	
白帐子	麻布	1床	全烂	78	1940年7月	

续表

物品名称	品质	数量	损失程度	原价(元)	购置年月	备考
花毯	布	1床	全烂	8.9	1938年10月	
桌子	木	1张	全烂	11	1939年8月	
磁坛	白瓷	2个	全烂	15	1936年5月	
菜盘	白瓷	2个	全烂	3	1940年3月	
茶碗	白瓷	2个	全烂	3	1940年3月	
镜子	树胶	1只	全烂	0.9	1941年1月	
毯子	瓦	1口	全烂	1.6	1941年3月	
水缸	瓦	1口	全烂	3.5	1941年3月	
被灾日期	1941年8月8日	被灾地点	江北布壳街2号	房屋被炸或震塌	被炸	原支薪俸数目	34元	有无同居眷属	有

右〈上〉开物品确系因空袭被毁,谨呈
科长何
　局长刁
　　转呈
市长吴

填报人:职务　工友
姓名　余海洲
三十年八月

附2:曹含炘为奉查该局职员余海洲空袭损失一案转呈财政局局长的文(1941年8月16日)

　　查该工友住于江北布壳街2号,确于本月八日被敌机投弹,将该宅全部炸毁,并经该保甲长等缮具证明书前来,所报自系属实。

查对员　曹含炘
三十年八月十六日

(0064—8—288)

169. 重庆市财政局职员刘光永为报1941年8月8日空袭损失私物报告表给上级的呈(1941年8月14日)

窃职家属住居本市菜园坝太平桥街27号,不幸于本月八日空袭时对居屋后中弹,我屋即被炸毁,致将各物损坏。然职处此生活昂贵之地,兼以家庭负担过重,常无储蓄,刻遭巨损无法购置应用,深感困难。理合检同保甲证明及私物损失报告表签请钧座鉴核,俯予救济以体差困。沐蒙允准深沾谨状。

谨呈

组长

股长

主任

　转呈

局长刁

工友　刘光永

三十年八月十四日

附:

重庆市政府财政局员役空袭损失私物报告表

物品名称	品质	数量	损失程度	原价（元）	购置年月	备考
被盖	被面丝包单布	1床	炸毁	80	1940年11月	
厂床		1架	炸毁	88	1940年10月	
青篾席		1根	炸毁	9.4	1941年5月	
毯子	布	1床	炸毁	18	1940年12月	
油布		1床	炸毁	15	1940年12月	
帽筒	瓷	1对	炸毁	24	1940年8月	
花瓶	瓷	1对	炸毁	15.5	1940年8月	
面盆	西洋瓷	1个	炸毁	22	1941年2月	
饭碗	瓷	1席	炸毁	32	1941年2月	大小全席
锅儿	铁	1口	炸毁	16	1940年10月	
罗汉	瓷	1个	炸毁	20	1940年8月	
水缸	瓦	1口	炸毁	8	1941年1月	

续表

被灾日期	1941年8月8日	被灾地点	菜园坝太平桥27号	房屋被炸或震塌	震毁	原支薪俸数目	65元	有无同居眷属	有
右〈上〉开物品确系因空袭被毁,谨呈									
科长									
局长									
转呈									
市长吴									
填报人:职务　事务员									
姓名　刘光永									
三十年八月十四日									

附:曹含炘为奉查该局职员刘光永空袭损失一案转呈财政局局长的文(1941年8月20日)

　　查该员住于菜园坝太平桥27号,确于本月八日敌机在附近地点投弹,致将该员住宅震坏,虽柱架依稀犹存,而烂漏不堪已不可居人,并经该保甲长等缮具证明书前来,所报自系属实。

查对员　曹含炘
三十年八月二十日

(0064—8—288)

170. 重庆市财政局职员蒋梦榆为报1941年8月8日空袭损失私物报告表给上级的呈(1941年8月29日)[①]

重庆市政府财政局员役空袭损失私物报告表

物品名称	品质	数量	损失程度	原价(元)	购置年月	备考
木厂床	木	2间	炸毁	单价120	1941年2月	
木方桌	木	1张	炸毁	20	1941年2月	

---

① 该损失报告表最终核签意见为"拟不予救济以符定章"。

续表

物品名称	品质	数量	损失程度	原价(元)	购置年月	备考
木方凳	木	2个	炸毁	单价6	1941年2月	
皮箱	皮	2口	炸毁	单价30	1941年2月	
帐子	麻	1笼	炸毁	60	1940年8月	
毯子	棉	1床	炸毁	40	1940年8月	
棉衣	棉	2件	炸毁	单价35	1940年8月	
铁耳锅		1口	炸毁	26	1941年2月	
土碗		全席	炸毁	共计35	1941年2月	
洋磁盆		2个	炸毁	共计50	1941年2月	
木脚盆		1个	炸毁	15	1941年2月	
瓦水缸		1口	炸毁	10	1941年2月	
温水瓶		1个	炸毁	30	1941年2月	
瓦缸钵		3个	炸毁	共计10	1941年2月	
座钟		1架	炸毁	7	1941年2月	
锑锅		1个	炸毁	30	1941年2月	
被灾日期	1941年8月8日	被灾地点	南岸海棠溪罗家坝菜市场第66号	房屋被炸或震塌	被炸	原支薪俸数目	75元	有无同居眷属	有2

右(上)开物品确系因空袭被毁,谨呈

科长

局长

　　转呈

市长吴

　　　　　　　　　　　填报人:职务　第二科调查员
　　　　　　　　　　　　　　　姓名　蒋梦榆
　　　　　　　　　　　三十年八月二十九日

附:曹含炘为奉查该局职员蒋梦榆空袭损失一案转呈财政局局长的文(1941年9月7日)

　　查该员所报受空袭损害日期,系八月八日被炸,事隔20余日始行呈报来局,复查该员住宅损伤亦属甚微,经核与本府员役受空袭损害救济办法不符,似难转请救济。理合签请鉴核。

查对员 曹含炘

三十年九月七日

(0064—8—288)

171. 重庆市财政局职员苟智能为报1941年8月8日空袭损失私物报告表给上级的呈(1941年8月)

重庆市政府财政局员役空袭损失私物报告表

物品名称	品质	数量	损失程度	原价(元)	购置年月	备考
被盖	棉	2床	损烂	47.6	1938年8月 1939年10月	
帐子	麻蓝	1笼	全毁	16.8	1936年3月	
毯子	线	1床	损烂	12	1940年9月	
夹衫	线绒	1件	损烂	21.4	1939年8月	
女夹衫	线绒	1件	损烂	16.2	1939年8月	
长衫	毛蓝	3件	全毁	23.6	1939年6月 1940年5月	
女旗袍	毛蓝	4件	全毁	25.8	1939年7月 1940年10月	
毛线背心	绿色	1件	全毁	42	1940年10月	
女毛线衣服	绿色	1件	全毁	62	1940年9月	
汗衣	土白布	3件	全毁	21.6	1940年8月	
女汗衣	土白布	2件	全毁	14.2	1940年8月	
棉裤	白色	1条	全毁	8.6	1939年10月	
男夹裤	青丝色	1条	全毁	14	1938年9月	
被灾日期	1941年8月8日	被灾地点	江北沙井街35号	房屋被炸或震塌	全部炸毁	原支薪俸数目	48元	有无同居眷属	有

续表

右〈上〉开物品确系因空袭被毁,谨呈 局科长 局长 　　转呈 市长吴 　　　　　　　　　　　　　填报人:职务　税收 　　　　　　　　　　　　　　　　姓名　苟智能 　　　　　　　　　　　　　　　　三十年八月

附:曹含炘为奉查该局职员苟智能空袭损失一案转呈财政局局长的文(1941年8月16日)

　　查该税警住于沙井街35号,确于本月八日因敌机投弹,将该住宅全部炸毁,并经该保甲长等缮具证明书前来,所报损失自系属实。

　　　　　　　　　　　　　　　　　　　　　　查对员　曹含炘
　　　　　　　　　　　　　　　　　　　　　　三十年八月十六日

　　　　　　　　　　　　　　　　　　(0064—8—288)

172. 重庆市财政局职员罗先达等4人为报1941年8月11日空袭损失私物报告表给上级的呈(1941年9月14日)

　　查该员警等住于大兴场繁家院经收处内,确于八月十一日敌机在该处附近地点投弹,致将该处房屋震毁甚巨,已不能再居。该经收处已另迁□兴路22号办公,各该员警等所报损失属实。

　　　　　　　　　　　　　　　　　　　　　　查对员　曹含炘
　　　　　　　　　　　　　　　　　　　　　　三十年九月十四日

附1：罗先达空袭损失私物报告表

重庆市政府财政局员役空袭损失私物报告表

物品名称	品质	数量	损失程度	原价（元）	购置年月	备考
木床	白〔柏〕木	1	破坏	20	1940年10月	
被盖	丝棉〔绵〕	1	破坏	65	1940年1月	成都被面30元 棉絮16元 包单19元
毯子	棉	1	破坏	40	1941年1月	
旧棉絮	棉	1	破	3	1939年8月	
箱子	皮	1	破坏	20	1940年10月	
枕头	布	1	坏	16.5	1940年12月	
中山服	布	1	全坏	75	1941年1月	
短裤	毛	1	破	10	1941年2月	
皮鞋	皮	1	全坏	50	1940年8月	
呢帽	呢	1	坏	65	1940年10月	
袜子	棉	2	破坏	10	1941年3月	
书籍	洋装	5部	破坏	80	1939年、1940年、1941年先后	
日用品			损失	31		牙刷、牙膏、德国瓷盅、香肥皂、椰子盒
衬衫	虎〔府〕绸	2	损失	65	1941年1、2月	
内裤	布	1	破	5	1941年1月	
被灾日期	1941年8月11日	被灾地点	大兴场经收处	房屋被炸或震塌	震塌	原支薪俸数目 70元	有无同居眷属	无

续表

右〈上〉开物品确系因空袭被毁,谨呈

科长

局长

  转呈

市长吴

           填报人:职务 事务员

              姓名 罗先达

              三十年八月

附2:陈云空袭损失私物报告表

重庆市政府财政局员役空袭损失私物报告表

物品名称	品质	数量	损失程度	原价(元)	购置年月	备考
中山服	海林蒙	1套	全坏	500	1941年4月	
被面	棉	1	坏	70	1940年10月	
毯子	布	1	坏	50	1940年2月	
枕头	布	2	坏	30	1940年10月	
油布	布	1	坏	15	1940年10月	
皮鞋	皮	1双	坏	30	1941年1月	
衬衫	绸	2	坏	70	1941年2月	
短裤	布	2	坏	9	1940年8月	
呢帽	呢	1	坏	70	1940年9月	
木床	白〔柏〕木	1	坏	20	1940年10月	
日用品			坏	19	1941年6月	
被灾日期	1941年8月11日	被灾地点	大兴场经收处	房屋被炸或震塌	震塌	原支薪俸数目	65元	有无同居眷属	无

右〈上〉开物品确系因空袭被毁,谨呈

科长

局长

  转呈

市长吴

           填报人:职务 调查员

              姓名 陈云

              三十年八月

附3：李锦三空袭损失私物报告表

重庆市政府财政局员役空袭损失私物报告表

物品名称	品质	数量	损失程度	原价(元)	购置年月	备考
木床	白〔柏〕木	1	损坏	20	1940年10月	
棉絮	棉	1	破烂	6	1938年3月	
衬衣	布	2	不能用	30	1940年6月	
中山服	布	1套	不能用	60	1940年3月	
面盆	磁	1	破	15	1940年8月	
日用品				4	1941年10月	
被灾日期	1941年8月11日	被灾地点	大兴场经收处	房屋被炸或震塌	震塌	原支薪俸数目	47元	有无同居眷属	无

右〈上〉开物品确系因空袭被毁，谨呈
科长
局长
　转呈
市长吴

　　　　　　　　　　　　填报人：职务　税警
　　　　　　　　　　　　　　　　姓名　李锦三
　　　　　　　　　　　　　　　　三十年八月

附4：张灿江空袭损失私物报告表

重庆市政府财政局员役空袭损失私物报告表

物品名称	品质	数量	损失程度	原价(元)	购置年月	备考
长衫	布	1	无用	30	1940年10月	
中式汗衣	布	2套	已坏	38.5	1940年2月	
衬衣	布	1	已坏	22	1941年4月	
短裤	布	2	已坏	10	1941年4月	
日用品					1941年2月	牙刷牙膏脸巾肥皂
被灾日期	1941年8月11日	被灾地点	大兴场经收处	房屋被炸或震塌	震塌	原支薪俸数目	47元	有无同居眷属	无

续表

右〈上〉开物品确系因空袭被毁,谨呈

科长

局长

　　转呈

市长吴

填报人:职务　税警

姓名　张灿江

三十年八月

(0064—8—288)

173. 重庆市财政局职员秦洪喜为报1941年8月22日空袭损失私物报告表给上级的呈(1941年8月)

重庆市政府财政局员役空袭损失私物报告表

物品名称	品质	数量	损失程度	原价(元)	购置年月	备考
被条	白洋布包被面子红花哔叽	1床	全毁	68	1940年8月	
毯子	纱	1床	全毁	18	1939年10月	
帐子	纱布	1床	全毁	25	1941年5月	
席子	草	1床	全毁	8	1941年4月	
制服	芝麻呢	1套	全毁	57	1941年5月	
衬衣	虎〔府〕绸	1件	全毁	21	1941年6月	
鞋子	胶	1双	全毁	26	1941年2月	
被灾日期	1941年8月22日	被灾地点	小龙坎正街远东旅社	房屋被炸或震塌	被炸	原支薪俸数目	30元	有无同居眷属	无

右〈上〉开物品确系因空袭被毁,谨呈

科长

局长

　　转呈

市长吴

填报人:职务　测工

姓名　秦洪喜

三十年八月

附:

　　查该工奉派出发小龙坎,随同达技佐伟凤测量卫戌总部租用民地分户各因外业关系填报较迟。

签于三十年九月五日

(0064—8—288)

174. 重庆市财政局职员陈述志为报1941年8月22日空袭损失私物报告表给上级的呈(1941年8月)

重庆市政府财政局员役空袭损失私物报告表

物品名称	品质	数量	损失程度	原价(元)	购置年月	备考
被条	白市布包单红花织贡呢面子	1床	全毁	65	1940年10月	
中山服	青华达呢	1套	全毁	57	1941年2月	
军毯	线	1床	全毁	21	1940年9月	
包被条油布	布	1床	全毁	25	1941年1月	
洗脸盆子	洋磁	1个	全毁	25	1940年8月	
席子	竹	1床	全毁	7.5	1941年6月	
刷口盒子	洋磁	1个	全毁	6	1941年4月	
被灾日期 1941年8月22日	被灾地点	小龙坎正街远东旅社	房屋被炸或震塌	被炸	原支薪俸数目 24元	有无同居眷属 无

　　右〈上〉开物品确系因空袭被毁,谨呈
科长
　局长
　　转呈
　　　市长吴

填报人:职务　测工
姓名　陈述志
三十年八月

附：

查该工奉派出发小龙坎,随同达技佐伟凤测量卫戍总部租用民地分户各因外业关系填报较迟。

签于三十年九月五日

(0064—8—288)

175. 重庆市财政局职员余维周为报1941年8月22日空袭损失私物报告表给上级的呈(1941年9月)

重庆市政府财政局员役空袭损失私物报告表

物品名称	品质	数量	损失程度	原价(元)	购置年月	备考
凉床	竹	1间	全毁	12	1940年12月	
被盖	棉	1床	全毁	70	1940年10月	
毯子	花布	1床	全毁	20	1940年10月	
汗小衣	布	1套	全毁	28	1941年4月	
被灾日期	1941年8月22日	被灾地点	小龙坎110号	房屋被炸或震塌	炸毁	原支薪俸数目	48元	有无同居眷属	无

右〈上〉开物品确系因空袭被毁,谨呈

科长

局长

　　转呈

市长吴

填报人：职务　税警
姓名　余维周
三十年九月

(0064—8—288)

176. 重庆市财政局职员萧锡荣为报1941年8月23日空袭损失私物报告表给上级的呈(1941年9月)

重庆市政府财政局员役空袭损失私物报告表

物品名称	品质	数量	损失程度	原价(元)	购置年月	备考
被盖	缎子被面 花布被面	2床	全毁	共计140	1940年	
毛毯子	毛织	1床	全毁	75	1940年	
皮箱	软皮	2口	全毁	共计156	1940年	
木箱		1口	全毁	100	1939年	
蓝布长衫		2件	全毁	共计60	1941年	
白汗衣	市布	2套	全毁	共计56	1940年	
棉袍	青绸面子	1件	全毁	64	1939年	
软夹衫	冲毛葛面子	1件	全毁	6	1940年	
毛呢夹裤		1条	全毁	7	1938年	
皮鞋	纹皮	1双	全毁	98	1941年	
棉裤	青布面子	1条	全毁	18	1938年	
驼绒夹衫	鼻烟色绸面子	1件	全毁	80	1938年	
呢帽		1顶	全毁	68	1940年	
毛巾		3张	全毁	12	1941年	
洗面盆		1个	全毁	26	1940年	
毛呢旗袍		2件	全毁	共计300	1938年	
青蓝布旗袍		3件	全毁	共计66	1940年	
棉旗袍	绸面子	1件	全毁	35	1939年	
棉小衣	花布	2条	全毁	共计40	1940年	
被灾日期	1941年8月23日	被灾地点	磁器口金蓉[①]街179号	房屋被炸或震塌	炸毁	原支薪俸数目	60元	有无同居眷属	有

[①] 与下一份档案地址"金容街"用字不同,原档照录。

续表

右〈上〉开物品确系因空袭被毁,谨呈

科长

局长

  转呈

市长吴

         填报人:职务 事务员

            姓名 萧锡荣

            三十年九月

(0064—8—288)

177. 重庆市财政局职员张集双为报1941年8月23日空袭损失私物报告表给上级的呈(1941年9月)

重庆市政府财政局员役空袭损失私物报告表

物品名称	品质	数量	损失程度	原价(元)	购置年月	备考
皮箱	软皮	2口	全毁	共计96	1940年	
被盖	绣花被面、锦缎被面、花布被面	3床	全毁	共计228	1940年	
毛巾毯	棉	2床	全毁	共计72	1939年	
罗纹帐子	棉	1笼	全毁	25	1938年	
行军铁床		1架	全毁	32	1940年	
面盆		1个	全毁	24	1940年	
蓝毛呢大衣	毛呢	1件	全毁	36	1940年	
灰毛呢西服	毛呢	1套	全毁	420	1940年	
天蓝毛呢中山服	毛呢	1套	全毁	380	1940年	
青毛葛夹旗袍	毛葛	1件	全毁	170	1941年	
花绸夹旗袍	绸	1件	全毁	140	1941年	
蓝布旗袍		2件	全毁	共计46	1941年	
灰呢帽	棉	1顶	全毁	72	1940年	
毛线女外衣	呢	1件	全毁	56	1940年	

续表

物品名称	品质	数量	损失程度	原价（元）	购置年月	备考
毛线背心		1件	全毁	48	1940年	
驼绒夹衫	呢	1件	全毁	280	1940年	
被灾日期	1941年8月23日	被灾地点	磁镇金容街321号	房屋被炸或震塌	完全炸毁	原支薪俸数目	55元	有无同居眷属	有

右〈上〉开物品确系因空袭被毁,谨呈

科长

局长

转呈

市长吴

　　　　　　　　　　　　填报人：职务　调查员

　　　　　　　　　　　　　　　　姓名　张集双

　　　　　　　　　　　　　　　　三十年九月

(0064—8—288)

178. 重庆市财政局职员李伯鑫为报1941年8月30日空袭损失私物报告表给上级的呈(1941年9月7日)

重庆市政府财政局员役空袭损失私物报告表

物品名称	品质	数量	损失程度	原价（元）	购置年月	备考
木床	木质	2间	炸毁	56	1940年10月	
蓝花哈叽毯	棉质	1床	炸毁	20	1940年7月	
印花被盖	棉质	2床	炸毁	145	1940年8月	
棉絮	棉质	1床	炸毁	25	1940年7月	
枕头	棉质	2个	炸毁	12	1940年7月	
青布中山服	棉质	1套	炸毁	56	1940年10月	
蓝布女旗袍	棉质	1件	炸毁	20	1940年8月	
青布女夹袄	棉质	1件	炸毁	70	1940年11月	
草绿衬衣	棉质	1件	炸毁	12	1941年4月	
木桌	木质	1张	炸毁	30	1940年10月	

续表

物品名称	品质	数量	损失程度	原价(元)	购置年月	备考
木凳	木质	2根	炸毁	15	1940年10月	
锅	铁质	1口	炸毁	30	1940年10月	
水缸	瓦质	1口	炸毁	10	1940年10月	
饭碗	瓦质	1付	炸毁	4	1940年10月	
菜碗	瓦质	1付	炸毁	5	1940年10月	
调羹	瓦质	1付	炸毁	1.2	1940年10月	
筷子	竹质	1席	炸毁	0.3	1940年10月	
水瓢	木质	1把	炸毁	2	1940年10月	
蓝布女半衫	棉质	1套	炸毁	26	1940年8月	
被灾日期	1941年8月30日	被灾地点	黄桷垭正街99号	房屋被炸或震塌	炸毁	原支薪俸数目		有无同居眷属	父1妻1

右〈上〉开物品确系因空袭被毁,谨呈

科长

　局长

　　转呈

市长吴

　　　　　　　　　　　　填报人:职务　第二征稽所税警

　　　　　　　　　　　　　　　　姓名　李伯鑫

　　　　　　　　　　　　　　　　三十年九月七日

附:曹含炘为奉查该局职员李伯鑫空袭损失一案转呈财政局局长的文(1941年9月15日)

　　查该税警住于黄桷垭正街99号,确于本月三十日午后被敌机投弹,将该处房屋全部炸毁,并经该保甲长等缮具证明书前来,所报损失各物自系属实。

　　　　　　　　　　　　　　　　查对员　曹含炘

　　　　　　　　　　　　　　　　三十年九月十五日

(0064—8—288)

179. 重庆市财政局职员罗先达为报空袭损失私物报告表给上级的呈(1941年9月)

重庆市政府财政局员役空袭损失私物报告表

物品名称	品质	数量	损失程度	原价(元)	购置年月	备考
木凳	木	4	打碎		无	
木椅	木	1	打碎		无	
算盘	木	1	打碎		无	
茶杯	瓦	1	打碎		无	
亮油壶	瓦	1	打碎		无	
菜油罐	瓦	1	打碎		无	
红罐	瓦	1	打碎		无	
缸钵	瓦	2	打碎		无	
水缸	瓦	1	打碎		无	
土碗	瓦泥	6	打碎		无	
沙锅	瓦	1	打碎		无	
耳锅	铁	1	打破		无	
土小碗 土大碗	土泥	28 29	打碎		无	
瓢匙	土泥	5	打碎		无	
镔铁壶	镔铁	1	打碎		无	
路灯	瓦	1	打碎		无	
水瓢	木	1	打碎		无	
盐罐	瓦	1	打碎		无	
汤碟	土泥	5	打碎		无	
被灾日期	被灾地点	房屋被炸或震塌		原支薪俸数目	有无同居眷属	

续表

右〈上〉开物品确系因空袭被毁,谨呈 科长 局长 　　转呈 市长吴 　　　　　　　　　　　　填报人:职务　征收员 　　　　　　　　　　　　　　　姓名　罗先达 　　　　　　　　　　　　　　　三十年九月

（0064—8—133）